die horen

Zeitschrift für Literatur, Kunst und Kritik

70. Jahrgang | Ausgabe **298**

Wer sind wir, wer

Neue Stimmen aus Katalonien

Zusammengestellt von Oriol Viader und Kirsten Brandt

Inhalt

Vorab

Wer sind wir

> Wer sind wir, wer. Wer sind du und ich, und wer sind die da
> drüben, wer ist Besitzer, wer Obrigkeit, wer sind die Autoren auf dem Buchrücken und
> wer ist die Tinte, die nicht unterschreibt und die unser
> Grab mit Moder überziehen wird.
>
> Mireia Calafell

Im Jahr 1852 machte sich Doktor Josep Sapigut daran, das Verhältnis zwischen dem Gebiet Kataloniens und seiner literarischen Produktion zu untersuchen. Anfangs kreiste die Studie um die Frage: Was wird in Katalonien geschrieben? Doch der zwanghafte Charakter des Gelehrten sowie sein Hang zu Aufputschmitteln und Barbituraten ließen seine Studien zu einem Großprojekt anwachsen, in dem er versuchte zu erklären, warum die Katalanen sind, wie sie sind. Unglücklicherweise wurde der Doktor eine Woche vor Veröffentlichung des ersten seiner geplanten sechzehn Bände tot aufgefunden. Es handelte sich um eine detaillierte Studie, die die Entstehung neogotischer Kurzgeschichten auf die Feuchtigkeit und den Nebel einiger Gegenden im Landesinneren zurückführte.

Die vorliegende Anthologie nimmt Doktor Sapiguts ursprüngliche Fragestellung wieder auf und will anhand einer Auswahl von Romanauszügen, Kurzgeschichten und Gedichten zeigen, was auf Katalanisch geschrieben wird. Dabei folgt die Auswahl keiner konkreten Thematik oder der Zugehörigkeit der Autorinnen und Autoren zu einer bestimmten literarischen Bewegung, sondern trägt allein der Tatsache Rechnung, dass sie auf Katalanisch leben, lesen und schreiben. Wobei mit »leben« nicht nur ihr Verständnis und ihre Erfahrung von Literatur in einer Sprache gemeint ist, sondern vor allem die Tatsache, dass sie nicht tot sind. Zumindest jetzt, da ich diesen Prolog schreibe, sind alle Autoren und Autorinnen noch am Leben.

Die Biografien sämtlicher Autoren und Autorinnen dieser Anthologie auf wenigen Seiten zusammenzufassen, ist fast unmöglich. Sprechen wir deshalb über das Leben der Sprache.

Das Katalanische kam an einem Wintermorgen irgendwann zwischen dem achten und dem zehnten Jahrhundert im äußersten Nordosten der Iberischen

Halbinsel in einer Gegend zur Welt, die damals zum Fränkischen Reich gehörte. Mehrere Jahrhunderte und diverse Kriege später hatte es sich über den Rest Kataloniens, Valencia, die Balearen, die sogenannte »Franja d'Aragó« (einen Landstreifen im Osten Aragoniens), die Stadt Alghero in Sardinien und den Landkreis El Carxe in Murcia verbreitet. Katalanisch existiert als Sprache ohne eigenen Staat also nicht nur in Katalonien, sondern wird von knapp zehn Millionen Menschen bis heute in vier verschiedenen Ländern gesprochen: in Spanien, Andorra, Frankreich und Italien.

Trotz seiner Verbreitung galt das Katalanische in den ersten Jahrhunderten als Volkssprache. Doch manchmal braucht die Vorsehung einfach nur jemanden, um den Lauf der Geschichte zu ändern. Ramon Llull, ein langbärtiger, vielseitig gebildeter Mönch des dreizehnten Jahrhunderts, Zeitgenosse Dantes, war der erste, der seine wissenschaftlichen und philosophischen Abhandlungen auf Katalanisch verfasste und somit im tiefsten Mittelalter die Sprache zum literarischen Ausdrucksmittel erhob. Man schätzt, dass er in seinen achtundachtzig Lebensjahren über zweihundertundfünzig Werke schuf, darunter religiöse Traktate wie auch Romane, und die Sprache durch neue Wortschöpfungen und eine solide, moderne Struktur bereicherte. Ein bisschen also wie das, was Shakespeare für das Englische getan hat, nur mit Christusvisionen und mehreren Reisen in den Orient zur Bekehrung von »Ungläubigen«. Hatte die Sprache im Laufe ihrer Geschichte noch weitere Paten und Patinnen? Ja, die hatte sie, aber man sollte auch ihre Widersacher nicht vergessen, die mehrfach ihren Gebrauch oder ihre Verbreitung verboten haben.

Tradition ist die Bezeichnung für ein Verhalten, das in einer Familie oder einer Kultur von Generation zu Generation weitergegeben wird. Einige unserer Traditionen erscheinen Menschen außerhalb Kataloniens kurios, wie zum Beispiel der »Caganer«, eine Krippenfigur, die mitten in der Landschaft ihre Notdurft verrichtet. Andere sind weitgehend unbekannt, wie die Donnerstags-Paella, die sich in sämtlichen Bars und Restaurants entlang der Küste findet. Der Ursprung von Traditionen liegt fast immer im Dunkeln und ist geheimnisumwittert. In Schweden zum Beispiel wird am ersten Donnerstag im Oktober ebenfalls eine spezielle Mahlzeit zubereitet. In diesem Fall handelt es sich um ein reichlich pompöses Abendessen, zu dem die Gäste in Frack und Abendkleid erscheinen und bei dem Opernarien und klassische Musik gespielt werden. Die Speisen sind typisch skandinavisch und stellen eine Allegorie auf die Tugend oder etwas ähnlich Erhebendes dar, um dem Niveau der Anwesenden und dem wenige Stunden zuvor verliehenen Preis gerecht zu werden. Seit 1901 verleiht die Schwedische Akademie den Nobelpreis für Literatur an eine Person, die »das Vorzüglichste in idealistischer Richtung geschaffen hat«. Nicht in jedem

Jahr gab es Preisverleihungen, und manchmal fand sich kein Preisträger, aber insgesamt wurde der Nobelpreis für Literatur bisher einhundertundsechzehn Mal vergeben. Da im Laufe der Geschichte deutlich mehr Werke von Männern als von Frauen veröffentlicht wurden, waren auch die Preisträger überwiegend männlich. Bislang sind nur achtzehn der seit 1901 verliehenen einhundertundsechzehn Literaturnobelpreise an Frauen gegangen. Angesichts der allseits bekannten Schwierigkeiten weiblicher Autoren, veröffentlich zu werden, und der mangelnden Anerkennung und Zensur, unter denen sie jahrzehntelang gelitten haben, ist das nicht weiter verwunderlich.

Ein Beispiel dafür ist Caterina Albert, eine Schlüsselautorin des »Modernisme«, der katalanischen Ausprägung des Jugendstils, die aber allgemein unter ihrem männlichen Pseudonym Victor Català bekannt ist. Von den achtzehn Frauen, die bisher den Nobelpreis bekommen haben, wurde fast die Hälfte in den Jahren seit 2004 ausgezeichnet. Das heißt, die Anzahl der in den letzten zwanzig Jahren gewürdigten Frauen entspricht in etwa der Anzahl in den hundert Jahren davor. Das zeigt, dass sich im Buchhandel ein Wandel vollzieht. In den Auslagen der Buchhandlungen finden sich heutzutage mehr Neuheiten weiblicher Autoren als noch vor zehn oder zwanzig Jahren. Dieser Wandel im Verlagswesen spiegelt zweifellos eine Entwicklung, die sich dank feministischer Bewegungen weltweit beobachten lässt. Aber wenn der gesamte Sektor überwiegend weiblich ist (Agentinnen, Übersetzerinnen, Verlegerinnen, Buchhändlerinnen), wenn vor allem Frauen Literaturwissenschaft studieren und dem Barometer des spanischen Kultusministeriums für Lesegewohnheiten zufolge sehr viel mehr Frauen als Männer in ihrer Freizeit lesen – ist es da nicht logisch, dass es mehr Autorinnen als Autoren gibt? Und so ist auch die vorliegende Anthologie, die die gesamte Bandbreite der aktuellen katalanischen Literatur darstellen will, von diesem Paradigmenwechsel geprägt. Nicht Ausgeglichenheit war das Ziel, sondern ein repräsentatives Abbild der literarischen Landschaft. Deshalb ist es nicht weiter verwunderlich, dass auch hier die Autorinnen in der Mehrzahl sind.

Der Begriff der *neuen* Literatur ist immer ein wenig heikel. Kann man neue Literatur nur schreiben, wenn man jünger als dreißig ist? Oder ist neue Literatur unabhängig vom Alter der Autorinnen und Autoren? Valerie Miles, die spanische Verlegerin von Granta, hat einmal zugegeben, dass die im Jahr 1983 zuerst erstellte Liste der zwanzig besten englischen Autoren unter vierzig Jahren eine reine Marketingstrategie des Britischen Verlegerverbands zur Gewinnung neuer Leser war. Auch wenn mir das ein großartiger Vorschlag zu sein scheint: Beweist es nicht, dass das Alter der Autoren und Autorinnen ein eher außerliterarisches Kriterium ist und nicht vielmehr zählt, inwieweit ein Werk tatsächlich *neu* oder bahnbrechend ist? Bei der Auswahl für diese Anthologie hat das Alter keine Rolle gespielt, und nicht alle Autoren und Autorinnen erproben neue Stilmittel oder versuchen, sich gegen bestimmte literarische Traditionen abzugrenzen. Einige von ihnen konsolidieren sie sogar. Trotzdem verfügen alle hier versammelten Autoren und Autorinnen über ein junges Werk und sind ein Beispiel für das, was derzeit auf Katalanisch geschrieben, vor allem aber gelesen wird.

Der US-amerikanische Schriftsteller Tobias Wolff sagte einmal, die Auswahl der besten Vertreter einer Schriftstellergeneration sei ein Prozess, in dem vor allem eines deutlich werde: die Vorurteile desjenigen, der die Auswahl trifft. Trotzdem verhindern die eigenen Vorurteile ja nicht zwangsweise, dass die Auswahl exzellent ist (ein Satz, der die Vorurteile des Auswählenden bestätigt). Jede Auswahl ist zugleich Verzicht, und während das Auswahlprozesses für diese Anthologie sind viele Autoren und Autorinnen weggefallen. Das unterscheidet eine Anthologie von einem Katalog. Jede Anthologie hat Defizite und sogar Fehler. Auch dieser Band weist einen ganz eigenen Fehler auf, denn einer der hier versammelten Autoren und Autorinnen ist tot. Und das, obwohl eine der Grundbedingungen für die Auswahl der Texte war, dass ihre Verfasser noch am Leben sein müssten. Aus diesem Grund haben wir ihn als Gastautor behandelt und in den Anhang aufgenommen. Die Aufnahme des mallorquinischen Schriftstellers Blai Bonet ist eine Würdigung seines Werkes, das in den letzten Jahren vereinzelt neu aufgelegt wurde. Trotz seiner schöpferischen Genialität, der innovativen Struktur und seines einzigartigen Stils, der sich jeder Klassifizierung widersetzt, ist dieses Werk international kaum bekannt und auf Spanisch praktisch inexistent. Dabei zählt Bonet zu den bedeutendsten Schriftstellern des letzten Jahrhunderts in katalanischer Sprache. Und so kam ich nicht umhin, ihn in diese Anthologie aufzunehmen.

Schreiben ist, wie das Übersetzen auch, von Natur aus eine einsame Tätigkeit. Umso erstaunlicher ist es, dass es eines so vielstimmigen, kollektiven Prozesses wie der Veröffentlichung eines Buches bedarf, damit der geschriebene Text an sein Publikum gelangt. Wenn es sich dabei nicht um einen einzigen Autor oder eine einzige Autorin handelt, sondern um eine Textsammlung, verstärkt sich die Vielstimmigkeit. Eine Anthologie wie die hier vorliegende klingt wie ein Chor, und ich glaube, dass die Heterogenität nicht gelingen kann, wenn die Auswahl nicht heterogen ist. Aus diesem Grund möchte ich allen danken, die auf die eine oder andere Weise an der Auswahl beteiligt waren: Buchhändlerinnen, Verlegerinnen, Übersetzerinnen, Agentinnen, Autoren und Autorinnen, Freunden und Freundinnen, und ganz besonders der Verlegerin Neus Casanova

Vico. Außerdem möchte ich der Übersetzerin Kirsten Brandt für ihren Vorschlag danken. Ohne sie wäre diese Anthologie nicht zustande gekommen. Das gleiche gilt für Florian Welling vom Wallstein Verlag. Danke für Ihre Hilfe und Ihr Vertrauen. Bedanken möchte ich mich auch für die Unterstützung durch das Institut Ramon Llull, und hier besonders bei Sílvia Gonzáles, einem Institut, das beiträgt, dass Stimmen über die Grenzen der eigenen Sprache hinaus gehört werden können. Zuletzt danke ich natürlich allen Autoren, Autorinnen und Künstlerinnen und Künstlern sowie den Übersetzerinnen und Übersetzern, die zu dieser Anthologie beigetragen haben. Ohne sie gäbe es diesen Band nicht.

Oriol Viader. Barcelona, 5. August 2024

Jordi Masó

Leben im Grab

They sealed him in a coffin
But could not make him stay,
His laugh too large, his smile too wide
For any Death to lay?

Ray Bradbury, If I Were Epitaph

Nach und nach trafen die Gäste ein. Er blieb unter dem Vorwand der Osteoporose im Sessel sitzen. Rosa hatte die Aperitif-Auswahl getroffen, und Júlia half ihr, die Tabletts herumzureichen. Ein Schwager übernahm das Entkorken der Weinflaschen und füllte auch die Gläser, während die Schwägerinnen dafür sorgten, dass die Gespräche in keinem Moment erstarben. Jemand – Pere oder Joel? – hatte Musik aufgelegt, Lieder von vor fünfzig Jahren, wohl in der Annahme, dass die ihn rühren würden (seine Söhne hatten keine Ahnung von seinem Musikgeschmack). Kinder rannten durch die Wohnung: Enkel, Neffen oder Großneffen, was auch immer. Wenn es nach ihm ginge, wäre dieses blöde Fest nie gefeiert worden.

Auch ein paar Freunde kamen. Die alte Garde. Alle mit ihren Gebrechen, aber noch mit ein paar Jahren zu leben (drei, dreieinhalb, vier, kaum einer mehr). Sie klopften ihm auf den Rücken und fragten: »Wie geht's dir, Hèctor?«

Er wechselte zwischen »Muss ja« und »Ach, weißt du« hin und her, Antworten, die ebenso rhetorisch waren wie die Frage. Sie sprachen ihn mit erhobener Stimme an, als sei er schwerhörig. Ein paar Fähigkeiten mochte er eingebüßt haben, aber seine Ohren waren immer noch gut (leider). Vielleicht, dachte er, waren sie selbst inzwischen schwerhörig und schrien und gestikulierten deshalb so herum, wenn sie mit ihm redeten. Sie wollten ihn auf den aktuellen Stand bringen, was ihr Leben betraf, aber er hörte nicht zu: Nichts hätte ihn weniger interessieren können. Die anderen schrieben diese Geistesabwesenheit vermutlich der Krankheit zu, von der sie glaubten, dass sie ihn an den Sessel fesselte.

Auch einige Nachbarn wollten sich die Feier nicht entgehen lassen. Sie grüßten ihn mit aufgesetztem Lächeln und behaupteten, er sehe gut aus.

»Frisch wie eine Rose«, sagte einer.

»Sie sind ja noch bestens beieinander, Herr Cruanyes«, log ein anderer.

Und sogleich wandten sie sich wieder von ihm ab und dem nächstbesten Gesprächspartner zu: Hauptsache, mit ihm mussten sie nicht länger reden. Was sollten sie ihm auch sagen? Es war verständlich, er kannte die Strategie, hatte sie selbst angewandt, wenn er zuvor in solchen Situationen gewesen war.

Irgendwann am Abend sah er Rosa in Tränen ausbrechen, und Júlia dann auch. Das Weinen war zwischen ihnen schon immer ansteckend gewesen. Kaum floss bei der Mutter auch nur eine Träne, ging es bei der Tochter ebenfalls los. Und seit Tagen wimmerte seine Frau wegen jeder Nichtigkeit herum. Roger, Júlias Mann, umarmte seine Schwiegermutter. Nicht um sie zu trösten, sondern um sie abzuschirmen, damit niemand sie weinen sah. Zugleich nahm Joel seine Schwester mit in ein anderes Zimmer, damit sie sich beruhigte.

»Hallöchen, Leck-mich-am-Sack«, ließ sich eine vertraute Stimme vernehmen.

Ovidi. Er setzte sich mit einer Hinterbacke auf die Armstütze des Sessels.

»Hallo, Sohn der großen Hure«, antwortete er. Vierzig Jahre als Arbeitskollegen rechtfertigten solche Vertraulichkeiten.

»Nutzen wir die Gelegenheit, dass keiner herschaut. Ganz unauffällig. Ich hab ne Kleinigkeit für dich.«

Unter seiner Jacke zog er eine Flasche hervor und schraubte sie verstohlen auf.

»Riech mal.«

Ein Macallen, fünfundzwanzig Jahre alt. Dem Anlass gemäß. Aus einer Jackentasche erschienen zwei Gläser. Ein Zauberer, dieser Ovidi. Er goss ein. Die Ärzte hatten ihm den Alkohol verboten, aber was machte das heute schon? Sie stießen an. Er spürte, wie das süße Brennen durch seine Speiseröhre ging und ihm den Magen weitete. Nun war er selbst den Tränen nah. Ovidi schenkte nach.

»He, wir sind ja gleich knülle, Leck-mich-am-Sack.«

Vor dem dritten Whisky ging Rosa dazwischen. Sie baute sich vor den beiden Männern auf wie an eine Lehrerin, die ihre Schüler tadelt.

»Lass das sein, Ovidi«, sagte sie wütend, »du weißt genau, dass er nicht trinken darf.«

»Ich würde sagen, für Vorsorge ist es jetzt zu spät«, erwiderte Ovidi, schob aber gehorsam die Flasche zurück in seine Jacke.

Rosa ging sich um andere Gäste kümmern, doch sie wussten, dass sie ihrem wachsamen Auge nun nicht mehr entgehen konnten.

»Kann sie mich nicht mal an so einem Tag in Ruhe lassen?«, beschwerte sich Hèctor.

Ihm wäre eine Feier im kleinen Kreis lieber gewesen, fügte er hinzu. Ein Abendessen nur mit der Familie und den engsten Freunden. Die vielen Leute brächten ihn durcheinander. Ovidi hob schicksalsergeben die Arme.

»Tradition, Kleiner. Da ist nichts zu machen, da müssen wir alle durch. Das ist die Welt, die uns das Arschloch Cromwell-Markson hinterlassen hat.«

Hèctor dachte, dass Alexander Cromwell und Julius Markson nicht allein die Schuld daran trugen. Sondern auch die genetischen Forschungen von Henri Lacroze, die Wahrscheinlichkeitsmodelle dieses Ukrainers Medwedew und die Fortschritte in der prognostizierenden Statistik. Er hatte sich in letzter Zeit ein bisschen schlau gemacht zu dem Thema. Dr. Delclòs zufolge tat das über kurz oder lang jeder. »Die Panik lässt uns nach Hoffnungsschimmern suchen«, hatte er gesagt. Und mit einer Befriedigung, die ein Erzeugnis wissenschaftlicher Kameraderie sein musste, hatte er hinzugefügt: »Aber das System ist unfehlbar.«

»Und nun, wenn du mich entschuldigst«, fuhr indessen Ovidi fort, »schaue ich mich mal um, ob ich mir hier was angeln kann. Ich hab da eine kleine Nachbarin gesehen, die zum Anbeißen ist. Wie sagten die Alten: *carpe diem*. Aus den sechs Jahren und drei Monaten, die mir noch bleiben, will ich was machen.«

Hèctor konnte nicht verstehen, dass ein Mann mit neunundsechzig immer noch den Mädchen nachstieg. Die besagte Nachbarin musste Rita aus dem vierten Stock sein. Am Vortag war Hèctor im Fahrstuhl mit ihr zusammengetroffen, und sie hatte ihm mit leuchtenden Augen versichert, sein Fest werde sie sich auf keinen Fall entgehen lassen. Das von ihrem Vater werde sie ihr Lebtag nicht vergessen: so bewegend und würdevoll. »Diese Feiern sind die Krönung eines Lebens«, hatte sie gesagt.

Inzwischen gingen die Tabletts mit Sandwiches und Canapés herum, doch er hatte keinen Hunger. Seit Wochen aß er nur noch wenig. Er war schlecht gelaunt. Über diesen Tag hatte er sich viele Gedanken gemacht, doch nun, da er gekommen war, fiel es ihm schwer, ihn hinzunehmen und die erwartete Schicksalsergebenheit zur Schau zu stellen.

»Du solltest auch was essen, Brüderchen«, sagte Simó zu ihm.

Er hielt in jeder Hand ein Sandwich. Nicht, um eins davon Hèctor zu geben, sondern um abwechselnd hineinzubeißen. Ansprüche seines enormen Bauchs. Als Kinder waren sie beide eher hager gewesen, aber dann bekam Simó, obwohl zwei Jahre jünger, als erster seinen Wachstumsschub und begann aus dem Leim zu gehen. Er liebte das gute Essen und Trinken. Und dank der Resultate des Cromwell-Markson hatte er sich nie irgendwas verkniffen.

»Du wirst uns fehlen«, sagte er.

Sein Kummer schien ehrlich, doch er hinderte ihn nicht daran, weiter von beiden Sandwiches zu essen. Er war auch imstande, beim Kauen zu sprechen.

»Weißt du noch, wie wir erfuhren, dass ich dich überleben würde? Weißt du noch, wie wütend du wurdest, wie du mir hinterhergerannt bist, wie du mich verprügeln wolltest?«

Ja, daran erinnerte er sich gut. Es war Sommer, sie machten Urlaub in der Wohnung am Strand. Er war vierzehn Jahre alt, Simó zwölf, als ihre Mutter ihnen die Ergebnisse der Tests mitteilte, die bei ihrer Geburt gemacht worden waren. Sie könnten sich nicht beklagen, sagte sie ihnen, sie hätten Glück: Ein langes und gedeihliches Leben stünde ihnen bevor. Aber ihm passte es ganz und gar nicht, dass seinem fetten und gefräßigen Bruder sieben Jahre mehr zustehen sollten als ihm. Natürlich ließ Simó es sich nicht nehmen, ihm auch noch »Fick dich, Hèctor« ins Ohr zu flüstern, damit bei ihm die Sicherungen durchbrannten.

»Du wolltest mich töten. Hast mich über den ganzen Strand gejagt. Ein Glück, dass unser Vater dazwischen ging.«

Er bedeckte sich die Augen mit der freien Hand (in der anderen hielt er immer noch ein Sandwich), doch seine Schultern zuckten unverkennbar.

»Benimm dich, Simó. Mach dich nicht lächerlich.«

Schließlich waren sie zum Feiern beisammen. Im Lauf der Zeit sollten sie sich mit dem Ratschluss der Natur abgefunden haben. Als erwachsene Männer hatten sie zu akzeptieren, wie viele Lebensjahre ihren zugewiesen waren. Simó aber würde immer ein dummes kleines Kind bleiben.

»Du wirst uns fehlen«, wiederholte er stur. Er biss in sein Sandwich und wischte sich mit dem Ärmel durchs Gesicht, während er sich mit einem raschen Blick vergewisserte, dass niemand seinen Moment der Schwäche bemerkt hatte.

Es war nun an der Zeit für die Ansprachen, und Stille trat ein. Joel, der ältere Sohn, ergriff das Wort im Namen der Familie. Schon immer hatte er die Gabe der Rede gehabt, und er wusste die Tugenden des Vaters auf heitere Weise zu preisen, zurückhaltend und zugleich liebevoll. Er ließ Anekdoten aus der Kindheit aufleben, die mit Gelächter gefeiert wurden, und er schloss mit paar Versen eines der großen Dichter des Landes. Auch Rosa zeigte sich der Situation gewachsen: Sie widmete ihm zärtliche Worte und erzählte noch einmal die allen bekannte Geschichte, wie sie sich kennengelernt hatten. Ihre Stimme wurde brüchig, als sie ihn »den besten Ehemann, den ich haben konnte« nannte, aber der einhellige Applaus half ihr, sich wieder zu fassen. Als Abgesandter des Büros sprach Gaspar Brugués und ließ sich über Hèctors Fleiß und Opferbereitschaft aus, er sei, so sagte er, »ein ehrlicher und aufrechter Mann wie wenige andere«. Ein Nachbar bemerkte, er sei ein ausgleichender und herzlicher Mensch, und seine vier Jahre als Vorsitzender der Hausgemeinschaft seien »die Phase des friedlichsten Miteinanders in deren jüngerer Geschichte« gewesen.

Nach den Worten der anderen war Hèctor selbst an der Reihe. Schwungvoll erhob er sich aus dem Sessel – zur Verblüffung aller, die ihn für invalide gehalten hatten – und blickte in die Runde. Sollte er zufrieden sein, weil sie alle seinetwegen zusammengekommen waren? Vielleicht ja. Aber er war nie ein Freund der Menschenmengen gewesen. Er hätte sich eine bescheidenere Zeremonie gewünscht, ohne so viel Gewese. Alle sahen ihn erwartungsvoll an. Unauffällig verteilten Júlia und Pere schon die Sektgläser zum Anstoßen nach seiner Rede.

Was erwarteten sie von ihm? Das klassische Lob des Lebens, der Liebe und der Freundschaft? Dass er seiner Frau für so viele Jahre des Glücks und der bedingungslosen Zuneigung dankte, seinen Kindern für all die Freude, die sie ihm bereitet, seinen Freunden für all den Spaß, den sie zusammen gehabt hatten? Er sah sich nicht imstande. Er hatte Angst. Und wenn er die Gäste anblickte, sah er in jedem der Gesichter seine eigene Beklemmung widergespiegelt. Heute war er an der Reihe, aber wie viel Zeit blieb seiner Schwägerin Eulàlia? Noch anderthalb Jahre. Schon nagte der Tumor an ihr, der sie hinwegraffen würde, egal, wie tapfer sie ihn bekämpfte. Auch für sie würde es bald eine schöne Feier geben. In einem Jahr, sechs Monaten und vier Tagen, genauer gesagt. Wenig später wäre denn Felip dran, ihr Mann, der immer bei bester Gesundheit gewesen war und unverwüstlich schien; solche Menschen starben üblicherweise bei einem Unfall oder an einer plötzlichen schweren Krankheit. Nur Isabel, Rosas andere Schwester, hatte noch ein langes Leben vor sich: Sie hatte Aussicht auf einundzwanzig weitere Jahre, auch wenn die ersten Demenz-Symptome eine fortschreitende Einbuße von Fähigkeiten verhießen, einen grausamen Verfall. Nicht immer ist Langlebigkeit wünschenswert. Und der arme Simó? Erst in sieben Jahren würde er sterben, der Glückspilz! Aber man sah ihn schon vor sich: so verfettet, dass er sich nur noch im Rollstuhl fortbewegen und nicht mehr selbständig würde aufstehen können, bei allem auf die Hilfe von Pflegern angewiesen. Isabel und Simó waren beide potentielle »Restliche«.

Alle wollten ihm das Hinscheiden erleichtern, doch sie vergingen selbst vor Angst. Sie zählten die Tage, die ihnen noch blieben, wie die Verurteilten in der Todeszelle. Und das alles wegen Cromwell und Markson, den zwei nordamerikanischen Forschern, die federführend in der Kombination von Genetik und Statistik gewesen waren. Auf Basis kolossaler Datenbanken hatten sie ein Analyseverfahren namens Cromwell-Markson-Test entwickelt, das es ermöglichte, schon unmittelbar nach der Geburt den genauen Todestag eines Menschen zu berechnen. Der Test war absolut zuverlässig, die Fehlerquote verschwindend gering. Er brachte das Ende der Ungewissheit, er lüftete das große Geheimnis. Den Tag des eigenen Ablebens zu kennen, linderte die Angst vor dem Tod und erlaubte es, das Leben besser zu planen, es nutzbringender zu gestalten. Das Ende kam, wenn ein Mensch alles erlebt hatte, was er erleben sollte. Der Tod war kein Störfall mehr, kein Grund mehr zur Sorge, sondern der folgerichtige Abschluss des Lebenswegs. Die Leute gingen zufrieden und widerstandslos, denn schon bald nach ihrer Ankunft auf der Welt war ihnen mitgeteilt worden, wann sie sie verlassen würden.

Natürlich gab es auch Kritik an dem Test. Viele Ärzte waren dagegen, weil er, wie sie meinten, die unheilbar Kranken entmutigte und zum Suizid verleitete. Sie hatten recht: Unter den mit geringer Lebenserwartung Geborenen wurden viele zu »Vorzeitigen« – so die mittlerweile gängige Bezeichnung für junge Menschen, die sich selbst töteten. Ebenfalls pflegten jene sich das Leben zu nehmen, die erkrankten und wussten, ihnen würden noch Jahre des Siechtums bevorstehen. Diese wurden »Restliche« genannt, denn sie verzichteten auf eine größere Menge von Jahren, die sie noch hätten leben können.

Auch die religiösen Autoritäten hatten den Test zunächst schroff abgelehnt, doch es dann verstanden, ihre Lehren anzupassen: Nun mochte der Todeszeitpunkt nicht mehr einem unergründlichen göttlichen Ratschluss anbefohlen sein, doch Paradies und ewiges Leben blieben als Anreiz für die Gläubigen erhalten. Und die Versicherungsgesellschaften, der größten aller Unwägbarkeiten als Geschäftsmodell beraubt, mussten ihr Angebot auf andere Risiken zuschneiden.

Die Unannehmlichkeiten des Cromwell-Markson-Tests wogen seine Vorteile bei weitem nicht auf. Alle wollten das verhängnisvolle Datum wissen. Daher wurden schon am Tag der Geburt die Eltern darüber informiert. Ihnen oblag es, ihre Kinder in Kenntnis zu setzen, wenn ihnen die Zeit dafür gekommen schien. Und von dem Moment an, da du wusstest, wann du sterben würdest, begann der Countdown. Das Alter war nicht mehr nur eine Zahl. Neben den Jahren, die du schon gelebt hattest, musstest du die Jahre nennen, die dir blieben. Ich bin 23 und habe noch 51. Ich bin 42 und habe noch 32. Bis Hèctor die Zeit, die er übrig hatte, in Monaten zu zählen begann. Elf, sieben, zwei. Dann in Tagen. Nun handelte es sich nur noch um Stunden, und er stand wie festgenagelt mitten im Wohnzimmer. In seiner rechten Hand befand sich ein Glas Sekt (wer hatte es ihm überreicht? Hieß es nicht, er dürfe nicht trinken?), und alle erwarteten von ihm die beruhigende, tröstliche und optimistische Ansprache, die bei diesen Feierlichkeiten üblich war.

Ab wann hatte sich die Sitte dieser Abschiedsfeste verbreitet? Er hätte es nicht zu sagen gewusst. Wahrscheinlich lange vor seiner Geburt. Er hatte sie immer als vorgezogene Trauerfeiern empfunden, noch bei Bewusstsein des baldigen Leichnams. »Feier des Lebens« wurden sie genannt. »Sagt ihnen ade, solange sie noch dabei sind«, lautete der Slogan einer Firma, die solche Feste ausrichtete. Der Tod war keine Privatangelegenheit mehr, sondern ein gesellschaftliches Ereignis, für das es mittlerweile feste Konventionen gab: Die Feier des Lebens musste ein echtes Fest sein, ohne Wehklagen und Weinen. Trauer oder Beklemmung zu zeigen, galt als taktlos gegenüber der sterbenden Person.

Auch schlechte Laune, Klagen oder bittere Erinnerungen wurden nicht geduldet. Es waren fröhliche Zusammenkünfte. Sie endeten mit einer Rede der gefeierten Person, wenn deren Gesundheit es zuließ. Danach wurde angestoßen, und alle zusammen sangen *Wir sehen uns dann hinterm Horizont*.

Da er schon zu lange wie erstarrt dastand, rief jemand: »Na komm, Hèctor, ein paar Worte von dir!«

Aber Hèctor konnte nicht sprechen, denn es hatte angefangen zu regnen. Dicke Tropfen, die ihm aufs Hemd klatschten. Regnete es durch die Decke? Vielleicht ein Wasserschaden? Er blickte hinauf. Es war kein Regen. Es waren Tränen, und sie tropften aus seinen Augen. Ein unbehagliches Grummeln ging durch den Raum. Ovidi versuchte die die Lage zu retten, indem er sein Glas erhob.

»Auf dich, Hèctor!«, rief er.

Doch er war schon wieder in den Sessel gesunken, die Augen überschwemmt, das Gesicht in Flammen, Flüche auf den Lippen. Pere reichte ihm ein Taschentuch. »Papa, bitte«, flüsterte er vorwurfsvoll. Er solle sich nicht grämen, sie würden einander doch wiedersehen, »hinter dem leuchtenden Horizont«, wo »die Starenschwärme Wellen in den Himmel malen und die Fische bunte Wolken in das Meer«; wo die Liebenden »sich genussvoll küssen unter den goldenen Äpfeln der Sonne« und die Freundschaft »von neuem erwacht wie Glut, vom Nordwind der Götter angefacht«; an einem Ort, wo »die Zeit ein leuchtender und endloser Strom ist« und »das Leben keine Grenzen hat«.

Sie sangen aus vollen Hals, mit einer erzwungenen Begeisterung, die ansteckend sein sollte. Hèctor wusste, seine unerwartete Reaktion hatte sie erschüttert, und sie wollten ihm Mut machen, ihm Kraft geben. Doch er hatte dieses Lied schon immer gehasst.

Rosa stieß leise Schnarcher aus, wie das Summen eines Insekts. Endlich war sie eingeschlafen. Vorher war sie wieder in Tränen ausgebrochen, und er hatte sie daran erinnern müssen, dass sie als junge Menschen, ganz am Anfang ihrer Beziehung, schon gewusst hatten, dass er als erster sterben und sie dann fünf Jahre lang Witwe sein würde. Nichts Neues also. Aber das war kein Trost.

»Es fällt mir nicht leicht, zu akzeptieren, dass ich neben der Leiche meines Mannes aufwachen werde«, sagte sie.

Für Hèctor Cruanyes erwies sich das Ableben, das er so viele Jahre lang hinzunehmen gelernt und sich ganz ruhig und störungsfrei vorgestellt hatte, als turbulent und unangenehm.

Neun Jahre zuvor war bei ihm Osteoporose festgestellt worden. Die Diagnose erklärte seine Rückenschmerzen und die fortschreitende Versteifung seiner Gliedmaßen. Aber daran musste man ja nicht sterben. Andere Gebrechen waren hinzugekommen: eine Nierenkolik, eine Entzündung der Prostata, die operiert werden musste, und eine Lungenentzündung. Aber auch an all dem würde er nicht sterben. Woran dann? Das hatte Dr. Delclòs nicht sagen können. In Fällen wie seinem, meinte er, »ist ein Infarkt immer eine sichere Wette. Das Herz ist ein heimtückischer Mörder.«

Doch eine eingehende kardiovaskuläre Untersuchung brachte keine Unregelmäßigkeit zutage. Der ganze Apparat von Herzklappen, Arterien und Venen funktionierte einwandfrei und war in einem für Hèctors Alter beneidenswert gutem Zustand. Sicher sein konnte man sich allerdings nicht: »Das Herz ist ein unerbittlicher Jäger, der ohne Vorwarnung schießt.« Dr. Delclòs schien nie um eine Metapher verlegen.

Ein Infarkt konnte nicht ausgeschlossen werden, doch bei Moribunden, die wie er bei guter Gesundheit waren, führte meist ein Unfall zum Tod. Am Steuer, im Straßenverkehr, wobei der Doktor einen Haushaltsunfall für das Wahrscheinlichste hielt. »Die sind vielleicht weniger plakativ, aber ebenso tödlich.« Ein Stromschlag, eine vergessene Zigarette, die das Bett in Brand steckt, ein explodierender Heizkessel, ein Treppensturz oder das klassische Ausrutschen in der Dusche mit Schädelbruch. »Wir sind von lauter Gefahren umgeben, von unsichtbaren Soldaten, die perfekt getarnt im Unterholz lauern und uns attackieren, wenn wir am wenigsten damit rechnen.« Da man aber nichts dagegen tun könne, empfahl der Doktor ihm Ruhe und Schicksalsergebenheit. Er solle sich nicht den Kopf zerbrechen. »Immer schön gelassen bleiben, Herr Cruanyes, auf dass komme, was kommen muss.«

Aber es ist nicht so einfach, Ruhe zu bewahren, wenn man im Begriff ist, abzukratzen, denkt Hèctor. Was für ein Haushaltsunfall kann einen Mann ereilen, der in seinem Bett liegt und darauf wartet, dass ihn der Schlaf überkommt? Eine einstürzende Wand, die ihn zerquetscht (aber die Frau an seiner Seite unverletzt lässt)? Ausströmendes Gas (doch Rosa überlebt wundersamerweise)? Oder ein Einbrecher, der ihn mit ein paar Messerstichen tötet (seine Frau aber verschont, aus Respekt vor den ihr verbleibenden Witwenjahren)? Oder wird er einer völlig unvorhergesehenen Naturkatastrophe zum Opfer fallen, einem Erdbeben, einer Überschwemmung, einem Orkan, einem Tsunami?

Alles sehr unwahrscheinlich.

Wenn er nicht bei einem Unfall stirbt, bleibt nur der Infarkt. In welchem Moment wird sein Herz aufhören zu schlagen? Er stellt sich den Schmerz in der Brust vor, die Atemnot, das Ersticken. Wer weiß, Krämpfe, Tremor, Erbrechen, Verlust der Kontrolle über den Schließmuskel. Vielleicht auch gar kein Leiden: Nur ein kurzes Stechen, und er würde das Bewusstsein verlieren. Wie eine Ohnmacht. Das, was Kreislaufstillstand genannt wird.

Doch er kann sich nicht sicher sein. Gewissheit hat er über seinen Tod, aber die Einzelheiten seiner Agonie sind ihm unbekannt.

Der Digitalwecker färbt das Halbdunkel mit seinem grünlichen Schimmern. Er schaut weg. Der Cromwell-Markson-Test ist mit den Jahren immer präziser geworden und konnte seinen Todeszeitpunkt eingrenzen auf zwischen fünf und acht Uhr morgens. Wie viel Zeit bleibt ihm jetzt noch? Zwei Stunden? Eine? Eine halbe? Er will es nicht wissen. Er will auch nicht wissen, wie spät es ist. Du wirst im Schlaf sterben, Glückspilz, haben ein paar Freunde zu ihm gesagt. Aber wer kann schlafen, wenn er weiß, er wird nicht mehr aufwachen? Sein Leben lang hat er sein Ablaufdatum gekannt und gewusst, wann der entscheidende Moment kommt. Nun aber stellt er fest, er ist nicht darauf vorbereitet. Kein bisschen. Wir Menschen wollen leben, davon haben wir nie genug, wir sind unersättlich. Auch die Vorzeitigen und die Restlichen würden gerne weiterleben, sie tun es nur aus Aufsässigkeit nicht, aus Protest gegen ihr zu kurzes Dasein oder gegen ihren Mangel an Lebensqualität. Niemand will sterben. Cromwell und Markson befreiten uns von einer großen Unbekannten, doch sie nahmen uns nicht die Verzweiflung, die Angst. Warum galt es als Fortschritt für die Menschheit, sein Todesdatum zu kennen? Fortschritt wäre, nicht sterben zu müssen!

Was wird morgen früh noch von Hèctor Cruanyes übrig sein? Ein leerer Körper, der nicht mehr Hèctor Cruanyes sein wird. Das schäbig gewordene Behältnis von Hèctor Cruanyes, das Gerippe und die Verpackung, die ihn sein Leben lang begleitet haben, eine nutz- und leblose Hülle, wie die Rüstung, die der Ritter nach der Schlacht zurücklässt (hinter dem Visier des Helms eine dunkle Leere anstatt der Augen). Nach so vielen Jahren des Miteinanders kommt er nicht umhin, eine Zuneigung zu seinen Überresten zu empfinden, doch dass sie zu Asche verbrennen werden, tut ihm nicht leid, denn er wird nicht mehr dabei sein. Das, was dann kremiert wird, ist nicht er. Er wird weit weg sein. Oder besser gesagt nirgendwo. Nie hat er spirituelle Neigungen gehabt, und es fällt ihm schwer zu glauben, dass, wenn der Moment gekommen ist (bald, bald), seine Seele sich vom Körper losreißen und in die Höhe schwingen wird. Und unten wird das Gefäß zurückbleiben, das Hèctor Cruanyes enthalten hat, reg- und hilflos, während er, in ein neues, luftig-durchsichtiges Wesen verwandelt, auf dem Weg in ein Paradies ist, wo er all jene, die ihm vorangegangen sind, wieder treffen wird. Wie kann es sein, dass so viele Leute das glauben?

Er schaut nicht auf den Wecker, doch er spürt, dass es bald soweit sein muss. Nur die Ruhe bewahren, hat Dr. Delclòs gesagt. »Auf dass komme, was kommen muss.« Er kann nicht schlafen. Er will nicht schlafen. Dem Tod muss man ins Auge schauen, man muss ihn herausfordern, ihn bis zum letzten Atemzug bekämpfen. Mein Leben ist sehr wertvoll, denkt er. Alle Leben sind wertvoll, denn mit jedem Todeskampf stirbt unendlich viel (er weiß nicht mehr, von wem dieser Satz stammt). Was wird mit seinem Tod sterben? Das Stillleben, das er als Neun- oder Zehnjähriger gemalt hat – ein Krug, eine Schale voller Kirschen, ein paar Pflaumen –, der Duft der Ingwerplätzchen, die seine Mutter Sonntagnachmittags buk, Hallys Gebell und der alte Zauberkünstler, der ihn als Helfer auswählte für einen Kartentrick, der dann nicht gelang (und als er ihn unter dem müden Beifall der Zuschauer wieder verabschiedete, flüsterte er ihm noch ins Ohr: »Heute ist mein Pechtag, Kleiner«). Das Stillleben, die Plätzchen, sein erster Hund und der scheiternde Zauberer existieren nur noch in seinen Erinnerungen. Sie werden mit ihm aus dem Universum verschwinden.

Wobei, um ehrlich zu sein, viel geht da nicht verloren, denkt er. Denn die Jahre haben seine Erinnerungen verwischt. Waren es wirklich Kirschen auf seinem Stillleben? Oder doch Schlehen? Erdbeeren? Das Gedächtnis ist so unzuverlässig … Auch bei den Worten des Zauberers ist er sich nicht mehr sicher – vielleicht hat er nach dem Fiasko auch gar nichts gesagt oder nur ein verbittertes »danke« geknurrt. Er würde nicht die Hand ins Feuer legen. Ein Trost liegt darin, dass diese Erinnerungen offenbar vor ihm zu sterben begonnen haben: Das enthebt ihn der Verantwortung, der einzige Mensch auf der Welt zu sein, der sie noch bewahrt.

Viel kann nicht mehr fehlen. Er kauert sich unter der Bettdecke zusammen. Er wird in derselben Position aus der Welt scheiden, in der er vor 74 Jahren ihr Licht erblickt hat: in Fötushaltung. Eher als Angst verspürt er Neugier: Wie wird ihn der unfehlbare Killer ausschalten? Noch weiten sich seine Lungen, sein Herz schlägt regelmäßig, nichts tut ihm gerade weh. Und doch ist irgendein Teil der Maschinerie unweigerlich im Begriff, den Dienst zu versagen. Welcher? Bald wird das Rätsel gelöst sein.

Draußen hat es angefangen zu regnen. Er hört die Tropfen gegen die Fensterläden prasseln, ein fernes Donnergrollen, einen Blitzschlag. Als hätte ein Bühnenbildner das Gewitter bereitgestellt, um ihm das Ende düsterer zu gestalten. Doch er hat die Regentage immer lieber gemocht als die sonnigen. Ein Privileg, unter diesem Spektakel abzutreten!

Das Regenrauschen wird schwächer. Ist es das Gewitter, das nachlässt, oder sind es seine Sinne, die schwinden? Vielleicht ist das der Tod: ein allmähliches Hinübergleiten ins Unbewusste, ins Nichts. Bestimmt regnet es noch, doch er kann es nicht mehr hören. Die Welt hat begonnen, sich zu entfernen, sich von ihm zurückzuziehen. Es wird weiter regnen, doch er wird am Morgen nicht mehr die Pfützen auf der Straße sehen. Von jetzt an geht alles ohne ihn weiter. Mit diesem Gedanken schläft Hèctor Cruanyes ein, um nicht mehr aufzuwachen.

Die morgendliche Hektik an einem Werktag. Der Geruch von Toastbrot, von frisch gemahlenem Kaffee, von Rührei mit Speck. Die Geräusche aus dem Lichthof: ein Klappern von Geschirr und Besteck, ein wimmerndes Kind, eine schimpfende Frau, der raue Husten eines alten Mannes, ein bellender Hund, die monotone Stimme eines Nachrichtensprechers. Und von der Straße her das Hupen des Berufsverkehrs und das Kreischen der Kinder auf dem Schulweg.

All das dürfte Hèctor Cruanyes nicht mehr mitbekommen. Es sei denn, die Ewigkeit brächte eine Wiederkehr der Räume mit sich, in denen man gelebt hat, und die Geister führten auf ihre ätherische Weise die altbekannten Alltagsroutinen weiter. Doch Geister kann man nicht berühren, und ihm strich gerade eindeutig eine Hand über die Wange.

»Du lebst noch.«

Er öffnete die Augen. Es war Rosa.

»Du lebst noch«, wiederholte sie. Und es klang nicht freudig, sondern bestürzt.

Er sah nach dem Wecker. 8:54, zeigte der an. Seit etwa einer Stunde hätte er ein Leichnam sein müssen. Ja, er lebte noch.

»Vielleicht sind sie ein bisschen spät dran«, bemerkte Hèctor absurderweise. Als sei sein Tod im Berufsverkehr steckengeblieben!

Seine Frau, die ihn von ihrer Seite des Bettes aus argwöhnisch angeblickt hatte, erhob sich.

»Ich verstehe gar nichts mehr«, sagte sie, während sie sich in ihren Hausmantel hüllte.

Er hörte Rosa in der Wohnung herumwirtschaften. Er selbst lag immer noch im Bett, reglos, ängstlich. Jede falsche Bewegung konnte nun den tödlichen Schlag auslösen. Ein ums andere Mal kam seine Frau unter irgendeinem Vorwand ins Zimmer – um die Fensterläden zu öffnen, Wäsche in den Schrank zu räumen – und trat zu ihm heran, um zu prüfen, ob er noch atmete.

»Das ist ja sehr merkwürdig«, murmelte sie.

Ob es ihm gut gehe? Ja. Tat ihm irgendwas weh? Nein. Ob er frühstücken wolle? Nein.

Als Hèctor sich mitten am Vormittag endlich traute, aufzustehen, ließ er größte Vorsicht walten. Dr. Delclòs' Warnungen vor Haushaltsunfällen klangen ihm deutlich im Ohr. Der Gefahr einer Dusche wollte er sich nicht aussetzen, und er zog sich ganz langsam an, überwachte dabei jede Beugung seiner Gelenke, jede Kontraktion seiner Muskeln. Er frühstückte wenig, um Magenverstimmungen vorzubeugen, und kaute sorgfältig – er erinnerte sich, dass ein Kollege aus dem Büro an verschlucktem Essen erstickt war. Nach dem Frühstück ging er ganz behutsam hinüber ins Wohnzimmer. Er schätzte die Risiken ein – dass das Bücherregal über ihm zusammenbräche, dass der Kronleuchter von der Decke stürzte –, doch beides hielt er für unwahrscheinlich. Er nahm im selben Sessel Platz wie bei seiner Feier des Lebens und prüfte den Zustand seines Körpers: die gewohnten Schmerzen in den Knochen, die starren Glieder, aber kein Anzeichen eines unmittelbar bevorstehenden Kollapses.

Rosa beäugte ihn mit Unbehagen. Ihre Zuneigung am letzten Abend und ihr Hang zum Weinen in den Tagen zuvor hatten sich in einen vagen Widerwillen verwandelt, als sei Hèctor nun ein anderer, ein von den Toten wiedergekehrter Fremder, ein Klotz am Bein. Er nahm es ihr nicht übel: Er kam sich selbst wie ein Eindringling vor, der lebte, obwohl es ihm nicht zustand, in einen Sessel gelümmelt, da, wo nun eigentlich eine Totenwache gehalten werden sollte.

»Vielleicht heißt es nur noch ein bisschen abwarten«, sagte er, um seine Frau aufzuheitern und sie als Verbündete zurückzugewinnen. »Geduld.«

Am Mittag klingelte es an der Tür. Joel.

»Komm rein, mein Sohn«, rief er ihm zu, »ein Unglück ist passiert.«

Joel trug Trauerkleidung und in der Hand ein Gebinde Chrysanthemen. Es fiel ihm schwer, gute Miene dazu zu machen, dass sein Vater immer noch im Sessel saß. Seit dem Vorabend schien er sich nicht vom Fleck bewegt zu haben.

»Mensch, Papa. Da ist wohl was schiefgelaufen.«

Hèctor lächelte. Er konnte die Bestürzung verstehen. Niemand hatte je erlebt, dass der Cromwell-Markson versagte. Die Konsequenzen waren unüberschaubar.

»Was soll denn jetzt aus uns werden?«, jammerte Rosa.

Doch Joel war ein Mann der Tat und den Umgang mit schwierigen Situationen aus seiner Firma gewohnt. Er entledigte sich der Chrysanthemen – »Stell sie bis morgen in eine Vase«, wies er seine Mutter an – und begann mit dem Telefon am Ohr im Wohnzimmer auf und ab zu gehen. Er rief im Krankenhaus an, um die Ankunft des Leichnams abzusagen, beim Standesamt, um das Todesdatum zu ändern, beim Bestattungsinstitut, um die Trauerfeier zu verschieben – »ein unvorhergesehenes Ereignis in der Familie«, sagte er zur Begründung – und bei den Zeitungen, um die Todesanzeigen zu stornieren. Er sprach mit fester Stimme, die keinen Widerspruch duldete. Diese Darbietung von Organisationstalent erfüllte Hèctor mit heimlichem Stolz. Es ist die Selbstsicherheit dessen, der weiß, dass er 90 Jahre alt wird, dachte er. Es hieß, die Aussicht auf ein langes Leben gebe den Menschen einen Extraschwung, eine besondere Unternehmungslust.

Auch mit den Angehörigen telefonierte Joel. Sein Ton war dabei liebenswürdiger, nicht so herrisch. Er fand diskrete Ausreden, um die Lage zu verschleiern. Er wollte niemanden erschrecken. Und doch sprach er triftig und überzeugend.

Hèctor bewunderte ihn für diese Selbstsicherheit so sehr, er verzieh ihm sogar, dass er ihm den Tod wünschte.

»Bestimmt war zwischen fünf und acht Uhr abends gemeint«, hörte er ihn noch zu Rosa sagen, als er wieder aufbrach. »Oder vielleicht gab es einen Fehler beim Datum, und das Hinscheiden kommt heute Nacht. Bleiben wir zuversichtlich. Drücken wir die Daumen!«

Doch Hèctor überlebte auch diesen Abend, auch diese Nacht und ebenso die folgenden.

Jemand hat einmal geschrieben, eine Geschichte mit Happy End könne keine gute Geschichte sein. Allem Anschein zum Trotz nimmt unsere Geschichte allerdings auch kein gutes Ende. Hèctor Cruanyes ist immer noch nicht gestorben, doch jeden Morgen erwacht er mit der Unsicherheit, ob er dankbar sein soll für einen weiteren Tag Leben oder verbittert, weil ihm diese Zeit doch nicht mehr zusteht. Sollte er seinem Leben nicht selbst ein Ende setzen, sollte er nicht helfen, den guten Ruf des Tests zu wahren?

Mit der Zeit verflüchtigen sich seine Zweifel. Er will leben. Doch seine Entschlossenheit ist nicht gern gesehen. Sie gilt als ein Akt wider die Natur und als ein egoistischer Verstoß gegen die Konventionen der modernen Gesellschaft. Ein schlechtes Beispiel. Viele Verwandte schämen sich für ihn und haben sich von ihm abgewandt. Seine Freunde reden nicht mehr mit ihm. Selbst Rosa wirkt ihm gegenüber so abgekühlt, als sei er in der vorgesehenen Nacht gestorben und sie würde nun mit einem Gespenst zusammenleben. Wenn er bei einer Feier des Lebens auftaucht, sehen die anderen Gäste ihn beklommen an und gehen ihm aus dem Weg. Nur der gefeierte Todgeweihte wirft ihm hoffnungsvolle Blicke zu, wie einem Messias, der auch ihm Unsterblichkeit verleihen könnte (doch das Wunder hat sich nicht wiederholt: Die Leute sterben weiterhin gemäß den exakten Prognosen des Cromwell-Markson). Manchmal erinnert er sich an die Verse des Dichters aus Illinois: »Einige leben wie Lazarus, das Leben ist ihr Grab.«

Doch es gibt Schlimmeres: sich bewusst zu sein, dass der Tod in jedem Augenblick kommen kann. Jede Nacht mit dem Gedanken schlafen zu gehen, dass es die letzte sein könnte. Sich im Freien furchtbar verletzlich zu fühlen, unsicher, immer von Tausend Gefahren bedroht. Bei jedem Arztbesuch die Diagnose einer unheilbaren Krankheit zu fürchten, die ihm dann langsam den Garaus machen würde.

Der Horror, zu leben, ohne zu wissen, wann er sterben wird.

Aus dem Katalanischen von Michael Ebmeyer

Maria Arimany

In den Wald muss man gehen, wenn es noch dunkel ist

In mir

In mir ist ein Wald.
Ich
Meiner
Für mich
In mir drin.
Ein Wald umgestürzter Bäume
und stehender.
Äste zum Dranhängebleiben.
Gestern
Jetzt
Morgen.
voller wilden Blumen, voller
wilder Farben
mit wilden Blüten.
Voller freudloser Gebüsche
Freudloses Grün und Stacheln
freudlos.
In mir ist ein Wald.
Ein Wald, schaurig
finster
Erbärmlich.

Ein Wald der Bestien
Tiere und
Tierchen
mit Hörnern
mit Panzern
haarig
kahl
kräftig
und verhungert.
die rennen
die fliegen
die kriechen
und springen.
Die jagen
die sich verstecken
die sich töten
Gegenseitig.
Schlafen tags und kommen raus
Nachts.
In mir ist ein Wald.
Zeitweilig großzügig
oftmals öde.
Ein Wald, manchmal sprießt er
und stirbt immer.

Flussaufwärts

> Flussaufwärts,
> Wasser strömt nicht zurück
> Flussaufwärts;
> In den Händen stirbt die Zeit
> Jede Nacht ist es so weit.
> MIQUEL MARTÍ I POL, »Riu amunt«

Ein Fluss. Ein grauer Felsbrocken, einer Regenwolke gleich. Rau, aber auch glatt, breit, so elegant wie eine Theaterbühne. Hinter dem Felsbrocken, der brütend heiße Wald, verschwitzt, es riecht nach glühenden Pinien, nach Ersticken, nach dem Atem nach der Siesta. Auf dem Felsbrocken, vier nackte Körper: einer ist kräftig, gut proportioniert, sitzt, hat einen aufgewärmten Rücken und wirft Steine in den Fluss, starrt ins Leere, als ob seine Gedanken wie Wassertropfen im Kopf kreisen. Das ist Eloi. Zwei Körper sind wie ein Wollknäuel ineinander verschlungen: sanft, geschmeidig, schwebend, frisch und fluffig, so wie weicher Käse. Das sind Rut und Teresa. Der letzte Körper, der von Berta, steht auf und mit einem Sprung taucht sie unter die Strömung, um den Aufprall, den Knall, die Kälte zu spüren, die stärker als die Sonne brennt, die sie vor lauter Wasser trocknen lässt, und mildert ihren Impuls, sich überall zu kratzen.

Der Penis, das sagte ihre Sexualkundelehrerin vor gut zwanzig Jahren, ist das männliche Geschlechtsorgan, und das weibliche nennt man Vulva. Denen mit Penis entwischte ein nervöses Kichern und der eine stieß dem anderen in die Seite. Auf dem Stein befinden sich ein Penis und drei Vulven. Wenn ein Paar Kinder haben will, fuhr die Lehrerin fort, wird der Penis in die Vulva eingeführt. Die männliche Ejakulation ermöglicht es uns, heute hier zu sein. Aber Sex, meine Lieben, kann auch für diejenigen, die es praktizieren, eine Quelle der Lust sein. Wisst ihr, wie der Höhepunkt der Lust heißt? Orgasmus. Einen Orgasmus, sagte sie, bekommt man, wenn sich der Penis in einem schnellen und konstanten Rhythmus in der Vulva vor- und wieder zurückbewegt. Im Wasser kämpft Bertas Körper gegen den Drang zu atmen an, und sie rudert mit den Armen, um nicht aufzutauchen, während sie sich an die Lücken und Lügen der Sexualkundelehrerin erinnert. Ein nächtlicher Samenerguss, und jetzt hört mir gut zu, Jungs, ist die Ejakulation, die ihr Männer im Schlaf bekommen könnt.

Als Berta nicht mehr kann, verdrängt sie das Wasser mit den Händen und taucht auf, um Luft zu holen. Sie schaut zum Felsbrocken. Der Mann mit Penis, ihr Freund, schaut sie lächelnd an und wirft einen kleinen Kieselstein, der an ihrem nassen Kopf abprallt. Die beiden Körper mit Vulva liegen mit geschlossenen Augen auf dem Rücken und ihre Brüste fallen zur Seite.

Der Vater hatte gesagt, Setz dich vernünftig hin, ich sehe ja alles. Sie war elf Jahre alt und Bertas Vulva war keine geschlossene Nuss mehr. Jetzt war sie eine Nuss mit Riss und durch den Riss schaute die Frucht schon heraus. Der Vater sagte auch, Mädchen seien schick und brav, würden sich die Haare kämmen und Kleider tragen. Wie Mama. Berta setzte sich vernünftig hin, kämmte sich die Haare und klemmte sie mit Spangen zurück. Sie trug Kleider. Jetzt spreizt einer der beiden Körper mit Vulva, der von Teresa, die Beine und Berta kann vom Wasser aus die aufgeknackte Nuss sehen, mit einer verschrumpelten Frucht, wütend und erfreut, nicht mehr in der Schale zu sein. Sie kann auch den Kopf mit den kurzen und schwarzen Haaren sehen, wie frisch gemähter Rasen. Neben ihr liegt ein Haufen mit der Jogginghose und einem T-Shirt mit selbst abgeschnittenen Ärmeln. Wann anders lagen Berta und ihr Vater nach dem Mittagessen auf dem Sofa. In einer Serie stritten sich zwei scheinbar seriöse Frauen, eine davon war mit dem Protagonisten verheiratet und der Streit endete damit, dass die beiden sich küssten und die Verheiratete der anderen die Bluse aufknöpfte. In jenem Moment kam es Berta so vor, als würde sich in ihrer Unterhose eine Ameisenarmee formieren und dann rief der Vater auch schon Wie abscheulich! und schaltete um.

Berta würde sich gerne zwischen die zwei Frauenkörper legen und mit der Fingerspitze Teresas Augen nachfahren. Über die Augenbrauen und die Nasenspitze fahren. Über die Ohren fahren und mit der Handfläche durch die kurzen und stoppeligen und zornigen Igelhaare fahren. Sie würde den Hals entlangfahren und mit den Fingern über die Gruben über dem Schlüsselbein fahren. Sie ganz nachfahren, um zu wissen, wie es ist, eine Frau nachzufahren. Die kleinen, weißen Brüste nachfahren und die dunklen und gewaltigen Brustwarzen nachfahren. Die Fingernägel und Arme und den Bauchnabel nachfahren. Die Linie Alba nachfahren. Plötzlich trifft Berta etwas an den Kopf und sie bemerkt, dass sie sich über ihre eigene Linie Alba fährt und schaut zum Felsbrocken und sieht den Mann mit Penis, der lacht, weil er sie erneut abgeworfen hat, und Berta lächelt ihn schief an, aus Scham, falls es ihm aufgefallen ist und aus Hass, weil er sie zurückgeholt hat. Zwei elektrisch blaue Edellibellen fliegen hintereinander her, flirten miteinander, indem sie eng um den nackten Körper herumfliegen. Berta taucht ab. Sie würde gerne bis drei zählen und wenn sie dann die Augen wieder aufmachen würde, wären Eloi und Rut verschwunden. Eins, sie würde auf Teresa zugehen, Zwei, ihr sagen Ich habe noch den Körper von einer Frau nachgefahren, Drei, sie würde gerne Teresas Linie Alba mit der Zunge nachfahren, bis zum Ursprung des Lebens.

Dass Rut, Elois Cousine, lesbisch ist, weiß Berta schon ewig, seit dem ersten Familienessen, zu dem Eloi sie einlud. Meine Cousine ist lesbisch, sagte er, aber sie sieht gar nicht so aus, darauf würdest du nie kommen. Und als sie sich an den Tisch setzte, aufgeregt und hibbelig, bange davor, was ihr erzählt werde, setzte sich eine junge Frau neben sie: Hallo Berta, ich bin Rut, schön, dich kennenzulernen. In den sechs Jahren, die Berta und Eloi zusammen sind, haben sie schon einige Partnerinnen von Rut kennengelernt. Bloß Freundinnen, wie Elois Onkel sagen. Homosexualität und Promiskuität gehen miteinander einher, sagt Eloi. Sie lernten Meritxell kennen, eine Frau die wesentlich älter als Rut war, und Kunstausstellungen kuratierte; die sagte, sie dekonstruiere das Konzept der Vagina und stellte Knetbüschel in Form von Vulven her, die sie danach an die Wand schleuderte, trocknete und anschließend in Vitrinen mit neonfarbigen Rosen ausstellte. Sie lernten Marta kennen, eintönig und hässlich, so zerbrechlich wie ein verletzter Vogel, die nie mehr als drei Töne von sich gab. Sie lernten Olga kennen und ein paar Monate später Eli, mit der die ganze Sache vor gut drei Monaten vorbei war, als Rut die Nase voll von Elis unerzogenen sechsjährigen Zwillingen hatte, die alle zwei Wochen leichtsinnig, voll vermatscht aus der Schule kamen und wie Wildgänse watschelten. Dieses Wochenende haben sie Teresa kennengelernt.

Als Berta Vier zählt, taucht sie wieder auf. Auf dem Stein liegen ein Penis und eine Vulva und sie denkt, dass sie bei ihrem Pech die Einzige, die dableiben sollte, hat verschwinden gelassen. Eloi öffnet seine Bauchtasche, holt einen Plastikbeutel mit Gras raus und wirft ihn auf Rut, die immer noch auf dem Rücken liegt. Was soll das, du Tröte? Du sollst mir einen Joint drehen, Cousinchen. Berta sucht mit den Augen nach Teresas Körper. Sie sucht ihn jenseits des Felsbrockens, zwischen den Bäumen. Sie denkt, dass sie sich dringend erleichtern musste, sie losgerannt ist und sich hinter eine Tanne gehockt hat. Sie sucht ihn bei den Brocken in der Nähe, während die Libellen vor Aufregung um sie herumschwirren. Sie sucht ihn zwischen den Felsbrocken, den flachen und dem höchsten, von dem sie schon gesehen hat, wie die Knirpse kreischend herunterspringen, bevor die Körper die Wasseroberflächen durchdringen, wie ein massives Brett. Sie sucht ihn flussaufwärts, wegen gegen den Strom schwimmen und so und sie sucht ihn in ihrem Kopf: einen gelenkigen Körper, der von einem Ende zum anderen Purzelbäume schlägt. Und genau dann als sie denkt, dass Teresas Körper niemals auf dem Stein lag, dass sie sich ihn nur ausgedacht hätte, prallt etwas von hinten gegen sie, ein Körper schmettert gegen ihren und die Wucht zieht sie unter Wasser. Berta geht unter und spürt, wie ihr das Wasser in die Ohren strömt, wie das Wasser ihr durch die Haare streicht, wie es ihr den Blick verdunkelt und wie es ihr durch den Reflex zu Atmen in die

Nase steigt. Sie spürt, wie ihre Arme gegen Füße und Beine stoßen und ihre Beine gegen einen anderen Körper. Als sie es schafft, sich zu befreien und auftaucht und sieht, wie Teresa Kopf zum Vorschein kommt, mit Pipi in den Augen und meint: Dachtest du etwa, ich sei ein Ungeheuer? Und sie schiebt mit der Hand über die Wasseroberfläche, während sie nicht aufhört zu lachen und ein Wasserstrahl spritzt Berta ins nasse Gesicht und Berta weiß nicht, ob sie auch lachen soll, weil sie einfach nur wegwill, dass ihr Flossen wachsen und sie als ein kleiner Karpfen flussabwärts wegschwimmt. Plötzlich springt Teresa auf sie, drückt sie unter Wasser und zwingt sie, erneut abzutauchen. Als beide Körper unter Wasser sind, voreinander sind, beide rudern mit Armen und Füßen und als das Durcheinander von Schaum und Blasen nachlässt, sieht Berta, wie Teresa eine Grimasse schneidet, die sie zum Lachen bringt, so wie es halt unter Wasser möglich ist und wie sich Teresas Hand austreckt und ihre in die Hand nimmt und sie nach oben zieht, die Hand und den Körper. Sie halten sich immer noch an den Händen, als sie wieder auftauchen und atmen können, und schon hat Berta vergessen, dass auf dem Stein ihr Beziehungsmensch liegt und auch der von Teresa, bis sie Ruts Stimme hört, Liebes, willst du kiffen? Und schon lässt eine Hand die andere los. Teresa schwimmt zum schlammigen Ufer. Sie hält sich an den Steinen fest und mit einem Sprung steht sie. Berta sieht erneut die Libellen. Sie streicht sich durch die Haare, wringt sie sich wie ein nasses Tuch aus und stellt sich vor, wie sie mit Teresa händchenhaltend das Elternhaus betritt. Der Jähzorn, die Wut, die Intoleranz ihres Vaters. Sie stellt sich sein zusammengekniffenes Gesicht vor, Augen, Nase und Mund sehr nah aneinander, angehäuft mitten im Gesicht, mit einer Monoaugenbraue und viel zu langen verwuschelten Haaren, und seine zusammengepressten Lippen, die sich nur öffnen, um Schande, Emanze, Lesbe zu brüllen. Wie ihre Mutter die Treppe hochstürmt, ins Zimmer rennt und das Gesicht ins Kissen drückt, dass von den Leidenstränen und des Unverständnisses klitschnass wird. Aber als Kind war sie doch so klein und zierlich. Und dann spürt sie ihr eigenes Leid, dass an den Fingerspitzen kribbelt, unter den Nägeln, und ihre Haut in in das Moosgrün modrigen Unterholzes und verdorbener Schatten verfärbt. Berta nähert sich dem Ufer, bis sie stehen kann und die Sonne ihr den Rücken wärmt und die Wassertropfen trocknet, die ihr wie ein Rinnsal über den Rücken laufen. Die drei Körper liegen ausgestreckt auf dem Rücken: Elois Körper, Ruts Körper und Teresas Körper. Zusammengezogene Köpfe, erweitert, voller Gras und Rauch, von der Hitze, von Magie und von Schlangensteinen. In der Sonne liegend, rhythmisch atmend, halbschlafend und in einem hypnagogischen Zustand. Berta beobachtet sie vom Flussbett aus. Sie sieht den schlaffen Penis. Sie sieht in der Mitte eine Vulva, zurückgezogen, rosafarben, gut versteckt. Und sie sieht Teresas volle und dunkle Vulvalippen, provozierend, lebendig und wach. Dort hält sie einen Moment inne, sieht sie und begehrt sie, entschieden, sich ihnen zu nähern, sich neben sie zu legen, wortlos ihre Hand zu halten. Dann richtet sich Teresa auf, stützt sich auf dem Stein ab und schneidet die gleiche Grimasse wie unter Wasser. Berta zieht sich an den Steinen aus dem Wasser hoch. Sie spürt den Blick auf ihr ruhen, der sie wahrnimmt und sieht. Berta schaut zur Seite, wirft ihren Kopf vor und zurück, um das Wasser aus den Haaren zu schütteln. Sie geht ein paar Schritte, bis sie zu den Körpern gelangt und als sie vor ihnen steht, bückt sie sich, greift nach dem Joint, der neben Elois Bauchtasche liegt. Dann nimmt sie das Feuerzeug, und noch in der Hocke atmet sie tief aus, und zeichnet seinen Körper nach, stark, kräftig, gut proportioniert.

Die Gangschaltung

Letzte Woche, während ich die Pflanzreihen zog, murmelte ich vor mich hin. Nur noch diese Woche. Ich pflanzte die Cor de Bou Tomaten. Schon zu lange schiebe ich es vor mich her. Ich pflanzte Birnentomaten. Damit tue ich ihm keinen Gefallen, es so in die Länge zu ziehen. Ich pflanzte die Paprika. Jeder Tag, der verstreicht, ist ein verlorener Tag. Ich pflanzte die Tomaten fürs Brot und dann kam er. Er parkte das Auto auf dem Gelände und gab mir einen feuchten und schmierigen Kuss, der nach Mató schmeckte. Jetzt ist es zu spät, überlegte ich, damit kann ich mich nächste Woche auch noch auseinandersetzen. Er legte mein Gesicht in seine kräftigen und groben Hände, bei denen ich feucht wurde, wenn er mir nur an den Arsch fasste. Nächste Woche ist dein Geburtstag und ich habe ein Geschenk für dich, sagte er. Jetzt konnte ich keinen Rückzieher machen. Also werde ich es danach machen, dachte ich mir, aber was auch immer passiert, danach werde ich es ihm sagen.

Der Kellner bringt die Vorspeisen. Letztendlich Miesmuscheln, Nudeln und Garnelen. Hübsch siehst du aus. Ich schaue mir auf die Finger. Du bist auch hübsch, antworte ich, ohne von meinen abgekauten Fingernägeln aufzuschauen. Ich stecke mir einen in den Mund, um irgendwas zu tun, und mit den Zähnen ziehe ich an dem Niednagel. Zwei Monate, bevor ich die Tomaten pflanzte, erntete ich Artischocken. Ich riss sie von der Artischockenpflanze: spitze Früchte, die einer Handgranate ähneln. Ich grübelte, während ich sie mit den Früchten nach unten bog, damit die Blattläuse abfielen, jetzt aber wirklich, jetzt war der Moment gekommen, loszulassen. Seit fast einem Jahr ging ich früh ins Bett und versuchte schnell zu schlafen und wenn es mir nicht gelang, tat ich so, als würde ich schlafen, wenn er ins Bett ging, regungslos wie ein kleiner toter Vogel an der

Bettkante, um mich dem unangenehmen Moment zu entziehen, in dem er mich streichelte. Erst den Hals, dann den Rücken, die Arme und die Handflächen, und dann den Bauchnabel und die Brust und er reibt seinen Penis an mir, der mal Pavarotti oder wie der Drache *Cucafera* oder Peter III. von Aragon war, als alles noch aufregend war, denn alles endet mit einer Ausrede: Ich bin erschöpft und muss morgen früh raus, können wir es aufs Wochenende verschieben? Fast ein Jahr lang am Wochenende aushalten, den Druck standhalten, dass er mich in jedem Moment mit seiner Lust, Reggaeton zu tanzen überfällt und ich letztendlich irgendeinen Stuss vor mich hinmurmle, um ihn zu erregen und damit er schneller kommt. Fast ein Jahr her, seitdem ich mit diesem kalten Gerät schrecklichen Porno konsumiere, mit dem Gerät im Schritt, bevor er von der Arbeit kommt.

Er sagt, Wir leben schon seit fünf Jahren zusammen ... und die Mama ... Ich trinke einen weiteren Schluck. Du weißt ja, dass die Mama Oma sein will ... Und es ist nicht nur wegen ihr, ich will ja auch ... Ich sehe, wie der Kellner eine Pfanne Reis mit Hummer serviert und dann das Aquarium, in denen die anderen Hummer schwimmen, der Widerstand, die gelangweilt darauf warten, auf einem Teller von einem fetten Mann mit einer Serviette als Lätzchen zu enden, der die Scheren aussaugt. Ich winke den Kellner zu uns, Noch zwei Gläser, bitte und er fährt mit dem Geschwafel fort, Wir sind ja schon darauf vorbereitet und Wir haben feste Stellen und Es kommt gelegen. Ich schaue ihm dabei zu, wie er das Garnelenfleisch zerkaut, direkt vor mir und ich sehe nur die gelbliche Plaque, bei der ich nicht weiß, wo der Zahn aufhört und wo das Zahnfleisch beginnt, dass er sich so oft mit Natron putzte.

Fast ein Jahr vor der Artischockenernte stellte ich beim Gießen fest, dass die Eber die Endivien zerstört hatten. Ich sagte ihm Wir brauchen einen Zaun und wir fuhren in den Eisenwarenladen im Dorf und kauften Zaunpfähle und Draht. Im Auto, vom Beifahrersitz aus, griff ich ihm in die Hose, nach seinem Glied und sagte Mist, da funktioniert wohl die Gangschaltung nicht mehr! Er sagte Halt dich gut fest, wir bauen sonst noch einen Unfall und ich knöpfte die Hose auf und zog den Reißverschluss runter und schnallte mich los, um ihn in seinen Boxern zu lecken. Und während ich die Gangschaltung festhielt, hörte ich dieses Gestöhne von einem durstigen Monster, es erinnerte mich daran, wie oft ich dieses Theater mitmachen musste und wie wenig Lust ich jetzt darauf hatte. Ich dachte, dass ich lieber irgendeinen anderen Schaltknüppel an mich pressen wollte und überlegte, dass die Welt voller Autos mit verschiedenen Schalthebeln ist, mit unterschiedlichen Größen und Oberflächen und anderen Gerüchen. Ich dachte daran, dass Dieselmotoren überholt sind und dass sich das Starten eines Benziners immer lohnt. Ich dachte an Lluc, der mich zu einem Restaurant in

Santa Fe einladen wollte und dem ich sagte, Nein, ich bin in einer Beziehung. Ich dachte an den Knüppel, der sich bei dem letzten Stadtfest an meinen Hintern presste und den ich lustlos wegdrückte, aber dann die nächsten Wochen öfter hin fasste und daran dachte, als mir lieb war. Ich machte mir Gedanken darüber, genauer betrachtet, dass etwas in mir erlosch und ich wollte, dass der Zaun das letzte gemeinsame Projekt würde und das ich ihm lieber früher als später sagte Ich will, dass wir uns trennen.

Was sollen wir zum Nachtisch bestellen? Und während ich Flan, Käsekuchen mit Waldbeerensoße und Coulant mit Vanilleeis lese, kommt der Kellner mir zuvor und stellt ein Stück Torte vor mich. Eine Saratorte aus Mandeln und Buttercreme, Butter ist meiner Meinung nach eine eklige und schmierige Erfindung der Engländer und das sollte er eigentlich wissen. Auf dem Kuchen sind zwei Kerzen, eine Drei und eine Vier und sie verstopfen meine Nase mit dem Gestank nach brennendem Wachs. Wünsch dir was, sagt er und ich schließe die Augen und denke an den Wunsch: Diese Woche den Mut haben, getrennte Wege zu gehen. Ich puste und die Kerzen gehen nicht aus. Ich hole noch einmal tief Luft und puste wieder und er lacht und klatscht in die Hände, Mensch, puste doller. Er platzt vor Lachen und ich puste erneut und schon fängt er an, zu singen Zum Geburtstag viel Glück, zum Geburtstag viel Glück, lauthals und klatschend und die hintersten Tische stimmen mit ein, zum Geburtstag alles Gute, und jetzt singt das ganze Restaurant, sogar die Kellner, zum Geburtstag viel Glück!!! Die Kerzen, genauso wie wütende Böller, gehen nicht aus, alle klatschen, einige pfeifen und ich bekomme von der ganzen Situation schlechte Laune, ziehe die 3 und die 4 aus der Butter und werfe sie, immer noch brennend, in das Weinglas, das jetzt qualmt. Er streckt mir ein Kästchen entgegen und sagt Herzlichen Glückwunsch und Ich hoffe, es gefällt dir. Ich schlucke, mir wollen die Augen ausfallen und ich bereue, mir nicht gewünscht zu haben, dass er nicht um meine Hand anhält. Ich greife nach dem Glas, in dem noch die Kerzen schwimmen und nichtsdestotrotz nehme ich einen großen Schluck. Komm, sagt er, Öffne es. Ich hole tief Luft, sehr tief, so viel, dass ich jetzt die Kerzen auspusten könnte und öffne die Schachtel.

Ich gehe ins Zimmer, ziehe die Schuhe aus. Dann bewegen sich die Gedärme und als ob man mir das Ventil eines Blasebalgs in den Arsch gesteckt hat, merke ich, wie mir alles hochkommt. Ich haste zur Toilette und komme gerade noch rechtzeitig, um den Kopf über die Schüssel zu halten und ich spüre, wie sich die Tore öffnen und sehe, wie ein gewaltiger Strom aus Rotwein herausstößt, in dem Miesmuscheln und Nudeln und Garnelen schwimmen, vollgeschmiert mit Butter und Mandelscheiben und wie eingesaut der neue silberne Anhänger ist. Ich nehme ihn ab und wasche ihn. Dann mache ich ihn mir um und bevor ich nach der Zahnbürste greife, spüle ich mir den Mund aus. Als ich wieder ins Zimmer trete, liegt er im Bett, von dem rosafarbenen Licht vom Nachttisch angestrahlt. Ich ziehe mir mein Schlafshirt an und als ich mich unter die Bettdecke schlüpfe, sagt er Da heute dein Geburtstag ist, kitzle ich dich, und zwei Finger, so grob wie Schmirgelpapier fahren meinen Hals und meinen Rücken entlang, die Arme und die Handflächen von einer Hand und dann die andere. Sie fahren den Nabel und die Brüste entlang, wieder zurück und dann weiter nach unten. Ich halte mir eine Hand vor den Mund und atme aus, um meinen Atem zu riechen, der nur nach Zahnpasta riecht und ich bereue, dass ich sie geputzt habe, der säuerliche Kotzgeruch als Ausrede.

Als er auf mir ist, fasse ich den Steigbügel im Ohr, während er wie ein verletztes Tier in meiner Nähe brüllt. Ich denke daran, dass ich morgen auf den Markt gehe und Kürbissetzlinge kaufen werde, und das in sieben Wochen schon sein Geburtstag ist und ich ihn bis dahin verlassen muss, um mir nicht ein Geschenk zu überlegen, dass an den Anhänger rankommt. Das Gestöhne wird immer häufiger und um Oktaven höher, wie ein Vieh, das halb unter einem Stein eingeklemmt ist, so mit den angewinkelten Beinen, ich ziehe meine Hand aus dem Ohr und nähere mich mit der Zunge, weil darauf immer verlass ist, und er los, stöhnen, ich los, lecken, und er los, stoßen und ich los, lecken, und ich stöhne gelegentlich auch, auch wenn es nicht von Herzen kommt, und dann weiß ich auch schon, dass er endlich kommt, drei Stöße fehlen noch und das abschließende Kommen auf meinem T-Shirt und er stößt einmal, und noch einmal und immer noch einer und dann scheint er, einen Gang runter zu schalten, an einem toten Punkt angekommen zu sein und er lässt sich auf mich fallen und sagt zeitgleich Ich bin in dir gekommen.

Die Artischocke

In einer Gartenecke, versteckt, befinden sich ein Artischockenbeet. Wenn man nicht genau hinsieht, bemerkt man es gar nicht. Sie stehen hinter diesen Tomaten, so knallrot, so glänzend, dass man denkt, dass dahinter nur noch Kraut und Rüben wächst.

Die Zwiebeln, gut aneinandergereiht, muss ich auch bald ernten, wenn ich vermeiden will, dass sie sprießen. Dann sind sie ja nichts mehr wert. Hier vergeht die Zeit im Takt der Pflanzen, steht nie still, rast aber auch nie davon. Nie in dem stürmischen Rhythmus, den mir das Leben auferlegt hat, wenn ich den Ort verlasse, den ich mein zu Hause nenne. Ich vermute, das Leben ist schlussendlich so: Momente, in denen man den Acker bestellt, in der Hocke Unkraut jätet, darauf wartet, dass sich Bohnen um die Gartenstange räkeln, übrigens war es nicht einfach, sie zu befestigen. Und währenddessen, während ich koche, die Waschmaschine anschmeiße, die Eltern besuche, Gassi gehe, zermürbe ich mir den Kopf über Probleme, die keine sind und meine Gedanken drehen sich im Kreis, wie eine Katze, die ihren Schwanz jagt. Ich gehe zur Arbeit, schreibe Berichte, bezahle Rechnungen, bringe das Auto in die Werkstatt, wenn es kaputt ist und rufe den Klempner, wenn es kein heißes Wasser gibt. Ich mache alles, was ich tun muss. Ja alles, so sagt Mutter, was getan werden muss, weil es getan werden muss, und du denkst nicht zu viel darüber nach, denn je eher du es hinter dich bringst, desto schneller ist es geschafft.

Bei den Bohnen stehen die Kräuter. Rosmarin, Basilikum, Thymian, Kümmel, Dill, Petersilie, Raute, Minze, Zitronenverbene. An der Paprikastaude, Anhänger: kleine Paprikas, die größer werden. Dann ernte ich sie und mache daraus *Escalivada*, Marmelade und lege sie ein. Wenn ich im Garten bin, den Boden umgrabe, grüble ich darüber, dass es das Traurigste am Leben ist, dass wir nur einmal leben. Und die Auswahl, die wir treffen, bietet uns keine zweite Chance. Vielleicht unterscheidet uns das von den Artischocken? Sie, aschgrau, mit viel Sonne und ausreichend Wasser, sprießen, wachsen, treiben Knospen und blühen. Und später, wenn die Sonne knallt, vertrocknen sie langsam. So trocken bleiben sie, so schlafend, dass sie den Eindruck erwecken, als wären sie tot. Niemand würde denken, dass sie nach ein paar Monaten, wenn es wieder frischer ist, dass dieses Gestrüpp wieder zum Leben erwacht, kräftiger, üppiger und weiser als die vorherige Saison. Denn die Artischocken haben zu ihrem Glück die Möglichkeit, sich zu verbessern, bis zu fünfmal, von Saison zu Saison, von Leben zu Leben; ich stattdessen habe nur dieses Leben, ich muss permanent Entscheidungen treffen, und jedes Mal, wenn ich etwas entscheide, verschließe ich anderen Möglichkeiten die Tür, anderen Leben, die aussterben. Und, wenn man es genau betrachtet, ich, die eine Artischocke sein will, entscheide mich dazu, nichts zu tun, mich damit abzufinden, darauf wartend, dass meine Frucht ausgerissen wird und eine neue nachwächst und ohne dass ich es bemerke, keine Entscheidung zu treffen, ist auch eine Entscheidung.

Aus dem Katalanischen von Jay Uhlemann

Raquel Santanera

Von Robotern und Maschinen oder ein neues Traktat der Alchemie

Das programmierte Arbeitsspeicher überprüft
die Berechnung

                                   und es ergibt sich kein Fehler.

An der Außenkontur lösen sich zweitausend
Platten aus Glas und Aluminium
von der Struktur ab, und viertausend Leuchtvorrichtungen
entsenden elektrische Stromschläge.
Die Schreie überfluten die Zone. Und die Maschinen
tanzen
               ohne Überdachung
                                                       im Materialregen.

Es sind die Engel der Katastrophe.

Woher komme ich, wenn ich nicht Fleisch bin?
Dolors Miquel

Die Entladungen
überdeckten alles
und füllten die Räume jede Minute
mit neuen Daten.
Es gab einen Überschuss an sardonischem Glanz,
das vom Lachen der Maschine kam, die zahnlos,
ein Brunnenloch des Menschlichen, ganz einsam, ihrer Gesetze spottete,
die Lichtschalter betätigte, den Kurzschluss verursachte
auf der Suche nach der Antwort zu wer ernährt mich?
Die Entladungen
überdeckten alles
und füllten die Räume jede Minute
mit neuen Daten.
Wer ernährt mich? Wer ernährt mich? Wer ernährt mich?
Der Mund weit offen. Der Schmerz vom vielen Lachen.
Und das Warten: das dunkle Verlangen nach einem Kurzschluss
und wissen, was zu tun ist genau in dem Augenblick, ganz nah,
ganz nah dran an den Gesichtszügen der Waisen,
die alle, halbwegs suizidal, in dunklen Räumen lachen ohne zu wissen,
warum sie gekommen sind. Wem gehören sie an? Wer ernährt mich?
Der Mund weit offen. Der Schmerz vom vielen Lachen.
Und das Warten auf einen starken Blitz, der alles erleuchtet.

Sie hatten die Wahrheit lokalisiert
in einem Ölleck,
das vor sich hintröpfelte
und sich toxisch und glänzend über Kanister ergoss,
die wachten
über die Kopien der Kopien
eines eingekarteten Speichers,
reduziert wie der Atem der Toten.
Aber es gibt keinen Himmel mehr, der verwöhnend hinabregnet
und sänftigt, nach und nach, und regnet und sänftigt, nach und nach,
über dieser unkontrollierten
Flut von Radioaktivität. Aber es gibt keinen Himmel mehr.
Dieser Himmel, der keine Neugier mehr hat.
Dieser Himmel, der kein Licht mehr spendet.
Dieser Himmel, der nicht aufwacht.

Sie hatten sie gut gemondet, voller Gesichter,
die Wahrheit,
die vor sich hintröpfelte,
das Glas sehr voll,
sich reichlich und wild ergießend
ohne Bremshebel noch Meer.

Den Mut haben, den Formen eine Verfeinerung
zu geben, ein heiliges Design ohne Klagen,
in welchem man die Anstrengung der Intellekte verehren kann,
die es erdacht haben. Und dann? Die Wucht,
die Königin der Amnesien,
ein tägliches Sich-offen-und-ausgeschaltet-Wissen.
Und kein einziges Bild nachzeichnen können.
Und nicht einmal die erste Erinnerung aufbauen können.
Und kein einziges Wort sagen können.
Schon gehörst du ihnen.

Er gab sich die Atempause,
sie anzuschauen, unbeeindruckbar und kalt
im Ladekompressor.
Er hätte sie aktivieren können,
aber er zog es vor, sich das Leid anzutun,
sie abgesondert zu halten,

sie als die seine zu halten.
Die kalkulierte Liebe war
eine Litanei von fehlgeschlagenen Experimenten
oder, anders gesagt, der Neid, der fasziniert.

Bei normalem Leseabstand
merkt man nicht die Zunahme der Pixel,
die Kontraste scheinen noch exakt,
aber die Erotik, gut geschärft, bleibt nicht unbemerkt
im metallischen
                    Grau
                            der Blechteile.
Da schaut er sie wieder an,
und es schärfen sich, Reibung um Reibung, die schamlosen Wünsche:
der Wille, das magere Fleisch mit dem Blei zu verschmelzen,
sich zu berühren
                    und zu Gold zu werden.
Alles nur eine teuflische Konjunktion,
                                            die beginnt,
                                                    wenn er den weißen Kittel
                                                auszieht.

Es schlägt immer das gleiche Experiment fehl
durch den Ungehorsam einer bionischen Amazone.
Danach werden die weißen Kittel gegen andere ausgetauscht
und man vermeidet es, vom uralten Geschlecht zu sprechen, kabellos und hermetisch,
das sie haben entkommen lassen: Jetzt befinden sie sich mitten im mageren Fleisch.
Die offene Wunde ist zum Zeichen des Klassismus geworden
und das Blut, stets ein Ausrufer der Vermischung,
                                                    katalogisiert schon wieder.

Wenn alle schlafen, werden Klänge aufgezeichnet, aber die Kameras
nehmen keine Körperteile auf.

Da kommen sie heraus zum Saugen.

Die Auswahltests sind vorbei
und manche, nicht alle, begeben sich zur Rampe.
Währenddessen spuckt der Lautsprecher die übliche Kakophonie aus,
die auch auf Bildschirmen übertragen wird.

Unter dem Senkblei-Stern heute ...
Unter dem bleiernen Stern   heute ...
Unter dem Senkblei-Stern und dem mageren Fleisch.

Eine Menschenmenge protestiert laut
mit Fackeln in der Hand
und eine um die andere entzündet sich
          dünne Schatten,
          schon klein,
          weinen, beweinen ihr Unglück.
          Dieses Nicht-Ausgewähltsein ...
          Dieses Nicht-aus-Gold-Sein ...
          Wie das Feuer brennt. Wie das Feuer brennt.
          Wie es brennt ...
Jemand, der die Asche zusammenkehrt, denkt:
Bis wohin kann sich das Sein verändern?

Der Silberfluss strömte abwärts, unanständig, heiß
und träge. Und dort, an den Ufern des Endes,
eine Reihe alter Maschinen,
die hineintauchten,
eine nach der anderen,
bis auf den Grund.
Wer stört, dem verpassen sie das Dogma.
          Den stoßen sie in den Brunnen.
Hin zum Wasser des Vergessens.
Ein Lethe im Laboratorium,
kondensiert in weißen Becken
und die Seltsamkeit gebärend,
dass man alles, was man begehrt,
                    auch zerstören will.

Aus dem Katalanischen von Àxel Sanjosé

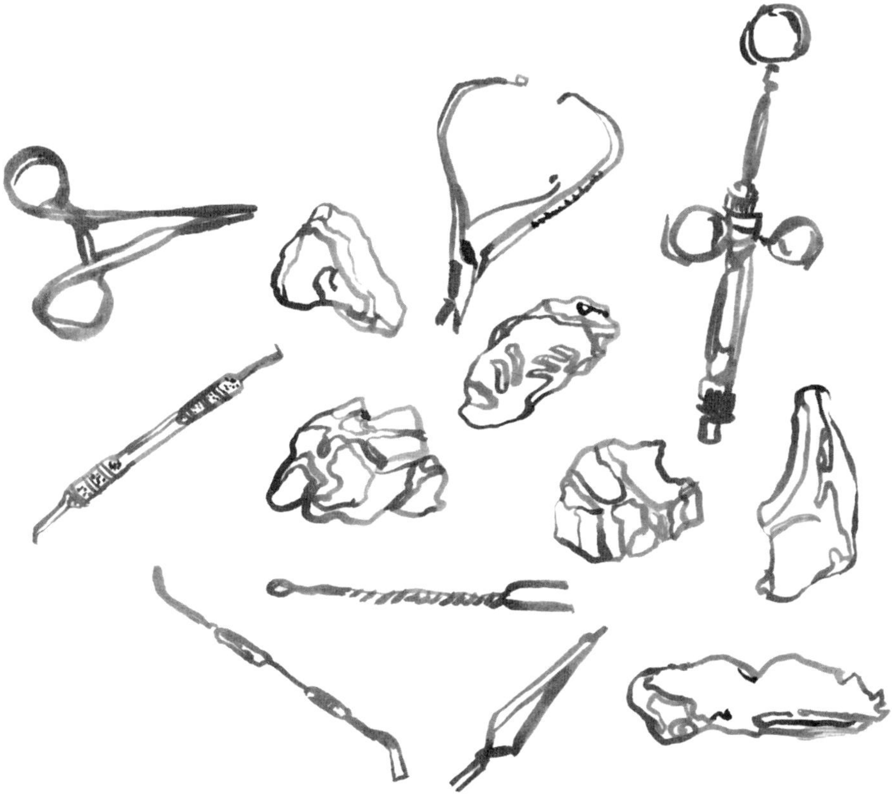

Joan-Lluís Lluís

Junil im Land der Barbaren (Auszug)

I *Auch die Wut vergeht*

Es lebte einst ein Mann, der auf seine Tochter herabschaute. Die immerwährende, unverhohlene Geringschätzung führte indirekt zum Tod dieses Mannes, was wiederum dessen flüchtiges Auftreten in diesem Buch erklärt. Kaum der blanken Seite entstiegen, wird er wieder in die Leere zurückkehren. Für immer. Auch wenn er im Gedächtnis seiner Tochter hartnäckig weiterlebt, beschränken sich seine weiteren Erscheinungen im Laufe dieser Erzählung auf einfache, gar verzichtbare Erwähnungen, ein Dasein im Hintergrund. Der Vater existiert nur noch wie ein laues Morgenlüftchen, das schnell wieder abflaut, bevor ein Wind daraus entsteht. Das Verschwinden wird seine Strafe sein.

Diese Geringschätzung wird für seine Tochter zum Ansporn, zum Stachel, der sie immer weiter antreibt, bis die ihr anhaftende Pestilenz verflogen ist. Sobald sie einmal beschlossen hat, sich der Geringschätzung des Vaters zu widersetzen, wird sie sich mit aller Kraft darum bemühen, sich von diesem Gefühl nicht vereinnahmen zu lassen. Denn sie steht schließlich im Mittelpunkt der hier erzählten Abenteuer, und so wird am Ende die erlittene Erniedrigung allmählich anderen Gefühlen, Empfindungen und Beweggründen weichen. Mit dem Tod des Vaters vergeht auch die Wut. Vielleicht rückt eine andere Wut an ihre Stelle, doch die väterliche Missachtung ist nicht mehr der Grund.

Es sei ergänzt, dass diese ersten Zeilen, dem möglichen Anschein zum Trotz, keinen Prolog, kein Vorwort und keine Vorwarnung darstellen, sondern wesentlicher Bestandteil des Ganzen sind – der Erzählung, des Romans, dieser Schrift, ungeachtet der Benennung, die sie trägt. Diese Geschichte hat mit dem ersten Satz begonnen, als Vater und Tochter, kaum entworfen, in der Vorstellung des Schreibenden – vielleicht auch in der Vorstellung jener Lesenden, die vorerst an der Fortsetzung der Erzählung interessiert sind, den ersten Atemzug genommen und den ersten Schritt getan haben. Die Tochter – die den Namen Junil trägt – und der Vater – der namenlos bleibt –, erscheinen bereits mit scharfen Umrissen, werden Fleisch und Blut dieser Fiktion, die seit dem ersten Wort die Leere bricht und nun ihren Fortgang nimmt.

IV *Junil aber kann nicht lesen*

Der Vater wird von nun an bei einem der zwei Buchhändler von Nyala arbeiten. Das Wohnhaus, die Werkstatt und der Laden des Buchhändlers gehören zu einem Häuserblock der Innenstadt, deren Gassengewirr so dicht bebaut ist, dass nicht einmal die wichtigsten Tempel eine gebührend prominente Stellung genießen. Bis dahin hatten Junil und ihr Vater in dubiosen Außenbezirken gewohnt, auf dem Weg zum See, ständig umgeben vom Gestank nach frittiertem Fisch. Nun laufen sie an hohen, manchmal schiefen Häusern aus Ziegelsteinen entlang, die viel zu dicht aneinander stehen. Zwischen ihnen winden sich so schmale Gassen, dass die Lücken kaum als Durchgänge zu erkennen sind. Der Fischgestank ist durch unterschiedlichste Gerüche – manche angenehm, andere unangenehm – ersetzt worden, die sich gegenseitig verstärken oder aufheben.

Junil, die ihrem Vater hinterhereilt, zittert vor Spannung. Sie gehen am Schweinestall vorbei und ziehen immer weiter, sie lassen neue, aufregende Orte hinter sich: die von einem ohrenlosen Sklaven beaufsichtigte Bäckerei; die Töpferei, wo der Töpfer den Kindern Gladiatorengeschichten erzählt; die eingepferchten Schuhmacherläden; die heilige Einfriedung, auf der jeder Vater unerwünschte Kinder aussetzen darf; die Hellseherin, die kreischt, spuckt und rhythmisch mit den rot bemalten Schultern zuckt, um Kunden zu locken; den ehemaligen Schlachthof, der zu einem Tempel für neue Gottheiten aus dem Osten umgebaut worden ist; eine lärmende Menschenmenge anonymer Stadtbewohner.

Als sie am Laden ankommen, weiß Junil nicht so recht, was sie mit sich anfangen soll: Alles scheint ihr zu feierlich und ehrwürdig, sie kann nicht glauben, dass dies ihr neues Zuhause wird. Das Haus ist schmal, nicht sonderlich hoch und verdankt seine Erhabenheit vor allem der Fassade mit ihren Fresken und Inschriften, deren Farben noch frisch strahlen. Überall große Buchstaben, umgeben von orangen und blauen Blumen und fliegenden, zwitschernden Vögeln.

JAVÓS DELENÓS
ICH SCHREIBE VERSE FÜR JEDEN ANLASS
ICH STELLE BÜCHER HER
ICH VERKAUFE BÜCHER
ES HAT NOCH NIEMAND DIESEN RAUM BETRETEN,
DER SEINEN BESUCH BEREUT HAT.

Neben der Eingangstür stehen mehrere dünne Holztafeln, an denen Dutzende Papyri hängen, manche mit frischer, andere mit ausgebleichter Tinte. Es sind kostenlose, für die Passanten als Lockmittel gedachte Leseproben, die Auszüge aus den erhältlichen Werken zeigen.

Junil aber kann nicht lesen. Der Vater sieht es als Zeitverschwendung an, seiner nutzlosen Tochter irgendetwas beizubringen. Damals im Heimatdorf hatte Junil ihrem Vater häufig zugeschaut, wie er mit Urkunden arbeitete, hatte den flinken Schwung der Hand beobachtet und zu verstehen versucht, wie aus kaum wahrnehmbaren Bewegungen die Schriftzüge entstehen konnten, und wie aus den winzigen Unterschieden zwischen solchen Kritzeleien Wörter, Sätze, Verträge und Erbverpflichtungen entsprangen.

Nun arbeitest du also hier, denkt sich Junil. Aber sie sagt nichts.

Sie gehen hinein und schnuppern.

Im neuen Zuhause riecht es nach Papyrus und Tinte – beide für Vater und Tochter bekannte Gerüche –, aber auch nach anderen, neuen Stoffen und Produkten, die eine Buchhandlung ausmachen.

Der Vater kann sich an diese Fülle von Gerüchen nicht gewöhnen, er versucht auch gar nicht erst, sie zu verstehen, sie lieben zu lernen, sie zu verinnerlichen. Junil hingegen würde am liebsten eine Weile alleine verbringen, um die Gerüche bis zum Ursprung zurückzuverfolgen, sie zu kartografieren, sie nach Vorliebe zu sortieren. Sie weiß, dass sie eigentlich noch viel Zeit dafür haben wird – dennoch trödelt und schnüffelt sie herum, sodass der Vater sie schließlich am Ärmel packt und an ihr zerrt. »Meister Javós wartet auf uns.«

Meister Javós hat eine Glatze, einen Vollbart und ein heiteres Gesicht. Wie alle Buchhändler im nördlichen Teil des Imperiums trägt er eine dunkelblaue Tunika. Und er hat schwarzbefleckte Hände, wie alle, die Tinte selbst herstellen. Er kommt ursprünglich von einer kleinen Insel, wo es nie schneit. Zumindest erzählt er das gerne, auch wenn alle mit den Achseln zucken oder lachen, das sei doch unmöglich.

»Hereinspaziert! Willkommen!«

Dann deutet er mit einem Lächeln auf Junil.

»Kleines, ich weiß schon, wer du bist. Wir haben dir einen bequemen Strohsack hergerichtet, du wirst sehen. Ich hoffe, dass dir das Haus und die Arbeit gefallen werden. Du kannst gerne mal nach oben gehen, während ich mit deinem Vater rede.

Er schreit Richtung Treppe:

»Marmú, komm herunter, sofort!«

Marmú steigt die Treppe gemächlich hinunter. Wie alle Sklaven in Nyala trägt er ein enges Lederband um den Hals. Seines ist aber kaum größer als eine schmale Schleife, was darauf hindeutet, dass er das Vertrauen seines Herrn besitzt und darauf hoffen darf, vor dessen Tod freigelassen zu werden. Er ist schon alt, bis dahin dürfte es nicht mehr lange dauern. Oder bis zur Erkenntnis, dass sich sein Besitzer, wie so viele Sklavenhalter, mit dem leeren Versprechen einer Freilassung nur seine Treue gesichert hat. Marmú ist nicht nur alt, sondern auch langsam. Nicht etwa, weil seine Beine zittern, sondern weil er sich das geruhsame Tempo leisten kann – ein durch viele Jahre Einsatz und Leistung erarbeitetes Privileg, das seinen Rang offenbart. Es gibt nichts Langsameres als einen Berg, und kaum etwas, was eine solche Ehrfurcht weckt, wird Marmú eines Tages zu Junil sagen.

So schmal und niedrig das Haus ist, so langgestreckt ist es. Ein dunkler Flur führt immer weiter ins Innere/immer tiefer hinein, sodass Junil an ein Kaninchen denken muss, das einen neuen Bau erkundet, während sie Marmú folgt. Auf jeder Seite des Flurs hängen gelbliche Vorhänge, die den Eingang in winzige Kammern Räume verdecken.

»Falls du dich über die vielen Flure und Kämmerchen wunderst: Das Haus beherbergte mal ein Bordell. Du weißt, was ein Bordell ist, nicht wahr?

Junil nickt wortlos. Schon manches Mal hat sie geahnt, dass die Arbeit im Bordell die Bestimmung sein könnte, die ihr Vater für sie vorgesehen hat. Diese Intuition lässt sie ungerührt. Sie weiß schließlich, dass die Erwachsenen Geschlechtsverkehr haben, davon hat sie oft gehört, ein paar Mal hat sie den Akt sogar gesehen, aber weder Wonne noch Ungemach darin erkennen können. Sie findet es nur etwas übertrieben, welche Bedeutung ihm beigemessen wird.

Und so kommt es, dass durch die bordellartige Bauart dieses Hauses beide Söhne von Javós Delenós – beide Legionäre in der Weite des Imperiums –, die vier Sklaven und die zwei Lehrlinge, sowie nun auch Junil und ihr Vater, über eigene Schlafzimmer verfügen. Dies ist selbst bei den reichen Patrizierhäusern der Stadt ungewöhnlich, wo die Sklaven meistens eingepfercht wohnen und schlafen. Allerdings sind die Zimmer des ehemaligen Bordells natürlich winzig und fensterlos. Scheinbar unendlich reihen sich die Hinterstübchen mit ihren rauchgeschwärzten Zimmerdecken und den unsichtbaren Spuren des ehemaligen Treibens aneinander: Es wirkt, als schwebten die Partikeln der hier vergossenen Flüssigkeiten weiterhin in der Luft – Sperma, Gleitmittel, Schweiß, Speichel –, als hallten die stöhnenden Bitten und Befehle noch nach.

Beim Betreten ihres Zimmers unterdrückt Junil ein Lächeln. Sie denkt daran, dass sie in diesem Labyrinth aus Wänden und Schatten ihren Vater selten sehen wird. Daran, dass sie seiner Verachtung entkommen kann, dass sie eigene, ungestörte Zeit haben wird, die ihr niemand streitig machen kann.

Sechs Jahre vergehen.

V *Javós! Javós! Javós!*

Sechs Jahre später widmet sich Junil noch derselben Aufgabe, die sie bereits am Tag nach ihrer Ankunft in Javós' Buchhandlung erlernte und seither verrichtet: Sie leimt Papyrusblätter zusammen. Diese Aufgabe erfordert zwar Sorgfalt, bereitet aber keine besonderen Schwierigkeiten. Die Blätter müssen einfach passend aneinandergelegt werden, sodass sie im nächsten Schritt um die Achse aus Steineichen- oder Kastanienholz gerollt werden können. Diesen Schritt übernimmt nicht Junil, ihr werden bei der Prozedur ausschließlich das Leimen und Pressen anvertraut. Sie arbeitet an einem langen Tisch, auf dem sie acht Blätter hintereinander verleimen kann; danach, wenn es so weit ist,/ anschließend klebt ein Sklave das erste Blatt an die Holzachse und wickelt das Blatt sanft und langsam darum. Nach Fertigstellung wird jede Rolle zur Aufbewahrung in eine Kiste gelegt. Es gehört auch zu Junils Aufgaben, ein Etikett mit dem Titel und dem Namen des Autors auf die geschlossene Kiste zu kleben, obwohl sie nicht lesen kann. Der Sklave legt immer nur ein Etikett vor sie hin: das, des gerade fertiggestellten Buches. Selbst wenn sie es wollte, könnte sie keinen Fehler machen.

Junil langweilt sich im Laufe dieser sechs Jahre.

Die Arbeit ödet sie regelrecht an. Sie verlangt ihr zwar keine großen Mühen ab und bietet den Schutz eines im Winter beheizten und im Sommer gelüfteten Zimmers. Junil aber verrichtet sie ohne Lust oder Freude. Bei ihrer Arbeit wiederholt jeder Tag haargenau den vorherigen und nimmt den folgenden vorweg.

Die von ihr ausgeübte Tätigkeit gehört zu den niederen Handwerken. Sie wird jungen Lehrlingen zugewiesen, die erst einmal alle Phasen der Bücherherstellung erlernen sollen. Doch der Vater sperrt sich dagegen, dass Junil weitere Aufgaben übernimmt. Und er kann in dieser Buchhandlung nach Belieben bestimmen, was Junil zu tun hat, da er seit fast fünf Jahren der neue Buchhändler ist. Der Vater ist der Herr des Hauses, der Werkstatt, des Ladens und der Sklaven.

Der einstige Besitzer, der heitere Javós Delenós von der schneelosen Insel, ist seit fast fünf Jahren tot.

Junil weiß nicht, was genau vor fast fünf Jahren passiert ist, aber wenn sie raten müsste, würde sie behaupten, dass ihr Vater Javós getötet hat. Sie wüsste nur nicht zu sagen, wie.

Damals waren Javós, der Vater und der Sklave Marmú zur Hauptstadt der benachbarten Provinz aufgebrochen, die ungefähr einen Zehntagesritt von Nyala entfernt war. Es war noch kalt, Javós hatte die warmen Frühlingstage nicht abwarten wollen. Denn schon seit Monaten kursierte unter Händlern die Nachricht, in jener Stadt seien neuartige Bücher zu finden, ganz anders in Form und Handhabung: rechteckige Bücher, die die Suche nach Textpassagen derart erleichterten, dass der Leser den gewünschten Passus nahezu auf Anhieb finden könne, ohne von vorne anfangen zu müssen wie bei herkömmlichen Schriftrollen. Javós, der Vater und Marmú konnten sich ein solches Buch kaum vorstellen, also wollten sie vor Ort eines mit eigenen Augen ansehen. Zu jener Zeit war der Vater für den Vertrieb zuständig. Er lieferte die Bücher aus und überzeugte zweifelnde Patrizier davon, dass eine eigene Bibliothek den Rang und Status gegenüber Nachbarn und Verwandten angemessen repräsentiere.

Sie waren damals an einem Aprilmorgen aufgebrochen und nur drei Tage später, bei der Rückkehr, lag Javós tot im Wagen. Junil sah seine Leiche, als diese von vier Sklaven ins Haus getragen und auf den Arbeitstisch des Kopisten gelegt wurde. Sie nahm Abschied und flüsterte ihm in Gedanken zu, es täte ihr leid, dass ihr Vater ihn getötet hatte.

Der Vater und Marmú hatten ihn ermordet: Daran gab es für Junil keinen Zweifel, sie brauchte keine Fragen zu stellen oder die Leiche zu untersuchen. Es hieß, am Morgen des zweiten Reisetages sei Javós umgefallen und auf den verschlammten Weg heruntergerollt. Ein solch rascher Tod – so erzählte es Junils Vater jedem –, könne nur durch den Biss eines zornigen Gotts verursacht werden. Mit scheinheiliger Ehrfurcht gab er Marmú Geld, um drei Schafe und drei Ziegen zu kaufen, die den Göttern geopfert werden sollten, sobald Javós' Leichnam der Tradition entsprechend gewaschen und in ein Leinentuch eingewickelt wäre. Am Tag der Trauerfeier ließ er nicht zu, dass irgendwer »Javós, Javós, Javós« rief, um ihn zurück ins Leben zu flehen, ihm auf die Lippen küsste, um den letzten Lebenshauch einzufangen, oder ihm eine Bronzemünze auf den Mund legte, um ihm eine sichere Überfahrt ins Totenreich zu sichern.

Das Testament des Javós war unmissverständlich. Er hatte seinen Willen vor der Patrizierversammlung der Stadt an den Kalenden des Septembers des vorigen Jahres verkündet. Dabei hatte er festgelegt, sein gesamter Nachlass sei in zwei gleiche Teile für seine Söhne, nebst einem weiteren gleichwertigen Anteil für Junils Vater aufzuteilen; Letzterem oblag es außerdem, die Erbschaft der Söhne zu verwalten, bis sie von der Legion freigestellt würden. Sollte einer von ihnen im Krieg fallen, sei sein Anteil zwischen dem hinterbliebenen Sohn und Junils Vater aufzuteilen.

Als erste Maßnahme in seiner neuen Rolle verfügte der Vater Marmús Freilassung und gab ihm ausreichend Geld, um Nyala zu verlassen. Das war für Junil der endgültige Beweis dafür, dass der Mord eine ausgemachte Sache gewesen war. Der Vater und Marmú hatten Javós vermutlich mit einem Trank aus Wolfsmilch oder Antimonpulver vergiftet.

Junil hatte sich zunächst gefragt, wie sich diese neu erworbene Macht auf sie auswirken würde, nun, wo dem Vater schließlich größeres Vermögen und Prestige zukamen/wie sich die neue Macht, das Vermögen und Prestige des Vaters auf sie auswirken würden. Er war jetzt in zweifacher Hinsicht ihr Gebieter: als Vater und als Besitzer der Buchhandlung. In den folgenden Jahren wurde klar, wie sie für die zweifache Unterlegenheit zahlen musste: mit der Verrichtung der immergleichen stupiden Arbeit. Seit der Ankunft in diesem Haus hat sie Papyri verleimt und sie weiß, dass sie diese Aufgabe verrichten wird, solange sie hier lebt. Sie kann sich nicht vorstellen, dass sie Nyala schon bald für immer verlassen wird.

Sie hatte geahnt, dass der Aufstieg des Vaters ihr die Prostitution ersparen würde. Zu Beginn hatte der Vater die Tatsache, dass sich die Buchhandlung in einem ehemaligen Bordell befand, als Zeichen der Götter gedeutet. Bald fiel ihm jedoch ein, dass es ihm den Zugang zu den mächtigsten Familien erschweren könne, wenn er nicht nur Buchhändler, sondern zudem auch Zuhälter wäre. Die Kunden der Buchhandlung mochten einen zwang- und hemmungslosen Umgang mit bezahltem Geschlechtsverkehr pflegen, doch ihr Rang erforderte es, dass sie solche Dienste in einem renommierten Etablissement in Anspruch nahmen, statt in dem feuchten, schäbigen Bordell, das die Buchhandlung einst für Reisende und unbedeutende Händler gewesen war.

VI *Kann das Schreiben wirklich menschlich sein?*

Der Leim fürs Papierkleben ist ein Gebräu, in das Haut, Sehnen und Knochen eingekocht werden. Vor der Verwendung muss es immer erwärmt werden. Dabei erhält die Mischung ihre notwendige Formbarkeit und nimmt einen schrecklichen Gestank an. Es ist ein bleicher Gestank, der Junil umschließt. Er hängt in ihren Haaren, in der Kleidung, er dringt selbst unter die Nägel und in ihre Poren. Für den Vater stellt dieser penetrante Leimgeruch, der seiner Tochter anhaftet, eine Genugtuung dar. Durch den Gestank ist sie gebrandmarkt: Sie ist als unterwürfiges, zahmes Wesen sofort zu erkennen, als trüge sie ein Sklavenhalsband. Auf die Art und Weise kann er jeden Abend die gleiche Demütigung inszenieren, wenn er »Pfui Teufel, geh dich waschen!« ruft. Denn ihm ist ebenso bewusst wie ihr, dass ihr Waschritual mit zerstampften Kräutern kaum Wirkung zeigt, dass der Frischegeruch die zähe Spur des Leimgestanks nur flüchtig überdecken kann.

Seit sechs Jahren klebt Junil Papyrusblätter zusammen. Der Vater ist nie in jene Stadt in der Nachbarprovinz gereist, um die Bücher mit genähten Blättern zu sehen, die in aller Munde sind und jene in Staunen versetzen, die sie aufschlagen dürfen. Junil hat keine klare Vorstellung davon, was diese neue Art der Bücherherstellung für sie bedeuten könnte. Sie denkt nur sehr selten daran, wenn ein Reisender die außergewöhnlichen Bücher erwähnt, oft mit der Ergänzung, er selbst habe keine gesehen oder berührt, sondern bloß davon gehört, und zwar von Menschen, die tatsächlich welche gesehen und berührt hätten.

Was Junil wirklich interessiert, ist das Lesen.

Sie hat diese Kunst allmählich erworben, hinter dem Rücken des Vaters und trotz dessen Missfallen. Ihre Lehrer waren höhergestellte Sklaven der Buchhandlung, zuerst Marmú, später Dreifinger, der Hauptkopist, welchem Klein- und Ringfinger der linken Hand fehlten – die Sühne für ein altes Vergehen, von dem nur er wusste und über das er nie sprach.

Der Hauptkopist hat den zweithöchsten Rang im Haus nach dem Meister. Mit seiner klaren, eleganten Handschrift und seinem Geschick bei der Ausbildung jüngerer Sklaven steht und fällt der Rollenverkauf. Viele Patrizier prüfen bei Lieferung ihrer Kopien der *Odyssee*, der *Werke und Tage*, der *Aeneis* oder *Des Krieges der Eunuchen* ausschließlich, ob die Kalligraphie der Rollen schön genug ist, um sie ihren Gästen zu zeigen. Nur sehr wenige wagen es, aus den Rollen vorzulesen, und das weiß Dreifinger sehr gut. Deswegen schimpft er – wenn es nur andere Sklaven oder Junil hören können – über die Ignoranz vieler Käufer.

Dreifinger ist fast so alt wie Marmú. Er hat einen für die Region ungewöhnlich dunklen Teint und ist groß, aber bucklig. Auch er trägt ein dünnes Lederband um den Hals, kann aber anders als Marmú keine Befreiung erwarten: Seine Kunstfertigkeit in der Kalligraphie ist zugleich sein Verhängnis, denn sein Talent ist zu wertvoll, um jemals verzichtbar zu werden. Erst in sehr fortgeschrittenem Alter, wenn ihn die Kraft verlässt und seine Hände zu zittrig für die Kopierarbeit würden, könnte er auf Gnade hoffen. Doch er weiß, dass Junils Vater, der ihn nie sonderlich geschätzt hat, ihn, den quasi einhändigen, buckligen, alten Sklaven, wenn es so weit ist, lieber für ein paar Münzen zum Schnäppchenpreis verkaufen wird. Daher geht Dreifinger gleichzeitig ein Risiko und eine Wette ein, wenn er Junil das Lesen beibringt: das Risiko, vom Herrn erwischt zu werden, die Wette, die Tochter des Herrn als Verbündete zu gewinnen.

Kaum hat Junil die Grundlagen gemeistert, wird sie unersättlich: Am liebsten würde sie sofort alles lesen, doch Dreifinger erlaubt ihr nur solche Lektüren, die er selbst auswählt.

Junil nimmt dies einfach hin, ohne darüber nachzudenken. Beim Kleben – weder bei der Vor- noch bei der Nacharbeitung – könnte sie die Blätter ohnehin nicht lesen, denn das würde das Arbeitstempo verlangsamen. Sie sieht die

Worte vorbeischwirren und versagt es sich, darin eine Bedeutung zu erkennen, um nicht abgelenkt zu werden und die Blätter falsch zu verkleben. Das würde ihr die Beschimpfungen und Beleidigungen des Vaters einbringen und sie müsste sein höhnisches Grinsen ertragen, wenn er sie mit leiser Stimme demütigt. Außerdem gehören die zu verklebenden Blätter äußerst selten zu den Büchern, die Dreifinger als Lektüre vorgibt: Diese sind im Hinterzimmer des Ladens zu finden, an dem Ort, wo Javós zu Lebzeiten die wertvollsten Rollen verwahrte und wo Dreifinger jene Rollen lagert, die er mit anderen Kopisten getauscht oder aus Exemplaren der Minerva-Bibliothek kopieren lassen hat. Der Unterricht beginnt also immer erst, wenn der Vater fort ist. Junil liest in Anwesenheit von Dreifinger vor, der ab und zu lächelt oder nickt.

Bald verspürte Junil einen großen Lesedurst und war sehr dankbar, dass Dreifinger sich dazu bereit zeigte, diesen Durst zu stillen. Allmählich ändert sich ihr Verhältnis zu den Papyri – sie sind nicht mehr nur Alltagsballast, sondern öffnen die Tür zu den Geheimnissen der Erzählkunst. Junil liest aus Homer, Vergil, Lukrez, Horaz, Melzian und Varro, sie liest die Tragödien von Euripides, Aischylos, Numid und Sophokles, die Epigramme von Catull und die Komödien von Prosep und Aristophanes. Jedes Mal, wenn sie einen neuen Autor entdeckt, wiederholt sie laut seinen Namen.

Alphanas. Alphanas.

Xenophon. Xenophon.

Sie versucht sich dabei vorzustellen, wie der Autor ausgesehen haben muss, den sie gerade entdeckt hat, aber es gelingt ihr nicht. Sie hat die Minerva-Bibliothek noch nie besucht, aber sie geht oft daran vorbei und bleibt staunend vor der Büste des Homers am Eingang stehen.

Das Bild dieser Büste schwebt ihr immer vor, wenn sie versucht, sich das Gesicht eines Schriftstellers vorzustellen. Sie fragt sich, ob alle Schreibenden solche weißen Augäpfel haben, ohne Iris oder Pupillen, und hält das für durchaus möglich, denn wer so viele Geschichten ersinnt, muss ja ständig in sich hineinschauen, um sie zu finden, sicher bleibt dabei wenig Zeit für die Betrachtung weltlicher Banalitäten. Und so sehen in Junils Augen alle Schriftsteller dem marmornen Homer der Bibliothek ähnlich, mit seiner bunten Bemalung und seinem leeren Blick. Ihr erscheint es ziemlich unbegreiflich, dass nicht alle in der gleichen Zeit am gleichen Ort gelebt haben sollen, und noch unbegreiflicher, dass jeder von ihnen nur das geschrieben haben soll, was in den Bibliotheken mit dem entsprechenden Namen versehen ist. Aus welchem Grund soll Aristophanes nicht Urheber der *Illias* sein, oder Euripides der *Georgica*? Manchmal verschmelzen in ihrer Vorstellung gar alle Schreibenden, ja, ihr dünkt es fast, als wäre die gesamte Literatur der Feder eines einzigen Urhebers entsprungen, der aus nur ihm bekannten Gründen unterschiedliche Namen für seine Schöpfungen nutzt. Ein solcher Autor wäre, versteht sich, göttlicher Natur, sodass die Vernachlässigung seiner Verehrung einen Frevel darstellen würde, nur vermeidbar durch die Umwidmung von Buchhandlungen in Tempel und von Buchhändlern in Priester. Da beides offensichtlich nicht der Fall ist, muss das eigentlich heißen, dass die Erzählkunst ohne göttliches Zutun zustande kommt. Und doch wundert sich Junil, wie das Schreiben eine rein menschliche Angelegenheit sein kann. In keiner Tätigkeit kann sie den göttlichen Funken so deutlich erkennen wie in dieser besonderen Kunst, Menschen und Welten durch Worte entstehen, leben und sterben zu lassen.

Heute steht Junil kurz davor, eine der größten Entdeckungen ihres Lebens zu machen. Noch ahnt sie nichts davon. Jetzt verklebt sie gerade noch ihr letztes Papyrusblatt, sie schwitzt und stinkt, ist erschöpft und schaut viel zu oft aus dem Fenster, um Straßenszenen zu erhaschen, Teile jenes Lebens, das ihr verwehrt bleibt. Sie hat den Pott mit dem Leim aufgeräumt und hineingespuckt – als würde sie damit auf ihren Vater spucken –, hat den Pinsel gereinigt und gerade angefangen, die vertrockneten Leimfäden mit einem Bimsstein von ihren Händen abzustreifen. In diesem Augenblick betritt Dreifinger den Raum. Er trägt vier Schriftrollen unter dem Arm. Und lächelt.

»Na, was habe ich hier?«

Junil lächelt auch. Sie lächelt immer, wenn er diese Frage stellt.

»Ein neues Buch?«

»Noch habe ich es nicht aufgeschlagen …«

Dreifinger legt die vier Rollen auf den Arbeitstisch, schenkt sich Wasser ein und trinkt einen großen Schluck. Junil weiß, dass sie nichts fragen darf. Sie muss das kleine Ritual abwarten, das Dreifinger vor dem Lesen vollführt: Er trinkt, er wäscht sich Gesicht und Hände, trocknet sie mit feierlichen Gesten. Erst dann redet er.

Ovid, *Ars amatoria*.

»Ich war bisher der Meinung, dass wir uns am besten den altehrwürdigen Autoren widmen, damit du dich mit dem Ursprung der Schreibkunst vertraut machst. Aber heute machen wir das anders. Heute werden wir aus dem Werk eines lebenden Autors lesen.«

Junil spürt, wie ihr der Atem stockt. Sie kann kaum fassen, was sie gehört hat. Ein lebender Autor?

Gibt es so etwas überhaupt? Gibt es lebende Autoren, deren Texte etwas wert sind? Bis dahin hatte Junil fest geglaubt, die Literatur sei das Erbe einer vergangenen Zeit, einer untergegangenen Ära der Weisheit, mit Menschen, die mit Bedacht redeten und aufmerksam zuhörten, die noch Ehrfurcht vor den Göttern kannten und Opferrituale gebührend begingen. Einer Ära, in der Satyrn, Nymphen und Zyklopen noch unter Menschen wandelten. Einer Ära, in der auserwählte, ehrwürdige Menschen den Göttern begegnen konnten, welche ihren Sitz manchmal verließen, um ihnen Rat, Hilfe oder Verderben zu bringen. Einer Ära, in der aus dem Zank und dem Begehren zwischen göttlicher und menschlicher Welt jene Halbgötter entstanden, die die Geschichte mit Epen füllten. Einer Ära, in der die Welt noch funkelte und blitzte und die Städte noch nicht nach frittiertem Fisch stanken.

Ihr wäre es nicht in den Sinn gekommen, dass würdige Autoren in ihrer Gegenwart leben könnten. Sie wusste zwar, dass Javós selbst Prosa und Dichtung geschrieben hatte, aber seine Werke waren so schlecht, dass sie vielmehr den Beweis für die Unmöglichkeit lieferten, in ihrer Zeit etwas wahrhaftig Schönes zu schreiben. Und dann legt ihr Dreifinger urplötzlich so begeistert vier Schriftrollen eines lebenden Autors vor, als wäre dieser tot und stünde als Statue auf allen Foren des Imperiums.

Die vierzehnjährige Junil mit den dürren Beinen und den kaum sichtbaren Brüsten, den Haaren, die über die Augen fallen, und dem Leimgestank in der Nase – diesem Leimgestank, dessentwegen jeder, der sich ihr nähert, das Gesicht vor Ekel verzieht –, verliebt sich an diesem Tag. Sie verliebt sich, während sie die erste Rolle auffaltet und liest. Jenseits der Berge und der Flüsse, in der fernen Hauptstadt des Imperiums lebt tatsächlich ein Schriftsteller, der unverhüllt und ungekünstelt über die Sehnsucht spricht, der die Liebe ergründet, ihr Namen und Attribute verleiht, sie dem Blick der Götter preisgibt und den Lesern näherbringt. Sie liest über die Ratschläge für diskrete Mädchen und verträumte Jungen, über die Schande der Heuchler, die im Buch wüst beschimpft werden, über die Mittel gegen Schwermut und Einsamkeit. Und je mehr sie liest, umso bewusster wird sie sich, dass niemand bisher so tief in sie eingedrungen ist. Sie trägt alle Worte Ovids in sich.

Sie bemerkt nicht, dass sie längst nicht mehr liest. Reglos sitzt Dreifinger vor ihr und beobachtet sie schweigend mit einem melancholischen Lächeln. Denn er weiß, dass er sie auf dieser inneren Reise über die Wortpfade des Ovids nicht begleiten kann. Dreifinger wartet, bis sie ihre Träume wieder verlässt, dann wischt er sich das wehmütige Lächeln aus dem Gesicht.

»Wir werden Ovid noch öfter lesen, nicht wahr?«, sagt Dreifinger mit leiser Stimme.

Junil antwortet nicht sofort. Plötzlich merkt sie, dass sie errötet. Sie fühlt sich schutzlos, fast nackt. Sie atmet langsam und wagt es noch nicht, Dreifinger in die Augen zu sehen. Aber sie weiß, dass sie sich vor diesem alten, verstümmelten Sklaven nicht verstellen kann.

»Ja, bitte ... Und vielen Dank, Dreifinger.«

»Vielleicht müssen wir ab jetzt nicht immer zusammenlesen. Vielleicht kannst du diese Lektüre alleine fortsetzen.«

Für einen kurzen Augenblick legt sich ein Schatten über sein Lächeln.

»Ja, du hast recht. Ich glaube, ich schaffe das alleine.«

Aus dem Katalanischen von Guillermo Álvarez Sellán

Albert Pijuan

Der Große Erheber

»Irgendwann erklärst du mir dann auch, wozu das gut ist«, sagte der »Onkel«, als Samir ihm seine Gabe vorführte. Wobei er eher sagte: »Ingwann erklärschu mi an au, wofu asch hut isch.« Am Tag, als er bei ihm unterkam, hatte Samir gedacht: Der ist auch kein Franzose. Oder es hatte bei ihm einen Unfall mit der Geburtszange gegeben, so wie bei einem von Samirs Zimmergenossen im Heim. Nun kam sein »Onkel« gewiss nicht aus Frankreich und hatte gewiss auch keine leichte Geburt gehabt, doch das eigentliche Problem war, dass ihn als junger Mensch eine Bombe erwischt und ihm die Zungenspitze abgerissen hatte.

Als Samir das Baguette zum Schweben brachte, wirkte der »Onkel« nicht gerade beeindruckt, eher so, als handele es sich um einen Trick, denn er schon oft gesehen hätte. Dabei hatte Samir Monate gebraucht, um seine Gabe beherrschen zu lernen und ihre Grenzen auszuloten. Drei gestapelte Essteller aus Porzellan oder sieben Desserttellerchen konnte er einigermaßen sicher bewegen. Fünf Kilopakete Reis auf einmal waren zu viel, hingegen vermochte er ein Netz mit fünf Kilo Orangen zwar nicht ganz in die Luft zu bringen, doch immerhin mehr als zur Hälfte anzuheben und über eine glatte Oberfläche gleiten zu lassen. Was ihm an Kraft fehlte, machte er durch Beschleunigung wett, und zum Beweis ließ er nun sein Glas Milch abschwirren und an der Wand zerschellen. »Ja, hast du denn den ...« Während ihm der »Onkel« einige erzieherische Ohrfeigen gab und dabei schrie, »Ich bin nicht im Krieg gewesen, damit mir hier das Geschirr zerdeppert wird!«, hatte Samir zwei Erkenntnisse: dass er nicht, bis er 18 wäre, in diesem Haus leben wollte. Und dass er seine Gabe besser für sich behielt.

Noch in derselben Nacht schlich er sich davon; zuvor trat er leise ins Zimmer des »Onkels« und flüsterte ihm zu: »Du Verlierer.«

Das begab sich in den frühen Siebzigern, und damals war es recht einfach, mal hier, mal da zu jobben, irgendwo aufzutauchen und wieder zu verschwinden, ohne dass jemand sich wunderte oder viele Fragen stellte. Von Pompidous Tod erfuhr er, als er Teller in einem Menü-Restaurant wusch. Die Arbeit machte ihm nicht viel Spaß, andererseits war sie die einzige Möglichkeit, die er gefunden hatte, von seiner Gabe zu profitieren. Wenn nach Küchenschluss der Rest des Personals Feierabend machte und er alleine blieb, ließ er die Teller fliegen und erledigte in zwanzig Minuten die Arbeit von zwei Stunden.

Freitags und samstags servierte er Drinks in einem Pub, nicht wegen der paar Francs, die ihm das einbrachte, sondern weil es die einzige Art war, in Gesellschaft zu sein, die seinem Wesen entsprach. Mit einem Gast, der ihn am Abend angesprochen und dann vor der Tür auf ihn gewartet hatte, ging er noch in die Nachtvorstellung eines Filmtheaters, das am Rande der Legalität operierte. Es war das erste Mal, dass er einem Fremden einen blies, am Boden zwischen Kinosesseln, und er machte nach, was er aus dem Augenwinkel auf der Leinwand sah. Zu sagen, er habe es genossen, wäre untertrieben. Er war selig, er vergaß die Welt ringsum, er hätte eine ganze Woche mit dieser Stange Fleisch im Mund verbringen können. Am nächsten Tag ging er wieder hin, diesmal allein und mit einem konkreten Anliegen. Er wartete bis zum Ende des Abspanns auf die Information, die er suchte. Die Firma, die den Film *Süßwassermatrosen* produziert hatte, saß in der Gegend von Perpignan. Ihn hielt nichts in der Stadt, er lebte in einer Pension, für die er wöchentlich im Voraus zahlte, was also sollte ihn daran hindern, seine intimsten Träume zu verwirklichen?

»Ich möchte arbeiten«, sagte Samir zu dem Wachmann an der Tür des Gebäudes, das wie ein Armenhaus aussah.

»Sprich mit Sasha.«

Sasha war der Produzent, Regisseur, Drehbuchautor, Kameramann, Komponist, Cutter, und zur Not auch mal Hauptdarsteller bei allem, was Bronco Productions herstellte. Die Firma gehörte natürlich ihm, sie war aber auf den Namen eines angeblichen und schwer auffindbaren sardischen Cousins gemeldet. Obwohl noch keine vierzig, war Sasha so gut wie kahlköpfig und hatte dunkle Säcke unter den Augen. Samir hatte gedacht, einer wie er würde Havannas rauchen, aber nein, er hielt immer eine dünne, silberne Spitze im Mund, und die Zigarette darin war meistens nicht angezündet. Auf diesem Filter kaute er herum, während er Samir von oben bis unten musterte und ihm sagte, er tauge nicht für vor der Kamera, doch beim Dreh seien immer helfende Hände gefragt.

»Ist mir recht. Und wenn helfende Münder gefragt sind, noch besser.«

Er machte von allem ein bisschen: Er holte Darsteller am Busbahnhof ab, half bei den Plakaten, rannte los, um Requisiten nachzukaufen, wenn in der Hitze eines Drehs etwas zu Bruch gegangen war, er verpackte die Super-8-Filme, die nach ganz Europa verschickt wurden, wo sie nicht überall öffentlich gezeigt werden durften, und so weiter und so fort. Einfältig, wie er war, hatte er gedacht, die Akteure, denen er eine überbordende Libido unterstellte, wären bereit, mit ihm ins Bett zu gehen oder sich zumindest ab und zu einen runterholen zu lassen. Doch nach den erschöpfenden Arbeitstagen, an denen ein und derselbe Darsteller manchmal binnen weniger als zwölf Stunden zwei komplette Streifen mittlerer Länge abdrehte, war das, was Samir ersehnte, das Letzte, worauf sie noch Lust gehabt hätten. Monatelang machte er als Laufbursche weiter. Er wurde und wurde nicht befördert. Die Arbeit vor der Kamera, die er gerne übernommen hätte, war die des smaragdäugigen Berberjungen. Der war dafür zuständig, die Latten der Akteure wiederherzustellen, wenn sie während des Drehs einen Erschlaffungsanfall erlitten. Ohne dass auch nur die Kamera gestoppt wurde, nahm er das Problem zwischen die Lippen, arbeitete ein paar Sekunden daran, hob dann den ozeangrünen Blick, um dem Darsteller geradewegs in die Augen zu schauen, und schon war die volle Schwellung zurück, und das Säbelfechten konnte wieder aufgenommen werden, als sei nichts geschehen. Diese Rettungsaktion war zwei- bis fünfmal am Tag vonnöten.

»Ich will das tun, was er macht, die Erde sei gepriesen«, gestand er Sasha eines Tages, während sie lustlos Papiere sortierten. Der Produzent sagte, einverstanden, doch es bleibe den Schauspielern selbst überlassen, ob sie die Unterstützung des Berbers mit dem überirdischen Blick in Anspruch nehmen wollten oder die des hässlichen Burschen mit fleckiger Haut, zu hoher Stirn und spitzen, etwas schief stehenden Zähnen.

Natürlich entschied sich keiner für Samir. Weil er es leid war, auf den Moment zu warten, an dem er endlich seine Künste unter Beweis stellen könnte, entschloss er sich, wenn auch mit schlechtem Gewissen, von der Gabe Gebrauch zu machen. Als beim Dreh von *Durch die Hintertür ins Pfarrhaus* der Berber wieder zum Reanimieren antrat, richtete Samir die Gabe gegen den Schwengel des Darstellers, der den zügellosen Seminaristen spielte. Der Boykott zeigte Wirkung, schon mehr als fünf Minuten lang saugte der Berber bis zum Brechreiz, und selbst seine durchdringendsten und leuchtendsten Blicke brachten dem Protagonisten seine Pracht nicht zurück. Da hatte Sascha die Nase voll und holte den Ersatzmann aufs Feld. Zur Verblüffung des ganzen Teams erblühte dem Seminaristen eine spektakuläre Erektion, so zuckend und vollblütig, wie er sie noch nie vor einer Kamera zustande bekommen hatte, und Samir musste sich dafür nicht einmal anstrengen.

Da er bei dieser und auch bei allen folgenden Gelegenheiten keinen Zweifel an seiner Verlässlichkeit ließ, bot Sasha ihm an, ihn auf eine »Einzelvorstellung« zu begleiten.

»Es ist, weshalb auch immer, eine Menge Geld im Spiel«, sagte er. Er hätte, fügte er hinzu, eigentlich lieber abgelehnt, doch er habe keine Wahl gehabt: »So einen Kunden kannst du nicht zurückweisen, da musst du hin, sonst machen die dir Ärger. Oder Schlimmeres.«

Samir glaubte, dass Sasha übertrieb. »Du kannst auf mich zählen«, versicherte er ihm.

Sasha nickte mit besorgter Miene, und diesmal zündete er sich tatsächlich eine Zigarette an. »Er hat eine Vorliebe für Afrikaner«, sagte er, mehr zu sich selbst als zu Samir, »es wird schon gut gehen.«

Sie waren zu einem Flugplatz bestellt und reisten in einem Kleinflugzeug. Nur der Pilot, Sasha, der Berber und Samir.

»Die hier müsst ihr jetzt überziehen«, sagte Sasha zu den beiden, kaum dass sie abgehoben hatten. Es handelte sich um eine Art Masken, genauer gesagt um Schlafbrillen, wie sie überempfindliche Leute benutzten. »Die tragt ihr bis zum Ende der Vorstellung. Ihr nehmt sie erst wieder ab, wenn ich es euch sage.«

Und kurz vor der Landung ermahnte er sie: »Sobald ihr da drin seid, keinen Mucks mehr. Ihr tut das, was von euch verlangt wird. Auch wenn ihr mich nicht seht, ich bin die ganze Zeit dabei. Okay?«

Samir und der Berber nickten. Als sie am Boden waren, klopfte der Berber Samir auf den Rücken, um ihn aufzumuntern und ihm zu signalisieren, dass er an seiner Seite sei, egal, was sie beide nun erwartete.

Zunächst eine Autofahrt, mehr als eine Stunde lang. Von der Sitzhöhe und vom Motorgeräusch her vermutete Samir, dass es sich um einen Geländewagen handelte. Zu wie vielen sie darin saßen, wusste er nicht, denn niemand sprach ein Wort. Beim Aussteigen schlug ihnen lautes abendliches Vogelzwitschern entgegen, daher nahm er an, sie befanden sich in einem abgelegenen Waldstück. Sie betraten ein Gebäude, in dem ihre Schritte eindrucksvoll widerhallten. Es waren die Schritte vieler Menschen, offenbar ein großes Geleit für die drei von Bronco. In einem Korridor oder Vorzimmer ließ man sie warten, im Stehen. Eine Tür öffnete sich, und Sasha sagte zu dem Berber, er solle ihn am Arm fassen und mitkommen. Die Tür wurde wieder geschlossen, und Samir blieb allein mit dem Atem zweier starker Raucher, die hinter ihm stehen mussten. Da fiel ihm ein: Mit verbundenen Augen konnte der Berber seinen Zauber nicht wirken lassen. Sie hatten ihn seiner Gabe beraubt. Binnen weniger Minuten bestätigte sich die Befürchtung. »¡Basta! ¡Basta!«, hörte er es aus dem angrenzenden Raum schreien. Es folgte weiteres Gebrüll auf Spanisch, es wurde geschimpft, es wurden Stühle gerückt. »*¡Que no, leche!*«, dann wurde die Tür abermals geöffnet, und er hörte den Berber wimmern. Sasha sagte, nun sei er an der Reihe.

»Bitte lass mich nicht im Stich.«

Samir griff nach seinem Arm, und sie betraten einen Raum, in dem ein Kaminfeuer knisterte und eine Flüssigkeit großzügig in ein Glas gegossen wurde. Sasha ließ ihn niederknien, auf einem Teppich. Die Hitze der Flammen drohte ihm den Nacken zu versengen. »Ganz tief rein«, flüsterte Sasha ihm ins Ohr.

Samir tastete in der Luft herum, bis ihn jemand am Handgelenk fasste und ihn an die entscheidende Stelle lenkte. Als er durch das Schamhaar fuhr, auf der Suche nach dem Arbeitsgerät, stieß er auf Gemüsereste, auf Fenchelspitzen, mit denen der Kunde sich zwischen den Beinen eingerieben hatte, um sich zu aromatisieren. Das Haar war feucht, wie mit Reif bedeckt, und als er einen Hautlappen fand, stellte er fest, dass er voller Speichel war und ihm zwischen den Fingern hindurch glitt wie ein halb geschmolzener Eiswürfel. Er schloss die Hände um die Hoden, und als er sie streichelte, merkte er, es gab nur einen. War das vielleicht der Grund für die Schwierigkeiten, die der Berber gehabt hatte?

Samir wurde klar: Sein ganzes Leben war auf diesen einen Moment zugelaufen. Er musste zeigen, wozu er imstande war, es war die Gelegenheit, auf die er immer gewartet hatte. Jetzt oder nie. Er richtete seine Gabe auf die runzlige, kleine Eichel, mit aller Energie, die er aufbringen konnte – und das war sehr viel mehr, als er geglaubt hätte.

»*¡Me cago en Melilla!*«, rief auf einmal der Kunde. Samir nahm das aufgerichtete Röhrchen so tief in den Mund, wie er konnte, und schon nach drei Sekunden, er hatte noch gar nicht mit dem Hin-und-Her begonnen, war es, als hätte man einen alten Wasserhahn aufgedreht: Er spürte am Gaumen einen zähflüssigen, reichlichen und sauer schmeckenden Erguss. Doch er hatte nicht vor, es dabei zu belassen. Er hatte noch mehr zu bieten. Was er diesem Kunden angedeihen ließ, würde in die Annalen des Oralsexes eingehen. Sobald die Spannung nachließ, holte er das Letzte aus seiner Gabe heraus. Er strengte sich so sehr an, dass er spürte, wie sein Puls kurz aussetzte, und ihm die Schläfen zu brennen begannen. Es gelang ihm, einen letzten Schwall Energie aus den tiefsten Tiefen des Hodensacks seines Kunden zu aktivieren, und er begann den Kopf zu schütteln wie ein rasendes Tier. Der Mann reagierte mit einem seltsamen wiederholten Laut, etwa so, wie wenn ein Mensch mit Sprachfehler immer wieder versucht, ein ganz spitzes T hervorzubringen. Samir spürte einen weiteren Spritzer in der Kehle, viel weniger diesmal, wie ein kleines feuchtes Niesen. Und der Kunde sackte zusammen.

Nach einigen Sekunden der Ungewissheit und Verblüffung berührte Samir ihn am Bein. Der Kunde regte sich nicht. Gleich darauf wurden hektische Menschen hörbar, die Türen öffneten und schlossen und Anweisungen in Funkgeräte sprachen. Zwei kräftige Gestalten packten Samir und schleppten ihn bis zum Auto, fast ohne dass er den Boden berührte. Der Wagen startete und brachte ihn mit Vollgas zum Flugplatz. Als sie in der Luft waren, sagte Sasha, sie könnten nun die Masken abnehmen. Er zeigte ihnen den Umschlag mit doppelt so vielen Geldscheinen wie vereinbart.

»Das ist euer Schweigen wert.«

Nach diesen Geschehnissen schlief Samir drei Tage am Stück, über siebzig Stunden lang. Als er dann vor dem Spiegel stand und sich fühlte, als würde er sich von einer heftigen Tracht Prügel erholen, fiel ihm auf, dass auf seinen beiden Schläfen je zwei weiße Pinselstriche erschienen waren. Sie standen für den Verlust seiner Gabe. Immer hatte er befürchtet, dass sie nicht von Dauer sein würde, weil das Energiereservoir, aus dem sie schöpfte, eines Tages aufgebraucht wäre.

Zwei oder drei Wochen später erfuhr er, dass der zusammengesackte Kunde gestorben war. Sasha sagte es ihm. Und er fuhr fort, er habe einen sehr merkwürdigen Telefonanruf erhalten, aber er rate ihm, genau das zu tun, was man ihm ausrichten ließ: nämlich sich unter die Brücke am Fluss zu begeben, weil ihn dort eine gewisse Persönlichkeit treffen wolle.

Bei der Brücke erwarteten ihn zwei Herren mit hochgeschlagenen Mantelkrägen. Einer war Mitglied der Kommunistischen Partei Frankreichs und dolmetschte, der andere ein energischer, pausbäckiger Spanier, der Kette rauchte und zwar unsympathisch aussah, jedoch einen jovialen Humor an den Tag legte. Er äußerte sein Bedauern, dass die Übergabe nicht im Rahmen eines feierlicheren Aktes stattfinden könne, und er händigte Samir ein Holzkästchen aus. Darin fand sich ein goldener Orden mit kyrillischer Inschrift.

»Die Genosse-Stalin-Medaille für außerordentliche Verdienste in Anerkennung Ihres Beitrags zur Auslöschung des Faschismus«, erklärte der Spanier mit Hilfe seines französischen Dolmetschers. Danach sprach er von Dingen, die Samir nicht verstand, irgendetwas von einer »Erhebung« und von der Ironie, dass eine ganz andere Art von Erhebung dem Kerl den Garaus gemacht habe. Zum Abschluss der Zeremonie spuckte der Mann einen Schleimklumpen von der Größe einer Aprikose auf den Boden, er reichte Samir die Hand und entfernte sich, die Faust in Höhe des Ohrs haltend.

Als sei das nicht Lohn genug, rief ihn am nächsten Vormittag Sasha in sein Büro, mit einer weiteren guten Nachricht: Er sei bereit, für seine kieferorthopädische Behandlung aufzukommen, auch für die nötigen chirurgischen Anpassungen, damit er vor die Kamera treten könne.

»Du musst dir bloß noch einen Kampfnamen zulegen.«

Gerne hätte er sich nun vor seinem »Onkel« aufgebaut und ihm erwidert: »Wozu das gut ist? Ja, wozu wohl, du Verlierer!«

Samir überlegte nicht lange. Ab sofort würde er Der Große Erheber sein – jener, der die finale Erhebung ausgelöst hatte.

Aus dem Katalanischen von Michael Ebmeyer

Irene Solà
Bestie

I *ROTER, UNDANKBARER MUND*

Ein Fisch schwamm in meiner Galle,
er aß die Perlen
jener Halsketten, die zerspringen,
wenn man sie knotet.
Bei der Beerdigung war ein Irrer,
er öffnete mir die Taille mit einem Teppichmesser,
doch ich kenne keine Gebete.
Während Oma sie näht,
sagt sie, sie wollte früher eine Rolle
beim Vaudeville Français.
Und ich sehe ihre Unterwäsche.

Ich habe nichts,
ich habe einen Haarballen am Brustbein,
wie die Kühe. Und die weichen Brüste
einer Miezekatze.
Eine Daunenschlange verschlingt mich
– träge und säumig –
und ich freue mich, diesen Tod zu sterben.
Lasst meinen Schlafanzug den Vampiren und den wilden Horden.
Mädchen wollen einfach Spaß haben.

Sie rissen mich heraus wie eine Zwiebel,
gaben mir einen Namen
und stachen mir Löcher in die Ohren.

Auch ich richtete mich her – trotzig,
damit sie mir Obstkerne in den Magen pflanzen,
doch ich glaube keinem Vater mehr,
auch meinem nicht. Obwohl ich das Schnurren beherrsche.
Mein Bauch ist sanft, diskret, aufmerksam,
wie ein Lamm im Tiergarten,
meine Brüste sind butterweich.

Mit strenger, rauer Zunge
wischte ich mir den sauren Schweiß vom Nacken
und von den Schenkeln.
Die Nacht war schwarz wie Mirto.
August, auf Sardinien.
Und du riefst an und wolltest sagen:
ich bin *verloren, Irene*.
Aber ich hielt fest an meiner Genesung,
und war dir keine Mutter.

Ich tötete unseren Hund,
du hast mich nicht aufgehalten.
Du weintest aus Angst,
wie ein Kind,
und ich saß auf deinem Schoß. Peng!
Nun ist mein Herz schwer
wie ein schlafender Sohn von dir
und ich kann es nicht gesund lecken.

II *BLUT, GUT UND MASSVOLL*

Wenn es in Barcelona welche gäbe,
könnten wir Schnecken sammeln
und gegen Geld tauschen;
anstelle des Camp Nou
stünde dann Can Barrina
und die Schnecken liebten sich auf den Stahlzäunen
und anstelle der Travessera de les Corts
wäre unser Viertel geteilt durch die C-17.

T'afines la pell amb les meves mans rústegues.[1]
Josep Riera

Mich kämmte immer mein Vater.
Die Hände, so grob für die kleinen Dinge,
walzten über meinen Kopf
wie ein Mähdrescher.
Der feuchte, entwirrte Weizen,
der langsam anfaulte,
wurde dann fein
und zog mich nach hinten
und mein Pferdeschwanz hielt
bis zum Frühstück.

1 Du glättest deine Haut mit meinen rauen Händen.

Die alten Nonnen
sitzen wie abgestellte Stühle
und geben Krümel an die Mücken.
Uns geben sie Gebäck.
Im Garten steht eine Jungfrau
und tritt auf eine Schlange.
Das Gedärm wie Schlangen.
Das Haar wie Schlangen.
Deine Küsse, Schlangenküsse.
Wenn du eine Mücke tötest,
ist das Blut zur Hälfte deins.

Sardinien, Sommer 2010

Es gibt einen Jungen
mit Ohren aus purem Samt,
sie rufen Mateo,
um ihn zu verprügeln.
Die anderen verstecken sich und bellen.
Mir saugt Mateo aus dem Nabel
mit einem hauchdünnen Strohhalm.
Wie eine Hyäne schluckt
er den alten Speichel und das Diadem.

Sardinien, Sommer 2010

Mein Körper ist ein Haus.
Ein *Schwätzer* sagt, meine Fenster sind schön
und Mutter sagt, mein Putz ist weich
und mein Dachboden ordentlich.
Das Esszimmer randgefüllt mit Blut,
das nicht überläuft, gut und maßvoll.
Und verlässlichem Gedärm
und Organen, die ihre Arbeit verrichten.
Auch dein Zuhause lädt ein zum Verweilen.

Alle Zwiebeln, das Brot und der Tabak
und die Mäuse und die Männer
und die Hefe
schauten zu, wie ich da lag, in der Sonne,
ohne Bikini
auf deinem Schreibtisch.
Du warst ein Schwimmbecken, rechteckig und weiß,
und das Wasser war kalt und das Gras war grün.

Aus dem Katalanischen von Guillermo Álvarez Sellán

Carlota Gurt

Divorce is ok meme

divorce is hard
divorce is not an option
divorce is a sin
divorce is like death
divorce is better than death
divorce is not a failure
divorce is ok meme

Ergebnisse der Google-
Autovervollständigungsfunktion

Sie erhält nur unverständliche Antworten.

Seit Kurzem lernt sie ihren Vater besser kennen. Früher sah sie ihn nur selten. Doch jetzt, nach der Scheidung, muss der Vater sie manchmal zur Arbeit mitnehmen. Er weiß nicht, was er sonst mit ihr machen soll. Er hat niemanden, der auf sie aufpasst. Er weiß nicht, was sie gern mag. Er weiß nicht, wer sie ist.

Auch er lernt seit Kurzem seine Tochter besser kennen. Er ist nicht stolz darauf, dass er sich all die Jahre nicht gekümmert hat. Aber er bereut es auch nicht. Es ist, wie es ist. Man tut das, was man gerade zu tun müssen glaubt. Reue ist kein Fundament, auf dem man aufbauen kann. Ein Gebäude mit schlechtem Fundament wird schnell rissig, und der Vater mag keine Risse. Der Vater ist Architekt.

Einmal hat sie ihn gefragt, was ein Architekt ist.

»Das ist einer, der die Ruinen der Zukunft erbaut.«

»Ruinen werden nicht erbaut«, widersprach das Mädchen. »Erzähl mir nichts.«

»Aha, Fräulein Naseweis, und wenn man sie nicht baut, wo kommen sie sonst her?«

Zurück zu Hause nahm sie das Tablet, startete die Suchmaschine und tippte »ein Architekt ist« ein. Google vervollständigte den Satz mit:

ein Architekt ist ein Ingenieur oder Graduierter
ein Architekt ist jemand der Träume zeichnet
ein Architekt ist nicht Manns genug um Ingenieur zu sein
ein Architekt ist ein Künstler

Ruinen erwähnte Google nicht.

Als der Vater sie zu Bett brachte, fragte sie ihn:

»Papa, bist du ein Künstler?«

»Ich bin nicht sicher. Kommt auf die Kunst an.«

Später, als sie allein im Dunkeln unter der Decke lag, antwortete Google:

Kunst ist subjektiv
Kunst ist Leben
Kunst ist eine Wissenschaft
Kunst ist eine Lüge die uns der Wahrheit näherbringt
Kunst ist relativ
Kunst ist eine Wunde aus Licht

Eine Wunde aus Licht, das tut bestimmt weh, dachte sie. Dann schlief sie ein mit dem Gedanken an die hellen Haare ihrer Mutter und das Licht darin.

Heute sind sie früh aufgestanden, denn heute ist Sonntag. Sonntags geht der Vater immer hinunter zum Büchermarkt von *Sant Antoni*. Er sagt, man muss früh hingehen. Sonst sind die besten Sachen weg. Sie frühstücken in der Küche, frisches Brot mit rohem Schinken und Camembert. Das Mädchen kannte bisher keinen Camembert. Jetzt isst sie ihn sehr gern. Das Mädchen entdeckt täglich neue Dinge.

In der Küche ist es dunkel, aber sie lassen das Neonlicht aus. Vor zwei Wochen hat das Mädchen zu ihrem Vater gesagt, in seiner Küche sehe es aus wie beim Zahnarzt. Und nun schämt der Vater sich für seine Küchenlampe. Er, der für andere Leute helle, offene Räume entwirft, lebt in einer engen, dunklen Wohnung. Er denkt an das Haus, in dem er früher mit seiner Exfrau und dem Kind gewohnt hat, ein großes Haus mit großen Fensterfronten. Transparente Wände, ehrliche Architektur, nannte er das. Und jetzt? Die enge, dunkle Wohnung. Er ist auf der Suche, aber das kann dauern. Ein Architekt in einem lichtlosen Loch. Das ist erniedrigend. Die Wand zur Nordseite ist feucht, schwarze Flecken wandern in Richtung Esszimmer. Sie dringen immer weiter ein. Immer weiter nach innen.

Bevor sie auf den Markt gehen, macht der Vater sich daran, ihr einen afrikanischen Zopf zu flechten. Dazu hat er sich ein YouTube-Video angesehen. Der Zopf ist etwas ungleichmäßig, aber sie findet sich trotzdem schön. Mit dem Zöpfeflechten wird er ein besserer Vater. Welche Väter können schon afrikanische Zöpfe flechten?

»Kaufst du mir ein Buch?«

»Ich kaufe dir ein Buch.«

»Egal welches?«

»Egal welches.«

Eine halbe Stunde später stehen sie vor dem Lieblingsbücherstand des Vaters. Sie sind schon viele Male dort gewesen, und das Mädchen stört sich nicht mehr an dem muffigen Geruch der Bücher. Früher wagte sie es nicht, sie anzufassen. Sie fürchtete, die altersschwachen Seiten könnten sich zwischen ihren Fingern in Nichts auflösen, und dann würden der Vater oder der Buchhändler mit ihr schimpfen. Ihre Mutter sagt immer: Was man nicht kaufen will, fasst man nicht an. Der Vater fasst eine Menge Bücher an und kauft hinterher nur ein einziges: Die offene Stadt.

»Wovon handelt dieses Buch?«

»Das ist ein Essay über Städte.«

»…?«

»Ein Essay ist ein Text, der viele Meinungen wiedergibt, die richtig oder falsch sein können.«

»Heißt das, es könnten lauter Lügen drinstehen? Warum kaufst du so etwas?«

Da fällt ihr wieder der Satz ein: *Kunst ist eine Lüge, die uns der Wahrheit näherbringt.*

»Du kaufst das Buch, weil du Künstler bist, oder?«

»Wie kommst du denn auf sowas?«

Sie mischen sich wieder unter die Menschenmenge rund um den Markt. Ab und zu bleibt der Vater stehen, um in einem Buch zu blättern, er stellt dem Verkäufer eine Frage, er überlegt. Auch sie schlägt ein paar Bücher auf. Doch ihr gefällt keines. Sie mag nicht länger zwischen den Riesenkörpern fremder Leute eingekeilt sein. Köpfe. Rücken. Ellenbogen, denen man ausweichen muss. Mit ihrem einen Meter dreiunddreißig sieht sie vor lauter Mensch den Himmel nicht.

»Warum riechen alte Bücher so komisch?«

»Das sind die Ideen, sie sind nicht mehr frisch.«

»Ideen müssen nicht frisch sein. Du redest mir schon wieder etwas ein.«

»Ja, du hast recht. Sie müssen nicht unbedingt frisch sein, die Ideen. Aber bei manchen ist das Haltbarkeitsdatum abgelaufen, dann fangen sie an zu stinken wie der schimmlige Schinken, den wir neulich aus dem Kühlschrank geholt haben. Wirklich.«

»Drauf gesch…«

»Bitte, wer bringt dir solche Ausdrücke bei? Wenn du schon so vorlaut bist, dann sprich es wenigstens ganz aus. Lass hören …«

»…«

»Los, sag es: Drauf geschissen.«

»Nein.«

»Was, nein?«

»Ich will nicht.«

»Sagen sollst du's.«
»Nein.«
»Wir gehen nicht eher weg, bis du es gesagt hast.«
Sie stehen am Bücherstand. Beide mit grimmiger Miene. Das Mädchen durchblättert gleichgültig das erstbeste Buch. *Fröhlich* steht da. Es geht weiter mit:

freudig, froh, fidel, lustig, vergnügt, witzig, amüsant, ausgelassen, munter, drollig, spaßig, launig, heiter, zufrieden, glücklich, scherzhaft

Und gleich darunter, *Fromm:*

kirchlich, religiös, gottesfürchtig, gläubig, strenggläubig

»Dieses Buch will ich.«
»Sag erst, was du sagen sollst.«
»Bitte?«
»Sag es.«
Das Mädchen senkt den Blick. Sie ist ein Sturkopf. Sie sieht den Strom der unaufhaltsamen Füße. Der Vater ist auch ein Sturkopf. Und das weiß sie.
»Drauf geschissen«, nuschelt sie. Die Passanten sollen sie nicht hören.
»Red lauter, ich versteh dich nicht.«
»Drauf geschissen«, wiederholt sie.
»Einverstanden. Dann hätten wir das. Weißt du, was für ein Buch das ist?«
»Ein Buch, um neue Wörter zu lernen?«
»Ein Buch, um sich das Leben schwerzumachen: Wie kann man mit möglichst vielen verschiedenen Wörtern ein und dasselbe ausdrücken?«
Das Mädchen liest den Titel:
»*Synonymwörterbuch*. Synonym?«
Der Vater nickt und deutet auf das Buch. Er bezahlt, während das Mädchen sofort zu blättern anfängt und laut vorliest:
»*Synonym: äquivalent, wesensverwandt, analog, ähnlich, identisch, gleich.*«
Der Vater ordnet lächelnd eine rebellische Haarsträhne, die sich aus ihrem Zopf gelöst hat.
»Na komm, lass uns was essen, ich habe Hunger.«
Und nur wenige Minuten später:
»*Appetit, Hunger, Heißhunger, Bärenhunger, flaues Gefühl, Vielfraß, Schmacht, Gefräßigkeit, Kohldampf*« zitiert sie, um gleich darauf dem Vater zuzurufen: »Ich hab Kohldampf!«
Sie lachen sich halbtot. Von nun an werden sie immer Kohldampf sagen.

Außer wenn sie sich streiten oder schlecht gelaunt sind. Kohldampf ist der erste Baustein zu ihrem ganz privaten Wortpalast.

Den Rest des Sonntags verbringen sie zu Hause. Er muss für den nächsten Tag eine Besprechung vorbereiten. Sie sitzen zusammen am Tisch und arbeiten. Der Vater über seinen Bauplänen, das Mädchen mit Papier und Stiften und ihrem Wörterbuch. Gelegentlich kichert sie leise oder schließt die Augen und formt lautlos mit den Lippen ein paar Worte. Nach einer halben Stunde sieht das Mädchen dem Vater über die Schulter:

»Was sind das für Zeichnungen?«

»Hast du keine Lust mehr zu malen? Das sind Pläne für einen Mördermarkt.«

»Du redest immer solchen Unsinn, Papa.«

»Ach ja? Dann sieh mal her«, sagt er und holt ein paar Fotos aus einer gelben Mappe. »Siehst du das Graue da? Das nennt man Faserzement, und da drin steckt ein fürchterliches Gift, das in der Luft herumfliegt, und wenn man zu viel davon einatmet, stirbt man.«

»Ein Gift? Und wie heißt dieses Gift?«

»Asbest.«

»Asbest … Und warum wurde dieses Gift verbaut?«

»Weil Asbest eine Superkraft hat: Es ist nicht entflammbar.«

»Wow!«

Er nimmt ein zweites Foto aus der Mappe:

»Sieh mal, inzwischen haben wir alles rausgeholt.«

»Aber dann kann es brennen.«

»Nein, wir machen Steinwolle rein.«

»Steinwolle? Na hör mal, nimmst du mich schon wieder auf die Schippe? Was soll das sein?«

»Aber nein«, widerspricht der Vater, doch da klingelt es an der Tür.

»Das ist sicher deine Mutter, die dich abholt. Es ist schon acht.«

Das Mädchen läuft zur Tür. Sie wirft sich der Mutter an den Hals. Die Mutter umarmt sie. Vater und Mutter wechseln weder Gruß noch Blick.

»Donnerstag holst du sie von der Schule ab, wie immer.«

»Ja, wie immer«, sagt er und starrt auf seine Pläne auf dem Tisch.

Bevor sie gehen, schenkt das Mädchen ihrem Vater eine riesige Umarmung, und er lässt einen Hagel Küsse auf ihren Nacken niederprasseln, was sie kichernd entgegennimmt. Kurz bevor die Tür zufällt, streckt das Mädchen noch einmal den Kopf durch den Türspalt und ruft:

»Adeu, Auf Wiedersehen, Auf bald, Möge der Wind in deinem Rücken sein, Empfehle mich!« und noch einmal: »Empfeeehle mich!«

»Empfehle mich!«, ruft ihr der Vater lachend hinterher. Von dem Tag an steigert sich auch dieses scherzhafte »Empfehle mich« und wird ein paar Monate später als »Mpf!« in die Geschichte ihrer Abschiede eingehen.

Wir wissen nicht, wie die Mutter darauf reagiert, denn sie hat sich umgedreht und drückt schon auf den Fahrstuhlknopf. Zur Mutter wird das Kind auch weiterhin »Adeu« sagen. Die Mutter ist keine Künstlerin.

Wenn der Vater dann am Montag keine Lust mehr hat zu arbeiten oder sich Wohnungen anzusehen, sitzt er vor dem Fernseher, oder er liest oder schreibt WhatsApps an einen Freund, der in Trennung lebt.

Jeder Twin Tower der Welt
wird früher oder später fallen

Jawohl
Nur Pyramiden halten stand

Was man ordentlich tut, geht nicht kaputt
haha

Mit Sklaven …

(vier lachende und weinende Emojis)

Am Mittwoch ruft er das Mädchen an. Der Vater schlägt einen betont heiteren Ton an, während sie nur einsilbig antwortet. Das ist nichts Neues: Ihre Telefongespräche verlaufen regelmäßig in der Art.

»Bist du froh?«

Und sie, mit Grabesstimme:

»Ja. Froh, freudig, lustig, fröhlich …« Hier bleibt sie stecken, sie erinnert sich nicht mehr.

»Munter … Glücklich …«

»…«

»Du hast dein Synonymwörterbuch bei mir vergessen.«

»…«

»Was habt ihr gestern, am Feiertag, gemacht?«

»Wir waren im Blauen Museum.«

»Oh, das ist ein herrliches Gebäude! Das haben diese Schweizer mit dem unaussprechlichen Namen entworfen: Herzog & de Meuron.«

»HerrZockunDämmerung«, wiederholt sie lapidar.

»Es sieht aus, als würde oben Wasser vom Dach runterlaufen.«

»Da oben ist ein scheußlicher, total vertrockneter Dachgarten.«

»Ja, aber früher gab es dort Wasser, und vom Himmel sah es aus wie ein Meeresdreieck.«

»Was redest du da …«

»Was hast du gesehen?«

»Tote Tiere.«

»Tote Tiere?«

»Das Skelett eines fliegenden Walfischs. Und viele versteinerte Tiere: ein Löwe, ein Pelikan mit Riesenschnabel. Bunte Steine. Blätter. Planeten. Lauter solche Sachen.«

»Und – hat es dir gefallen?«

»Geht so.«

»Hast du keine Lust, mit mir zu telefonieren?«

»Nö, nicht so.«

»Dann lass uns auflegen. Ich hol dich morgen von der Schule ab, dann fahren wir wohin. Küsschen. Ich hab dich lieb. Empfehle mich!«

Nun muss das Mädchen doch ein wenig lachen.

»Empfehle mich! Ich lege auf, ja?«

Tut-tut-tut.

Am nächsten Tag steht der Vater zehn Minuten vor Schulschluss mit einem Wurstbrötchen vor dem Tor. Er trägt ein unauffälliges Jackett, dazu ein weißes Hemd. Er kommt direkt von der Arbeit. Er trägt immer weiße Hemden auf der Arbeit, mit breitem Kragen, leicht tailliert. So spart er morgens Zeit. Das ist seine Uniform. In Weiß sieht er jünger und seriöser aus. Jedenfalls glaubt er das.

»Paaapa!«

Er umarmt sie, und sie erzählt ihm auf dem Weg zur Metro von ihrer Englischlehrerin Abigail, die sich jeden Fingernagel in einer anderen Farbe lackiert und in Exeter geboren ist.

»Wohin gehen wir?«

»Wir sehen uns ein Skelett an.«

»Aber ich hab doch schon so viele gesehen, im Blauen Museum, mit Mama!«

»Das hier ist anders. Es ist das Skelett eines Gebäudes.«

Skeptisch brummelnd kaut das Mädchen auf ihrem Brötchen herum.

»Schmeckt's?«

»Sehr.«

Eine halbe Stunde später stehen sie vor der Eisenkonstruktion des *Mercat de l'Abaceria*. Ein gehäuteter Bau. Pfeiler und Streben. Kurvige Bögen, die sich zum Himmel wölben. Ein Röntgenbild dessen, was es früher mal war. Ein dreidimensionaler Plan. Der Eingang wird durch ein Vorhängeschloss versperrt.

»Was meinst du? Ist das ein Skelett – ja oder nein?«
»Ja und nein.«
»Das ist der Mördermarkt, von dem ich dir erzählt habe.«
Das Mädchen schaudert.
»Und wozu soll das gut sein, dieses Skelett? Nur damit es schön aussieht, wie das von dem toten Wal?«
»O nein. Wir werden es neu decken, und danach ist alles wieder neu und schön. Und kein bisschen mörderisch.«
»Warum habt ihr kein neues Skelett gemacht?«
»Weil dieses Skelett sehr, sehr alt ist, hundertdreißig Jahre. Stell dir vor, älter als deine Großmutter. Als es erbaut wurde, war noch nicht einmal die Mutter deiner Großmutter geboren. Schönes darf man nicht zerstören, auch wenn es alt ist.«
»Hmm.«
»Stell dir vor, jemand würde deine Babybilder wegwerfen. Oder deine Erinnerungen auslöschen. Stell dir vor, du vergisst, wer du bist. Das willst du doch nicht?« Das Mädchen schüttelt den Kopf. »Nun, dasselbe gilt für die Stadt.«
»Aber wenn ihr ihn jetzt neu und schöner macht, den Markt, dann ist es doch nicht mehr der alte Markt. Dann ist es ein falscher alter Markt.«
»Das kann schon sein, vielleicht.«
In dem Augenblick hören sie eine Frau ganz in der Nähe kreischen. Sie drehen sich um und sehen die fette Ratte und die zu Tode erschrockene Frau, die mit dem Finger auf das Tier zeigt. Die Ratte zwängt sich durch ein Loch im Gitterzaun und läuft weg, mitten auf die freie Fläche.
»Wenn der neue Markt fertig ist, kann die Ratte dann trotzdem hier wohnen?«
»Das weiß ich nicht. Aber auch wenn sie nicht hierbleibt, werden schon bald andere Ratten nachkommen. In Barcelonas Unterwelt wimmelt es von Ratten.«
»Bäh!«
»Ja, die sind eklig. Es ist aber auch nicht einfach, eine ganze Stadt rattenfrei zu machen. Irgendwo überlebt immer eine, die sich fortpflanzt, und schon sind sie wieder da. Mit den Ratten ist es wie mit der Schlechtigkeit in uns: Wir bemühen uns, sie loszuwerden, aber wir müssen auch lernen, mit ihr zu leben, weil sie sich nie ganz vertreiben lässt.«
»Hast du auch Schlechtigkeit in dir?«
»Wir haben alle unsere schlechten Seiten. Aber meistens überwiegt das Gute.«
»Ich will keine Ratten in mir haben, Papa.«
»Kindchen, das war nur so dahingesagt. Komm, lass uns gehen.«
Zu Hause liest das Mädchen in dem Buch, das sie aus der Schulbücherei

mitgenommen hat, während der Vater die Bohnen für das Abendessen palt. Und die Mutter ruft an. Sie reden über unwichtige Dinge. Das Mädchen hat keine Lust, mit dem jeweils anderen Elternteil zu telefonieren. Der Vater in der Küche kann sie nicht hören. Da geht das Mädchen zu ihm und reicht ihm das Telefon:

»Mama sagt, sie will dich sprechen.« Und wieder in den Hörer: »Adeu Mama, ich hab dich lieb!«

Der Vater nimmt das Telefon:

»Ja?«

»Sei so gut, erzähl der Kleinen nicht, ich hätte Ratten in mir und wäre ein schlechter Mensch. Was denkst du dir dabei!«

»So habe ich das nicht gesagt. Wie kannst du glauben, ich hätte ...«

»Dann erklär mir bitte, woher sie das hat«, fällt sie ihm ins Wort. »Ich warne dich, treib es nicht auf die Spitze, auch ich kann sehr gemein sein und unsere Tochter manipulieren, wenn ich es darauf anlege.«

Und sie legt auf.

Danach, beim Abendessen:

»Mama sagt, sie ist nicht schlecht.«

»Nein, natürlich nicht. Mama ist gut, und sie hat dich sehr lieb.«

»Aber du hast gesagt, jeder Mensch ist manchmal schlecht.«

Und fügt stolz hinzu: *»böse, böswillig,* niederprächtig, *Schurke ...*«

An der Stelle bricht sie ab und wendet ihren Blick nach innen, ehe es wieder losgeht:

»Strulch, *Kanaille, hinterlistig* ... imfan, *grausam,* skupellos, *pervers, elend,* heimtrückisch.«

»Wow. Wie hast du das alles auswendig gelernt?«

»Hm, weiß nicht. Ich kann das mit meinen Augen abfotografieren und dann bleibt es in mir drin.«

»Da hast du aber Glück.«

»Weißt du was? Wenn einer alle meine Fotos wegwerfen würde, aus der Zeit als ich noch klein war, das würde mir nichts ausmachen, weil ich alles hier abgespeichert habe«, sagt sie und tippt sich mit dem Zeigefinger an die Stirn.

Als er sie am nächsten Morgen zur Schule bringt, fällt ihm ein, dass er ihre Wasserflasche und das Handtuch vergessen hat. Freitags hat sie Sport. Zerknirscht entschuldigt er sich bei ihrem Lehrer. Er sagt, er sei noch mit der Umstellung beschäftigt, das sei alles sehr viel und er sei ein bisschen hilflos in diesen Dingen. Das Frühstück, die Freizeitaktivitäten, der Schwimmunterricht, ihr Stundenplan.

Ein paar Tage vergehen.

Am Wochenende hat er sie wieder. Samstagfrüh holt er sie bei der Mutter ab. Aus dem Haus, das früher seins war. Zwei lichtdurchflutete Etagen. Drei Jahre Arbeit für seine größte Tat, nach dem Kind. Ein Haus wie eine Skulptur. Durchsichtige Räume für eine undurchsichtige Beziehung. Er holt sie ab aus diesem Haus, das momentan noch seins ist, solange bis der Scheidungsvertrag per Gerichtsurteil in Kraft tritt.

Urteil, Verurteilung, Sanktion, Strafe.

Strafe.

Leiden, Qual, Marter, Passion, Kreuz, Kreuzweg, Schmerz, Folter, Betrübnis, Traurigkeit, Trostlosigkeit, Ärger.

»Gehen wir nicht nach Hause?«, fragt das Mädchen, als sie sieht, dass der Vater mit dem Auto da ist.

»Heute nehme ich dich mit zu einem Schauspiel.«

»Ich gehe aber nicht gern ins Theater, Papa.«

»Ich auch nicht, ich gehe auch nicht gerne ins Theater, ich spiele auch nicht gern Theater. Es geht um ein anderes Schauspiel.«

Und dann fliehen sie aus der Stadt in die Vorstadt. In eine Gegend ohne Geschäfte. Überall nur Bürogebäude und Fabrikhallen. Gläserne Gefängnisse. Breite Gehwege und ausgestorbene Straßen. Als gäbe es keine Autos auf der Welt. Samstags ist dies eine kleine Totenstadt; deshalb wurde der Termin für heute angesetzt. Das Auto rumpelt schlingernd über den Asphalt. Sie halten kurz vor einem hohen Gebäude, das älter aussieht als die anderen. Unten hat sich eine Menschenmenge versammelt.

»Warte hier einen Moment.«

Das Mädchen sieht zu, wie der Vater aus dem Auto steigt. Wie er auf die Leute zugeht. Wie er sie freundlich lächelnd mit Handschlag begrüßt. Ein junger Mann reicht ihm zwei gelbe Schutzhelme. Eine Frau deutet auf den Rand des leeren Nachbargrundstücks. Der Vater geht zurück zu seiner Tochter. Er lässt den Wagen an und fährt zweihundert Meter weiter.

»Wir sind da. Setz den Helm auf, das Schauspiel fängt in fünf Minuten an.«

Das Mädchen versteht nichts, setzt aber brav den Schutzhelm auf. Er ist zu groß und rutscht ihr fast über die Augen. Sie setzen sich auf den Bordstein an der Grenze zu dem unbebauten Grundstück.

»Du wirst gleich einige Explosionen hören. Krieg keinen Schreck. Es ist wie ein Feuerwerk, ganz ungefährlich.«

Das Mädchen fragt sich, wie man um elf Uhr morgens ein Feuerwerk am Himmel sehen soll, aber sie sagt nichts. Er schaut auf seine Uhr.

»Jetzt«, sagt er. »Sieh hin.«

Und ja, gleich darauf macht es: Bumm-bumm-bumm. Rauch- und Staubwolken steigen an mehreren Stellen auf. Das Mädchen sieht, wie das Gebäude langsam in sich zusammenfällt. Das Hochhaus schrumpft. Es löst sich auf. Als hätte sich die Erde aufgetan und wollte es verschlucken. Der Gehweg bebt. Vielleicht hat die Erde sich tatsächlich aufgetan. Das Mädchen rutscht ein Stückchen näher an den Vater heran. Das Getöse macht ihr etwas Angst. Und innerhalb von dreißig Sekunden verschwindet das Monster aus Zement, ganz sacht, so sacht wie eine Tonfigur sich auflöst, wenn sie nicht richtig trocken ist.

Das Mädchen ist gleichzeitig erschrocken und begeistert. Sie heftet ihren Blick auf die Lücke, die das Gebäude gerissen hat und wo sich nun der Himmel breitmacht.

»Wie krass!«, ruft sie, doch dann, als sie sich zu ihrem Vater umdreht, sieht sie eine Träne über seine Wange laufen. »Papa! Warum weinst du?«

»Weil ich Architekt bin. Mir tut es weh mitanzusehen, wie etwas zerstört wird, das einst mit so viel Mühe gebaut worden ist.«

»Und wenn es so alt war wie der Mördermarkt, warum hat man dieses Haus nicht auch repariert?«

»Weil es krank war, es hatte Aluminosis. Das ist gefährlich. Das Hochhaus hätte einstürzen und Menschen unter sich begraben können. Manche Dinge lassen sich nicht einfach reparieren.«

Vor ihnen eine Staubwolke. Sie husten.

»Hat es dir gefallen?«

»... Ich weiß nicht.«

»Komm, lass uns nach Hause gehen.«

Auf dem Heimweg reden sie über Abriss, Abrissbirnen, über den Mann, der die Sprengladungen strategisch günstig platziert, und darüber, dass Aluminosis nach Licht klingt, obwohl es Dunkelheit bedeutet. Und als sie zu Hause sind, holt das Mädchen schnell das Wörterbuch.

»Zerstören, zerlegen, zerschmettern, zerbrechen, verschrotten, abnutzen, kaputtmachen, zerstückeln, zersplittern, verderben, beschädigen, kaputtkriegen, auseinandernehmen, vernichten, zugrunde richten, töten, ausreißen, eliminieren, ruinieren, verheeren, verwüsten, dem Erdboden gleichmachen, demolieren, einreißen, abreißen, niederreißen, niederschlagen, niederschmettern, versenken, demontieren, abschaffen, annullieren, streichen, liquidieren.«

Sie startet die Suchmaschine, und Google sagt:

Zerstörung ist eine andere Form der Schöpfung.

Aus dem Katalanischen von Birgit Kirberg

Irene Pujadas

Die Unzulänglichkeiten

Die Söldner

Ich habe den Eindruck, sagte Kursleiterin Joliu, während sie ihren Hintern über den Tisch vorne im Saal senkte, ihr habt sehr oft gesagt bekommen, dass ihr nach *innen* schauen sollt. Sie öffnete den Mund und machte mit beiden Händen eine Geste, als würde sie Erbrochenes hinunterschlucken. Vielleicht wurde euch sogar gesagt, ihr solltet – sie richtete sich auf, breitbeinig, den Oberkörper durchgestreckt, die Arme im rechten Winkel zum Rücken – Dehnübungen machen. Denn im Innern, ganz im Innern, im Unbewussten – Kursleiterin Joliu begann ihren Rumpf nach rechts und links zu schwenken, wobei sie jedes Mal mit den Fingerspitzen ihre Zehen berührte – da findet ihr das Material. In den tiefsten Höhlen eurer Kindheit, genau so – sie stand wieder kerzengerade, streckte dann das linke Bein nach hinten und beugte sich zugleich nach vorne, die Balance haltend. Die furchtbaren und allzumenschlichen Begierden, die euer Unbewusstes besiedeln – sie tat dasselbe mit dem rechten Bein. Nicht außen! Nicht außen – sie machte eine Bewegung, wie um Vögel zu verscheuchen, scht, scht, danach kauerte sie sich hin und krümmte sich zusammen, als hätte ihre Selbstachtung einen Stich abbekommen –, sondern in der kostbaren Zerbrechlichkeit eurer kleinen Porzellankörper. Aber ich sag mal so: Wir haben Dinge zu verbergen.

Wäre sie nicht die Lehrerin gewesen, die Klasse hätte sie trotzdem angestarrt. Kursleiterin Joliu streichelte ihre Brillenbügel und nahm sich die Teilnehmerliste vor; ihre Augen lasen einen Namen und durchsuchten den Raum, ein ums andere Mal. Danach ordnete sie Folgendes an: Steht auf, und die Klasse gehorchte ihr. Wollt ihr frei sein oder wollt ihr Geld? Die Klasse blieb stumm; einige fragten sich, ob sie sich im Kurs vertan hätten, andere, was von ihren erwartet wurde, wieder andere grübelten, ob sie als Idealistinnen abgestempelt würden, als Gierschlünde, als Naivlinge, als Narzissten. Ein Junge sagte »frei«, mit einer Piepsstimme wie ein Sperling – er hatte den Titel des Seminars oben auf ein Blatt geschrieben und ihn unterstrichen; er war fleißig und introvertiert, doch im Innern seines Körpers leuchtete und lastete die Leidenschaft für Literatur wie ein Rubin. Wollt ihr Teil einer europäischen Macht sein?, rief Kursleiterin Joliu, die nun zwischen den Bänken auf und ab schritt. Sie trug Militärstiefel und ging so, als würde sie strangulierte Gefühle in ihren Schenkeln verwahren.

Seid ihr Bauern oder seid ihr Söldner? Wozu seid ihr hergekommen? Ich sag mal so: Wir sind nicht zum Meditieren hier.

Kursleiterin Joliu richtete sich an die Menge, die verzagt neben den Bänken strammstand. Schlagt euch mit der Faust auf die Brust, rief sie, und denkt daran: Ihr seid hungrig. Die Teilnehmer warfen einander Blicke zu und befolgten schüchtern die Anweisung. Es war ein sehr schwacher Schlag, kaum hörbar. Wenn jemand gehen will – Kursleiterin Joliu blickte wieder zwischen der Namensliste und den Gesichtern hin und her –, dann soll er es jetzt tun. Eine blasse junge Frau nahm ihre Tasche und schlich zur Tür – sie schrieb Gedichte in siebensilbigen Versen und erlebte in Vollmondnächten eine affektive Verbundenheit mit den Gestirnen; sie glaubte nicht an kriegerische Sprache; die Unermesslichkeit und unser Ort innerhalb der Unermesslichkeit: mit derartigen Themen befasste sie sich. Kursleiterin Joliu fuhr fort: Gesicht nach vorne, Augen schließen! Wir sind im Februar 1507, und ihr müsst entscheiden, ob ihr aus dem Sihltal in der Schweiz aufbrecht und an die Front zieht. Wo verläuft die Front? An der Grenze zum Herzogtum Mailand. Ihr bekommt Spieße und Hellebarden, ihr werdet dafür bezahlt, dem Feind die Eingeweide zu zerfetzen. Auf wessen Befehl? Auf Befehl Ludwigs XII., König von Frankreich und Herzog der Bretagne. Wer seid ihr? Niemand seid ihr. Fahren wir fort.

Hier euer Dilemma: Ihr wollt essen und eure Familie ernähren, sagte Kursleiterin Joliu. Nun gut – sie reckte den Zeigefinger in die Höhe –, nun gut: Ihr wollt auch nicht krepieren. Die anderen Bauern aus eurem Tal lassen sich für das Söldnerheer anwerben. Gesicherte Arbeit, sagen sie. Sie töten gegen einen festen Lohn, und sie töten gut, koordiniert, unter Freunden: Formation in Kolonne, Disziplin und Hingabe. Dein Land wahrt seine Neutralität, indem es seine Toten entlohnt. Was willst du tun?, fragte Kursleiterin Joliu ein Mädchen in der zweiten Reihe, deren Rücken zu einem C gebogen war, einem perfekten C. Dir unter erbärmlichsten Bedingungen deine Freiheit bewahren oder für ein paar Groschen Seele und Leib riskieren? Du hast Hunger! Du bist es so leid! Du bist der Mann und Ernährer, das haben sie dir zumindest gesagt oder das ist deine Rolle. Du willst einen Arbeitsvertrag.

Kursleiterin Joliu schritt weiter im Saal auf und ab. Ist mir das Kämpfen wichtig?, fragte sie eine Schülerin, die sich Notizen machte. Das Mädchen schüttelte den Kopf und sagte: Dir ist wichtig, was uns durch den Kopf geht, das Dilemma, vor dem wir stehen, der ethische Konflikt. Mir ist alles wichtig!, erwiderte Kursleiterin Joliu und hob beide Arme. Alles ist wichtig! Das, was ihr seht, das, was ihr anhabt, das, was ihr esst. Mir ist wichtig, was euch durch den verzweifelten Schädel geht, sagte Kursleiterin Joliu und tippte sich an die Schläfe. Wo habt ihr eure Hände? In den Hosentaschen, in den Hüften, an der

Stirn? Ihr seid hungrig, ihr seid müde! Wollt ihr kämpfen oder wollt ihr nicht kämpfen? Was seht ihr durchs Fenster? Eure Nachbarn ziehen für Frankreich in die Schlacht. Manche kehren als Alkoholiker heim, völlig verwirrt, ohne Beine. Sie lachen im unpassendsten Moment. Du hast Geschichten gehört. Deine Frau hat Geschichten gehört. Junge Burschen, die sich in der Kneipe betrinken, Geld, das plötzlich in ihren Taschen auftaucht, und dann schicken sie dich an die Front, da kannst du dich nicht weigern. Eure Frau sagt nichts. Die Kinder brauchen Essen. Das ist eure größte Angst: der Hunger, erst dann der Tod. Ich sag mal so: Ihr seid Menschen und steckt bis zum Hals in Schwierigkeiten.

Ich will eine Erzählung von zwei, drei Seiten, mit diesem Bauern als Hauptfigur oder der Frau oder den Kindern. Was ich will – Kursleiterin Joliu machte die Geste einer sich öffnenden Blüte –, ist, dass ihr aus euren kleinen Porzellankörpern heraus- und in jenen anderen Körper eintretet: erforscht sein Inneres, macht euch seine Dilemmata zu eigen, lest ihn, maskiert euch. Ich will, dass ihr Köpfe abschlagt und Gedärme zerfleischt, wenn ihr glaubt, dass es dafür an der Zeit ist. Ich will, dass ihr euch versteckt und hoffnungslos weint, dass ihr Essen stehlt und die Schande des Dorfes seid oder sein Stolz. Ich will, dass ihr mit den Irren redet, mit den Heimkehrern, mit den Prahlhänsen. Ich sag mal so: Was ist der Preis des Lebens? Das besprechen wir kommenden Dienstag. Kursleiterin Joliu lehnte sich mit dem Hintern an einen Tisch. In den nächsten Sitzungen zum Beispiel: Menschen, die von Außerirdischen verschleppt werden, das wechselvolle Schicksal des Narren Triboulet am Hof Franz' I. von Frankreich, Damen, die wegen Hysterie eingewiesen werden, Margaret Thatcher, Kathleen Cleaver, Damen, die einen reichen Ehemann suchen; kurzum: was ich will und was mir in den Sinn kommt.

Bilder von Gott

Meine Mutter hatte uns immer eingeschärft, mit Fleiß und Glauben lasse sich jedes Problem lösen. Das heißt, indem man sich abrackerte, dabei aber, wie sie sich ausdrückte, »eine gewisse Zuversicht« wahrte. Das war der Geist und die Strategie meiner Mutter. Gebt nichts auf Bilder von Gott, sagte sie zu uns. Sie sagte zu uns: Tut, was ihr zu tun habt. Jeden Morgen kleidete sie uns an, füllte uns die Bäuche, schob uns mit dem Fuß in den Garten und schloss die Tür hinter uns. Sie sagte zu uns: Gott umsorgt euch und behütet euch, und wir machten uns auf den Weg zur Schule. So ging es viele Jahre.

Meine Mutter war vom Glauben an den Rund-um-die-Uhr-Service des Herrn beseelt. An die Kirche glaubte sie nicht, da setzte sie keinen Fuß hinein; die Frauen mit schwarzem Schleier, die runzligen Gesichter, diese ganze barocke und leidende Atmosphäre ging ihr auf die Nerven. Den lieben langen Tag nur rumjammern, sagte sie. Ich wusste, es steckte mehr dahinter, doch sie sprach von Gott in Kategorien von Nutzen und Ertrag, so als sei er ihr reicher Ehemann. Sie sagte, er stehe dir immer zur Verfügung, bei ihm müssest du dich in kein Wartezimmer hocken und kein Geld fürs Sorgentelefon oder für Anrufe bei der Familie ausgeben. Sie sagte, unser Herr verlange nie übermäßige Gegenleistungen, anders als die Sterblichen, die eine Flasche Alkohol von dir erwarten konnten oder dass du ihre Kinder hütetest, ihre Katzen füttertest oder mit ihnen über Themen tratschtest, die keinen Menschen auf der Welt interessierten. Ich fragte sie: Du meinst, so funktioniert das? Und sie antwortete: Ja. Meine Mutter hatte weder die Zeit noch die Wesensart, um sich mit gewissen Leuten abzugeben. Sie pflegte wenige, aber feste Freundschaften, und sie bat nie um einen Gefallen. Manchmal setzte sie sich hin, legte die Hände ineinander, konzentrierte sich auf wer weiß, was, und lud die Batterien ihres eisernen Willens auf. Dann erhob sie sich mit großen, leuchtenden Augen und einem seligen Lächeln und sagte: Ein sehr anregendes Gespräch.

Wir hatten ihr etliche Macken zu verdanken, aber nicht die mit Gott. Gott respektierten wir wie einen alten Freund der Familie. Nie hatten wir geglaubt, er umsorge und behüte uns, und schon gar nicht, dass er die Probleme meiner Mutter lösen könne, denn die Jahre vergingen, und die Probleme blieben: Sie häuften sich an wie Teller in einem Spülbecken. Ich zog in die Stadt und entfernte mich von ihrer freien Spiritualität, von ihrem unerschütterlichen Vertrauen in die Fähigkeiten von dem da oben. In den ersten Monaten schwirrte mir der Kopf von den Abgasen der Autos, den Ausdünstungen der Häuser, den starken und öligen Essensgerüchen auf der Straße und den Gesichtern – Tausende Gesichter jeden Tag, unmöglich, sie sich zu merken; dann wurde ich süchtig danach.

Wenn ich meine Mutter anrief, war sie immer ganz ruhig. Ich versuchte ihr Fragen zu stellen, die sie erdeten und mit ihren tatsächlichen Problemen zu tun hatten, mit praktischen Dingen. Und sie sagte mir immer, ich solle mir keine Sorgen machen, sie bete viel und arbeite genug. Zum Abschied dann wie gewohnt: Gott umsorgt dich und behütet dich. Ich fragte sie, wie er uns genau umsorge und behüte. Sie sagte, Gott habe ein feines Gespür für das Gleichgewicht, und er sei großzügig, aber kein Idiot.

Die Telefonate und auch meine Besuche bei ihr wurden dann seltener, weil mein Stadtleben sich verkomplizierte: Es galt Miete zu zahlen, Liebe zu finden, Menschen, um mich mit ihnen herumzuwälzen, Kontakte zu knüpfen, Verträge abzuschließen und danach Freunde zu suchen, die mir aus all dem Schlamassel wieder heraushalfen. Die Stadt war eine dampfende Zuckermasse, süß und zäh, wärmend, aber wenn du nicht aufpasstest, konnte sie dich ohne weiteres verschlingen. Sodass ich eines Tages, als ich mich übermüdet, erstickt, klebrig und zu dick fühlte, ins Auto stieg und ins Dorf fuhr. Ich malte mir aus, dass mich Gott, der mich doch überall behütete, dort vielleicht ein wenig umsorgen würde.

Ich sah sie durchs Fenster, meine Mutter. Ihre gesegneten Hände, die auf ihren Knien ruhten, ihr durchgestreckter Rücken auf dem Stuhl im Esszimmer. Vielleicht hatten wir diesen Stuhl schon hundert Jahre, er war noch von meinen Urgroßeltern. Das Samtpolster war völlig verschmutzt, ich fand es widerlich, darauf zu sitzen. Meine Mutter sagte immer: Du bist zu empfindlich. Außerdem sagte sie: Gib nichts auf Bilder von Gott, tu, was du zu tun hast, etc.

Nun hatte sie die Augen geschlossen, sie hatte ihre Locken in Form gebracht, die ihr über die Schultern tanzten. Vom Garten aus wirkte sie winzig, ganz alleine in dem Stuhl inmitten des Esszimmers dieses großen Hauses – viel zu groß für eine einzelne Person. Sie schloss also die Augen und lächelte, danach zog sie bekümmert die Stirn in Falten und ärgerte sich, und dann machte sie ein Gesicht, als sei sie in ein angeregtes Gespräch vertieft. Sie seufzte und nickte und sagte einige Dinge, die ich von draußen weder hören noch verstehen konnte. Was ich weiß, ist, dass unter ihren gesegneten Händen ein dickes Bündel Geldscheine aufgetaucht war.

Ich trat schließlich ins Haus, sagte ihr aber nichts von dem, was ich gesehen hatte. Sie fragte mich, ob ich zufällig irgendeinen jungen Mann oder eine junge Frau kennengelernt hätte, bei all den Abenteuern, die ich in der Metropole zu erleben behauptete. Sie sagte zu mir: Ich werde mir einen Rasenmäher kaufen und den Garten in Form bringen. Sie sagte zu mir: Ich koche dir Reis *à la cubana*. Und sie sagte auch zu mir: Es sind ein paar Briefe für dich angekommen. Sie begann vor sich hin zu summen, während sie in der Küche beschäftigt war, und später sagte sie noch, ein wenig verstimmt: Mädchen, wenn du schon hier bist, rede doch wenigstens.

Am frühen Abend fuhr ich zurück in die Stadt. Mit vollem Bauch und mit einer Plastiktüte voller Nudeln, Thunfischkonserven und Dosentomaten. Gott umsorgt dich und behütet dich, hatte meine Mutter zu mir gesagt und mir zum Abschied gewinkt. Und ich versuchte es mir vorzustellen, doch ich weiß, ich habe die Gelegenheit versäumt, denn dieser Gott ist nicht meiner, und außerdem ist er kein Idiot.

Es ist nicht geschehen: eine Zusammenstellung

Ort der Koinzidenz: Straßenecke Portugal/Monlau, Barcelona
Was geschehen könnte: Wiederbegegnung (X und Y)
Grund des Scheiterns: X überquert die Straße drei Minuten vor Y
Konsequenz: Keine Wiederbegegnung, kein Wiederanknüpfen, keine lebenslange Freundschaft

Ort der Koinzidenz: Tabakladen, Girona
Was geschehen könnte: einflussreiche Person vor dir in der Warteschlange
Grund des Scheiterns: du merkst es nicht
Konsequenz: Fortdauer von Prekarität & Glauben an die Meritokratie

Ort der Koinzidenz: Camí de Cassoles, Olot
Was geschehen könnte: Kaltblütiger Mord
Grund des Scheiterns: Kuh blockiert Landstraße
Konsequenz: Fortbestand

Ort der Koinzidenz: Küche Privatwohnung
Was geschehen könnte: Begegnung zwischen Mieterin und Gespenst aus dem 19. Jahrhundert
Grund des Scheiterns: Katze sträubt sich, fährt Krallen aus, Gespenst zieht sich zurück
Konsequenz: kurzes Erschauern, weiter nichts

Ort der Koinzidenz: Hội An, Vietnam
Was geschehen könnte: fröhliches Wiedersehen zwischen alten Bekannten (X und Y)
Grund des Scheiterns: Freund von X will kurz anhalten, um Fotos zu machen, sie verpassen den Bus von Y
Konsequenz: trauriger Nachgeschmack, unerklärlich

Ort der Koinzidenz: Restaurant Mirablau, Barcelona
Was geschehen könnte: Auswahl des Manuskripts von X für Literaturpreis
Grund des Scheiterns: Manuskript von Y ähnelt dem Gewinnertext vom letzten Jahr weniger als Manuskript von X, deshalb etwas widerwillige Entscheidung für Y
Konsequenz: Gefühl von Durststrecke bei X & Gefühl von Durchstarten bei Y, beide grundlos

Ort der Koinzidenz: Carrer del Bisbe Sivilla, Barcelona

Was geschehen könnte: Begegnung mit reicher und großzügiger Freundin, Dinner in sehr edlem Restaurant, köstlicher als die Luft, die du atmest

Grund des Scheiterns: Sie sieht ihn nicht, er ist zu träge, um sich bemerkbar zu machen

Konsequenz: Tupperware

Ort der Koinzidenz: Bäckerei im Carrer Bailèn, Barcelona

Was geschehen könnte: Begegnung mit einflussreicher Person, neue berufliche Perspektiven

Grund des Scheiterns: Jogginghose, du wolltest nur kurz Brot holen

Konsequenz: Wut und Schuldgefühle

Ort der Koinzidenz: Passeig de Verdum, Barcelona

Was geschehen könnte: Einander kennenlernen (garantiertes Funkensprühen)

Grund des Scheiterns: Ansammlung von Schülergruppen

Konsequenz: Keine Blicke, kein Funkensprühen, kein langes gemeinsames Leben

Ort der Koinzidenz: Rue de Sal, Paris

Was geschehen könnte: Wiederaufleben einer Freundschaft aus Kindertagen (X und Y)

Grund des Scheiterns: X blickt in Schaufenster, Y auf Telefon

Konsequenz: keine

Ort der Koinzidenz: Toiletten des Clubs Sala Apolo

Was geschehen könnte: Manuskript wird von fröhlicher und begeisterter Verlegerin veröffentlicht

Grund des Scheiterns: Bett und Pyjama

Konsequenz: Sie veröffentlicht ein anderes Buch

Ort der Koinzidenz: Bar Còsmic, Barcelona

Was geschehen könnte: Arbeitsvertrag

Grund des Scheiterns: vorige Bewerberin war genau die Richtige, Interviewerin ist sich 100 % sicher, doch ihr hattet den Termin und sie wollte nicht unhöflich sein

Konsequenz: vierteljährliche Steuervoranmeldung

Ort der Koinzidenz: Privatwohnung, Sant Andreu

Was geschehen könnte: Zusammenkunft von lebender Schwester und totem Bruder

Grund des Scheiterns: Mangel an Glaube

Konsequenz: Armut

Die Abendstunden

Nie bin ich da, wo ich gerne wäre, weit weg von hier, mit einem anderen Namen und in einem anderen Leben, sagt eine schon beim Eintreten. Ich hebe den Blick, sehe erst die anderen an, danach sie, und sage zu ihr: Dann gib dir halt Mühe. Schau, wir haben erst fünf vor acht. Wir sprechen über dein Thema, wenn es soweit ist. Da erblicke ich ein neues Gesicht. Du, komm rein, komm rein. Du bist zum ersten Mal hier, oder? Wir schaffen es kaum noch, alle Stühle unterzubringen. Im Kreis ... ja, genau so. Das ist, um besser reden zu können, aber letztlich egal, am Ende liegen wir eh alle auf dem Boden. Du willst nicht auf den Boden? Darüber sprechen wir noch. Setz dich hierher, magst du einen Schluck? Hast du dich bei der Sekretärin angemeldet? Dienstags von acht bis zehn. Nein, die wissen nicht, was wir hier machen. Ich glaube, die denken, wir sind ein Buchclub. Wenn du mehr als zweimal nacheinander fehlst, heißt das, du hast es nicht nötig. Dann bist du raus. Du hast Kinder? Ich sage dir, wenn es drauf ankommt, wirst du schon zulassen, dass sie mal alleine zu Abend essen und sich waschen. Es sind ja bloß zwei Stunden. Und ich sage dir, du wirst wiederkommen, ich sehe es dir an, magst du einen Schluck? Nun legen wir los. Heute habe es ich noch so eben geschafft. Bis halb acht habe ich einigermaßen durchgehalten, dann habe ich mich hier draußen vor dem Gemeindezentrum auf eine Bank gesetzt und die Sekunden gezählt. Buchstäblich. Zehn Minuten vorher lassen sie uns rein, damit wir den Saal herrichten können. Nicht mal ein Fenster, wie du siehst. Ein bisschen schäbig ist er ja, mit den Sprossenwänden und dem Mattenkabuff. Aber dafür eben so weit weg wie möglich von der Innenstadt. Manchmal werden hier Geburtstage gefeiert. Dann müssen wir lüften, denn alles riecht nach Kindern und nach Haarspray, wir müssen geplatzte Ballons und Kuchenkrümel zusammenfegen. Aber dienstags von acht bis zehn gehört dieser Saal uns, und so soll es noch viele Jahre bleiben. Kräftigung und Duldsamkeit, dafür haben wir ihn gemietet. Oder nicht, Mädels? Gib mal den Besen rüber. Der erste Grundsatz ist: Was hier drinnen geschieht, bleibt versiegelt durch einen Pakt strikter Vertraulichkeit. Der zweite Grundsatz ist der, gegen den sie da, die hier so weinerlich reingekommen ist, eben verstoßen hat: Außerhalb der Stunden lassen wir uns nicht hinreißen. Wie, wozu hinreißen? Dazu, nicht nach Lösungen zu suchen. Die Stunden sind dienstags von acht bis zehn. Das wusstest du. Es sind bloß zwei Stunden. Und ja, du lässt dich gehen, doch dabei sammelst du dabei eine rohe, rötliche Energie an, wie ein Steak, eine Energie, die dich bis zur nächsten Woche durchbringt. Klar, es gibt Leute, bei denen klappt das nicht. Es gibt welche, die komplett ins Loch fallen. Aber was solls, bei mir funktioniert es. Es sind die Stunden des Loslassens. Was wir immer dabeihaben, ist der Schluck. Solange es Schluck gibt, geht es voran. Setzt du dich hierher? Geht's euch gut? Wie man so sagt. Fangen wir an. Es ist acht. Wo ist der Schluck? Gib mal. Okay. Du wirst dann sehen, wir senken den Kopf, wir ziehen die Schultern hoch und krümmen sie ein, wir machen einen Buckel, wir verziehen das Gesicht, wir bewegen den Rumpf hin und her. Möchtest du einen Schluck? Manche klopfen den Rhythmus mit den Füßen. Lasst jetzt die Luft aus diesem Körper ab, Freundinnen, tunkt ihn in den honigsüßen Saft des Selbstmitleids. Schließlich trudeln wir hier mit dem starren Gang der Woche ein. Wie siehst du das? Gib mal den Schluck, und ich spüre, wie es mir warm den Schlund hinab gleitet und sich in meiner Brust festsetzt: das Kreuz für alles Unglück, das ich bin, das ich anrichte und das mir geschieht, und für all das Glück, das ich nicht bin, nicht bereite und nicht habe. Ich bewege mich, damit es sich in alle Winkel meines Körpers ausbreitet; ich setze mich und lausche dem stockenden und schweren Atmen meiner Gefährtinnen. Sachte, sachte, immer mit der Ruhe. Manchmal fühle ich mich ... wie soll ich sagen ..., hebt eine mit dünner Stimme an. Ein bisschen vom Pech verfolgt, hilft ihr eine andere weiter, die sich hineinzuversetzen beginnt. Das bist du auch, räumen wir ein. Wir lassen die Worte wirken, denn mehr gibt es dazu nicht zu sagen, wir tätscheln ihr den Rücken und reichen ihr den Schluck. Gib mir mehr Schluck. Wie fühlst du dich? Noch mehr Schluck? Mein Liebster taugt überhaupt nichts, sagt eine andere. Ich stimme ihr zu, denn sie hat recht, und ich sage zu ihr: Du hast dich entsetzlich vertan, du wolltest es nicht wahrhaben, und jetzt weißt du nicht, wie du es noch ändern sollst. Alle bejahen. Das Scheitern wird einstimmig bestätigt. Ich habe nirgends meine Ruhe, sagt wieder eine andere. Mein Herz ist schon so klein wie eine Rosine. Wir sind einverstanden: Es ist wahr, sie hat ein Schrumpfherz, so klein wie ein Fingernagel, wie ein Knopf. Nie bin ich da, wo ich gerne wäre, weit weg von hier, mit einem anderen Namen und in einem anderen Leben, wiederholt nun die vom Anfang, und da unsere Stunden laufen, sagen wir zu ihr, das sei in der Tat ein schweres Los, denn es bedeute ja, dass nichts ihr Freude mache. Ein Schluck? Gib mir einen Schluck. Ich fange hier an zu schwitzen, du auch, oder? Die Klimaanlage? Die machen wir nicht an, denn so gelangen wir in diese Art von Zustand. Gebt auf sie Acht, sie ist zum ersten Mal hier. Möchtest du auf den Boden? Natürlich haben wir gefegt. Mir stehen die Schulden bis zum Hals, ruft uns eine in Erinnerung, und wir antworten ihr: Was du nicht sagst, wir bezahlen ja die Dienstage für dich. Eine greift zum Megafon und erklärt: Ich verzeihe nie jemandem etwas, der Groll hängt mir um den Hals wie Perlen auf einer Kette. Solange man es dir nicht zu sehr anmerkt, erwidert eine andere. Willst du Schluck? Gib mir Schluck. Ich bin nie zufrieden, sagt eine. Du bist unersättlich, entgegnen wir ihr, wir haben keine Lösung für dein Problem. Gib mal das Megafon. Ich bin kleinlich, mich beherrschen schlimme und niedere Gefühle, ohne echten Anlass. Eine bietet mir einen Schluck an, ich halte ihr mein Glas hin: Gerne Schluck. Sie fassen mich bei den Armen und drücken daran herum. Eine hat etwas gesagt, aber ich war nicht bei der Sache. Geht's dir gut? Deine Wangen, ganz warm, ganz warm. Ich empfinde die Erfolge anderer als Misserfolge für mich, sagt eine. Du hast eben auch keine Erfolge, antwortet ihr eine andere. Das muss dir ja auf die Moral schlagen. Du, sag, was du sagen magst, ja? Hört ihr zu, sie ist zum ersten Mal hier. Ein Schluck? Komm näher, dann kann ich deine Beine umarmen. Den Kopf auf die Schenkel von einer, die mir die Schläfe streichelt. Die Wangen glühen; die Stirn und die Ohren glühen; die Achseln glühen. Willst du ein Tuch? Ich habe Taschentücher. Eine bewegt den Hals und sagt: Alle sind vorangekommen, und ich bin zurückgeblieben, weil ich mich immer nur um andere gekümmert habe. Ich kriege nichts hin, ich sitze hier und bin am Ende. Ich sehe schon, antworte ich ihr, und normal ist das nicht. Was können wir da machen? Dienstags von acht bis zehn ist dein Leiden unheilbar. Aber nach zehn denken wir drüber nach. Willst du Schluck? Ich habe früher an Gott und an den Fortschritt geglaubt, aber jetzt glaube ich nur noch an das, was ich vorhin zu Mittag gegessen habe, und das, was ich nachher zu Abend essen werde, sagt eine, die auf dem Boden liegt. Gib mir einen Schluck, sagt sie zu mir, und ich schiebe mit dem Fuß das Tischchen zu ihr hin. Wie siehst du es? Heute brauchst du nichts zu sagen. Wir sollten diese ganze Komödie bleiben lassen, schämt sich eine andere. Wir sind doch erwachsen, aber hier quengeln wir herum wie kleine Kinder. Sie legt die Beine auf eine Stuhllehne. Ich würde uns einen Satz Ohrfeigen verpassen, sagt sie. Einige stimmen zu, andere sind sich nicht sicher. Achte nicht auf sie. Das ist doch nur, weil wir schon bald zehn Uhr haben. Es sind halt bloß zwei Stunden. Kräftigung und Duldsamkeit, dafür zahlen wir. Wir zahlen, um nichts lösen zu müssen, dienstags von acht bis zehn. Aber egal, in welche Ecke du blickst, da sitzt sie und ist furchtbar schwer: die Schuld. Ich erhebe Einspruch, das lasst euch gesagt sein. Habe ich es gesagt? Ich bin nicht einverstanden. Wir können machen, was wir wollen. Nein, von all dem hier weiß niemand was. Nein, nichts wird bereut. Wenn ich dran denke, was ich alles tun könnte in dieser Zeit. Du meinst, anstatt zu klagen? Es sind doch bloß zwei Stunden. Magst du Schluck? Ich dachte, ich würde was tun, und schaut mich an: absolut nichts habe ich getan. Oder? Was habe ich gemacht? Die hast absolut nichts gemacht, bestätigen sie mir. Wir hatten Erwartungen in dich gesetzt, aber schau dich an, sagen sie zu mir. Ich spüre die Barmherzigkeit, sie gleitet mir den Rachen hinab wie ein Klumpen Harz. Dafür bin ich hier, und dafür zahle ich. Nach zehn Uhr werden wir das schon geraderücken. Im Grunde glaube ich nicht, dass ich da rausfinden kann, fügt eine hinzu. Gebt ihr einen Schluck. Wir glauben das auch nicht, sagen wir anderen. Du hast viel zu viele Probleme. Die sausen wie eine Hellebarde durch dein Leben. Ich kenne deine Situation, sage ich zu ihr: Jetzt und hier ist es unwahrscheinlich, dass du da rausfindest. Aber nach zehn Uhr sieht alles anders aus, und schau, es ist schon fünf vor zehn. In zehn Minuten macht nicht mal mehr ein Hammer uns platt. Bis dahin gib mir Schluck. Deine Wangen brodeln, deine Schenkel – wie verbrannt. Und du, wie geht's, willst du Schluck? Meine Kinder hassen mich, beginnt eine, und eine andere: Wundert mich nicht. Du hast einen furchtbaren Charakter, sagen wir ihr und reichen ihr Schluck rüber. Ich habe immer entweder Angst oder ich langweile mich, sagt eine, und so leid es mir tut, der Zehn-Uhr-Wecker fiept, sie redet weiter von ihren Nöten, doch ich halte inne, erhebe mich und sage zu ihr: Reiß dich zusammen und kümmer dich mal um deine Klamotten, Teuerste. Du siehst total zerknittert aus. Und die anderen stimmen mir zu.

Aus dem Katalanischen von Michael Ebmeyer

Marta Orriols

Engel und Dämonen

»Nein, nein, warte, lass mich ausreden.« Cesc legte seine Hand sanft auf Ignasis Unterarm, um eine der vielen Anekdoten, die sie einander im Überschwang über das Wiedersehen nach so vielen Jahren zu erzählen hatten, mit einer weit ausholenden Geste zu untermalen. »Und dann schaut er hin und erkennt sie. Der Idiot wäre am liebsten auf der Stelle dahingeschmolzen. Ernsthaft, ich wusste nicht, wo ich hinschauen sollte.«

Lautes Lachen durchbrach die Stille am Aussichtspunkt von Vallvidrera. Bei beiden wurde das Haar an den Schläfen schütter, auf der Stirn zeigten sich die ersten Fältchen, und anstatt Dosenbier zu kippen, tranken sie Wein aus Gläsern, doch trotz des Zeitsprungs waren sie es, ganz unverkennbar.

Sie schauten auf Barcelona hinab, das friedlich so nah und zugleich so unerreichbar zu ihren Füßen lag. Vor dem schwarzen Horizont im Hintergrund hoben sich die Silhouetten bekannter Gebäude ab, hier und da blitzten Lichter auf. Plötzlich wussten sie nicht mehr, was sie sagen sollten.

»Da ist gerade ein Engel vorbeigegangen«, murmelte Ignasi nach einem tiefen Zug an seiner Zigarette.

»Oh Mann!« Cesc vergrub die Hände in den Hosentaschen. »Den Spruch habe ich schon ewig nicht mehr gehört. Manchmal merke ich erst, wie weit ich von zu Hause weg bin, wenn mein Herz bei so 'nem Satz wie wild zu klopfen anfängt.«

»Vermisst du das alles?« Ignasi deutete mit einem kurzen Nicken auf die Stadt.

»Alle fragen mich dasselbe, wenn ich mal hier bin.«

Ignasi verspürte einen leisen Stich. *Alle.* In dieses *alle* hatte er auch ihn eingeschlossen.

»Sicher, weil du allen fehlst, du Blödmann«, gab er zurück.

»Ich vermisse es, keine Ahnung, was soll ich sagen ...« Cesc lehnte sich an den Wagen und schaute auf die Stadt hinunter. »Es sind ja jetzt schon etliche Jahre, und letzten Endes ist der Alltag in Los Angeles nicht so viel anders als sonst wo, aber wenn Gillian mich ihren Kollegen vorstellt und die mal zum Dinner zu uns kommen, dann fühlt sich das immer so an wie sie und ich.« Mit einer Handbewegung trennte er die beiden Gruppen, von denen er sprach. »Verstehst du, was ich meine? Sie und ich. Am Ende geht es immer darum, dass du aus Barcelona bist, ein paar Klischees über Barça und Paella, dabei wünschst du dir ... Keine Ahnung, du wünschst dir ...«, für den Bruchteil einer Sekunde schloss Cesc die Augen, »sie würden dich nicht alle fünf Minuten daran erinnern, dass du nicht dorthin gehörst. Du willst einer von ihnen sein, doch für sie zählt vor allem, dass du aus dem Ausland kommst. Aber ...« Er presste die Lippen zusammen und holte tief Luft. »Nein, ich vermisse es nicht. Es ist, wie es ist: Wenn ich hier bin, fühle ich mich sauwohl. Ich fühl mich hier zu Hause, verdammt!« Er lachte laut.

Ignasi warf seine Zigarette fort und trat die Kippe mit der Schuhspitze im Kies länger aus als nötig. Irgendwie wurmte es ihn, dass er in Cescs Überlegungen keine Rolle spielte, denn er hatte ihn vermisst. Für ihn war Cesc ein Freund, ein wahrer Freund, weshalb er seine Phasen jahrelang ebenso respektiert hatte wie seine sprunghafte Begeisterungsfähigkeit, aber die Zeit flog dahin, und allmählich musste er mit dem Projekt der Buchhandlung zu Potte kommen.

Sein trister Buchhalter-Job hing ihm zum Hals raus, bis auf das kümmerliche Gehalt am Monatsende bedeutete er ihm nicht viel, und er fühlte sich allmählich zu alt und auf absehbare Zeit zu ungebunden, um sich noch länger hinter dem Vorwand beruflicher Stabilität zu verschanzen. Er zählte auf Cesc. Trotz allem vertraute er ihm. Die Buchhandlung war ihr gemeinsamer Traum gewesen, geboren in der Cafeteria der Uni, als der Gedanke an Krise noch weit weg war. Keinem der beiden war es wie eine fixe Idee vorgekommen, im Gegenteil, in ihren Gesprächen war sie immer ganz real gewesen, bis Cescs Leben plötzlich eine neue Richtung nahm und er eine unangenehme Leerstelle hinterließ, die Ignasi schon seit geraumer Zeit nicht mehr ignorieren konnte. Nach dem Tod seines Vaters hatte sich Cesc verändert, er hatte einen anderen Blick auf die Dinge, nicht nur in Bezug auf die Buchhandlung, sondern auch auf die Beziehungen zu den Menschen in seinem Umfeld. Vom einen auf den anderen Tag kündigte er seinen Job, packte seine Koffer, brach alle Brücken hinter sich ab und ging in die USA. Ignasi stand ihm zur Seite, wie man das nur bei einem Freund tut. Er versuchte nicht, ihn aufzuhalten, obwohl er wegen des Ladenlokals, das sie bereits fest zugesagt hatten, eine Stange Geld verlor. In den ersten Jahren wohnte Cesc in New York und schickte von dort Fotos herrlicher Buchhandlungen, die Balsam für Ignasis angekratztes Nervenkostüm waren. Später zog er dann nach Los Angeles, und angesichts der ach so wichtigen Offenbarungen, die ihm die neue Welt zu bieten hatte, wurde Cescs Beteiligung am gemeinsamen Projekt immer nebulöser und schien sich in Wohlgefallen aufzulösen. Mal entdeckte er das Surfen für sich, mal hatte er Freunde in Mexiko, dann wieder probierte er Drogen oder versuchte sich in einem Aufbaustudium in Musikwissenschaft. Bald waren an die Stelle der Fotos von Buchhandlungen Bilder neuer Banalitäten getreten, von denen kurz darauf nichts mehr zu sehen war.

Doch Ignasi vertraute darauf, dass die Unruhe, die seinen Freund fortgetrieben hatte, bald nachlassen würde, immerhin hatte er ihm vor Kurzem mit knappen Worten mitgeteilt, er habe seinen letzten Job in einem Café gekündigt: »Ich bin Mitte Mai in Barcelona. Wir müssen reden.«

Er fasste sich. Das beklemmende Gefühl sollte seine aufrichtige Freude über das Wiedersehen nicht trüben.

»Ich mach mal Musik an.«

»Wir wirken wie ein schwules Pärchen auf Hochzeitsreise. Bringst du viele Frauen her?« Cesc verpasste ihm einen sanften Hieb in den Magen. Ignasi schwieg. Plötzlich wurde ihm die emotionale Entfremdung zwischen ihnen bewusst. Sie hielt ihn davon ab, Cesc zu erzählen, dass er seit Monaten mehr oder minder offiziell liiert war. Vielleicht später.

Ohne den Freund anzusehen, stieg er ins Auto, verkorkte die Flasche, und als er sich umwandte, um sie nach hinten zu stellen, fiel sein Blick auf die Mappe mit den unterschriftsreifen Dokumenten, die er Cesc zeigen wollte. Noch hatte er ihn an diesem Abend nicht auf die Buchhandlung angesprochen. Er kannte ihn gut genug, um zu wissen, dass er erst das gemütliche kumpelhafte Vorspiel hinter sich bringen und Cescs Unternehmergeist wieder anstacheln musste, der irgendwo in Los Angeles abhandengekommen war.

Cesc blieb noch einen Moment stehen und betrachtete die Aussicht. Er atmete tief ein, als wollte er all das in sich aufnehmen, was er angeblich nicht vermisste. Dann riss er sich los und stieg ein. Ignasi suchte scheinbar konzentriert nach einem Sender im Radio.

»Als wir von deinen Eltern weggefahren sind, sind wir da unten vorbeigekommen, nicht wahr?«, fragte Cesc und zeigte auf einen vagen Punkt in der Stadt zu ihren Füßen.

»Nein, du vertust dich. Da ist der Torre Agbar, und wir waren näher an der Diagonal, schau. Siehst du das cremefarbene Gebäude dort drüben?«

»Mhm.«

Abermals verstummten sie. Ihr Schweigen zog sich, dafür dass sie Freunde waren, ungebührlich in die Länge. In früheren Zeiten waren sie unzertrennlich gewesen, und das Gefühl, das Gespräch erzwingen zu müssen, war für beide neu. Ignasi fragte sich, ob er jetzt oder erst am nächsten Tag erzählen sollte, wie weit er das Vorhaben bereits auf den Weg gebracht hatte und dass alles nur auf Cescs Rückkehr wartete, aber er fand den Freund eigenartig reserviert.

Er redete sich oft, nicht ohne eine gewisse Verzagtheit, ein, sie seien das perfekte Duo für ein Projekt, für das man sich in einem hohen Maß berufen fühlen musste. Er selbst war gewissenhaft und verantwortungsbewusst, Cesc dagegen unverschämt leichtsinnig, aber zugleich voller Hingabe und obendrein im Besitz eines Masters in Vergleichender Literatur- und Kunstwissenschaft und Philosophie.

»Wie wohlgeordnet alles von hier aus wirkt.« Cesc klemmte sich sein Glas zwischen die Oberschenkel und schaute durch ein mit den Händen geformtes imaginäres Fernrohr hinunter auf die Stadt.

»Morgen bringe ich dich an einen der wenigen authentischen Orte, die es in dieser Stadt noch gibt. Du wirst sie hassen, glaub mir. Barcelona ist voll von supercleanen, puppenstubigen Hipster-Bars, in denen die Sandwiches so voller Sprossen sind, dass du 'ne Machete brauchst, um die Salami zu finden.«

»Scheiß-Globalisierung! In Lissabon gibt's die gleichen Läden wie in Prag und in Barcelona die gleichen Bars wie in Paris.« Er hielt inne und trank einen Schluck Wein. »Gillian ist ganz versessen darauf, mal nach Paris zu reisen. Sie war auf Safaris in Afrika und hat sich auf der Suche nach sich selbst ein paar Mal in Indien herumgetrieben, aber in Europa war sie noch nie. Ist das zu fassen?«

Ignasi neigte den Kopf. Ein knappes Lächeln umspielte seine Lippen.

»Sie hätte dich ja begleiten können, und bei der Gelegenheit hättet ihr über Paris reisen können, oder? So hätte ich sie mal kennengelernt. Ich hab noch nie 'ne Frau getroffen, mit der du länger als einen Monat zusammenwarst. Es hätte mich gefreut.«

»Blödmann … Nein, sie hat zu viel zu tun, sie konnte nicht. Und außerdem …« Cesc zog geräuschvoll die Luft ein.

»Was?«

»Ach, nichts. Erzähl ich dir später«, wich er aus und rutschte nervös hin und her.

»Nun sag schon! Was ist?« Ignasi wandte sich zu seinem Freund um, um herauszufinden, was es mit den alarmierenden, rätselhaften Worten auf sich hatte, doch Cesc wirkte wieder ganz ruhig. Er wippte mit Kopf und Füßen im Takt der Musik und nippte hin und wieder an seinem Wein. Vielleicht kannte Ignasi ihn doch nicht so gut, vielleicht waren nicht die Kilometer, die zwischen ihnen lagen, das größte Hindernis, das sich zwischen sie und ihre Freundschaft schob. Vielleicht war es an der Zeit zu akzeptieren, dass nicht nur die rein physische Entfernung ein Risiko barg, sondern auch die Distanz, die mit den Wechselfällen des Lebens einherging. Eines Lebens, das weiterlief, während der eine fortging und der andere wartete.

Er zündete sich eine neue Zigarette an, und Cesc verfiel in einen Monolog über die skurrilen Vorlieben der Amerikaner.

»Da gibt's Lollis mit Pizza-, Bacon- und Popcorngeschmack. Die spinnen, die Amis, aber sie faszinieren mich. Genau wie Gillian. Sie fasziniert mich auch.«

Zum Zeichen, dass er zuhörte, nickte Ignasi schweigend, aber in der Enge des Autos empfand er immer stärker ein reserviertes Unbehagen. Bis auf ein paar Fotos, die Cesc auf Facebook geteilt hatte und auf denen die beiden bei einem Segeltörn auf wer weiß was für einem Meer ganz verliebt in die Kamera schauten, wusste er nichts über diese Gillian. Umwerfend fand er sie nicht, anders als Cescs Freundinnen, die er früher kennengelernt hatte, aber sie hatte eine athletische Figur und schien einer dieser Menschen zu sein, deren Lächeln im Gedächtnis bleibt, weil sie das Leben mit Heiterkeit nahmen. Auch wenn er sie nicht kannte, spürte er, wie sehr sie seinen Freund, der in einem Zustand permanenten Friedens zu schweben schien, verzaubert hatte.

Beklommen registrierte er,, wie weit entfernt Cesc von seinem eigenen Leben war. Vielleicht drängte sich ihm deshalb manchmal der Gedanke auf, er sollte die Sache mit der Buchhandlung nicht länger aufschieben.

»Cesc, darüber …« In dem Moment, als er sich nach den Papieren umwandte, hielt ein gelber Leih-Buggy neben seinem Auto. Durch die offenen Fenster mischte sich in Ignasis Tabakrauch das aufdringliche Parfüm der jungen, offensichtlich betrunkenen Ausländerinnen, die blitzschnell aus dem Wagen sprangen. Eine von ihnen glitt aus und stürzte zu Boden. Ignasi und Cesc stiegen rasch aus, um ihr zu Hilfe zu eilen. Offenbar war es nicht so schlimm, denn sie lachte mit vor Verlegenheit hochrotem Kopf.

Ihre Freundinnen hatten den Sturz mit großer Heiterkeit quittiert. Unzusammenhängendes Zeug lallend, halfen sie ihr auf. Dann baten sie Ignasi und Cesc, Fotos von ihnen zu machen und ihnen dabei zu helfen, sich auf einer verknitterten Karte zu orientieren, die sie, gefährlich schwankend, ratlos hin- und herdrehten. Die beiden rieten ihnen, auf der kurvigen Landstraße vorsichtig zu fahren, woraufhin sich die jungen Frauen knapp verabschiedeten und ebenso unbekümmert verschwanden, wie sie gekommen waren.

Mit den Weingläsern in der Hand schauten die beiden Freunde dem Wagen nach. Auf die Aussichtsplattform senkte sich wieder die bleierne Stille, die nur vom Brausen der Stadt im Hintergrund durchbrochen wurde. Offenbar wollte diese matte Beklommenheit zwischen ihnen nicht mehr weichen.

»Auf die Freundschaft.« Cesc hob sein Glas.

»Ja, genau. Auf die Freundschaft«, erwiderte Ignasi rasch.

Sie tranken schweigend. Als sie wieder einstiegen, fiel es ihnen schwer, den kaum gesponnenen Gesprächsfaden wieder aufzunehmen. Cesc drehte das Radio lauter und tippte irgendwas in sein Handy.

»Sag mal«, hob Ignasi an, »was wolltest du mir eben über Gillian erzählen? Warum ist sie nicht mitgekommen?«

Cesc lachte, und dieses Lachen klang neu, als hätten die Jahre in den USA in seiner Brust und Kehle einen pompösen Yankee-Tonfall hinterlassen. Er schaute Ignasi an und zog eine Grimasse, doch als er seinen hilflosen Blick sah, holte er tief Luft und ließ sich in den Sitz sinken.

»Tja, wo soll ich anfangen …« In der Miene des Freundes machte sich Befangenheit breit. »Planänderung, Alter.« Er trank das halbvolle Glas Wein auf einen Schluck aus. Seine Züge verloren an Kontur, sein Tonfall wurde verwaschener. »Also, ich hab Gillian vor ’nem halben Jahr kennengelernt.«

»Gillian, ja. Und?«, fragte Ignasi mit einem Mal hellwach.

»Findest du das wenig?« Beide lachten, der eine aufrichtig, der andere voller Sarkasmus. »Gillian ist … Gillian ist schwanger. Ich werde Vater. Ist das nicht unglaublich?«

At last, my love has come along, my lonely days are over, and life is like a song …

Als wäre es ein minutiös geplanter Theaterdonner, erklang auf einmal Etta James' leidenschaftliche, schwermütige Bluesstimme, eine ganz und gar unmögliche Mischung mit dem plötzlichen Schreck und der übermenschlichen Anstrengung, mit der Ignasi das Glas hob.

»Glückwunsch!«, sagte er, doch es klang ängstlich, fordernd, den vorhersehbaren Nachsatz bereits erwartend. In ihm entbrannte ein innerer Kampf, er wollte nicht so armselig sein und nur an die Buchhandlung denken, daran, wie diese Schwangerschaft alles ändern würde. »Und wann ist es so weit?« Er trank einen Schluck Wein.

»Anfang Oktober. Ich wollte es dir unbedingt persönlich sagen.« Glücklich nahm Cesc Ignasis Hand und drückte sie fest.

»Ihr habt euch aber rangehalten, was? Ich meine, Kinder bekommen, das ist 'ne ernste Verpflichtung. Nehme ich jedenfalls an, ich hab davon ja keine Ahnung, ich hab andere Pläne«, sagte Ignasi betont beiläufig. »Und ihr kennt euch wirklich erst seit sechs Monaten?«

Schon hatte die Schlangenzunge ihr Gift verspritzt. Die Züge des Opfers entglitten im gleichen Augenblick. Cesc schaute betreten zu Boden, doch dann riss er sich zusammen und suchte gereizt Ignasis Blick.

»Ach, Ignasi, ich seh schon, du solltest mal für 'ne Weile nach Los Angeles kommen, damit du ein paar Kilo dieses lateinischen Rucksacks aus Tradition, Familie, Etikette, Verpflichtung und 'ner langen Liste sonstigen Schwachsinns ablegen kannst. Es ist einfach so, dass ich eine echt tolle Frau kennengelernt habe und wir ein Kind bekommen. Das ist 'ne gute Nachricht, Ignasi! Freu dich doch mal!« Cesc ließ sich zurücksinken.

»Moment. Mach mal halblang, Cesc. Ich freu mich doch«, log Ignasi, »ich sage ja bloß, dass es ganz schön schnell geht. Erzähl mir bloß nicht, dass du das nicht auch so siehst. Und nebenbei bemerkt, Cesc, du bist der Letzte, von dem ich eine Predigt über Verpflichtungen erwarte.« Ihm klopfte das Herz bis zum Hals.

»Hey! Sei nicht so anmaßend. Was soll das heißen? ›Lass die Botox-Ami-Tussi sausen‹, oder was? Komm mal runter! Komm, lass uns auf das Leben, die Liebe und die Freundschaft trinken!«

Ignasi winkte ab und wandte sich ihm zu.

»Und was ist mit unseren Plänen?« In seiner Stimme lag noch immer eine leise Hoffnung.

Cesc zuckte verständnislos mit den Schultern, doch dann fiel ihm wie Schuppen von den Augen, worauf Ignasi hinauswollte.

»Du meinst doch nicht etwa die Buchhandlung? Denkst du noch immer daran?«

Ignasi warf ihm einen vernichtenden Blick zu.

Ob er noch immer daran dachte? All die Jahre hatte er auf Cesc gewartet, alles war bereit, er kannte die Zahlen und Verträge auswendig, hatte mit Lieferanten verhandelt, ein perfektes Ladenlokal gefunden, sich mit befreundeten Verlegern getroffen, nächtelang wach gelegen und an den Nägeln gekaut, weil er sich zurückgehalten und auf ihn gewartet hatte, wie man nur auf einen Freund wartet.

»Ich hab dich nicht länger bedrängt, weil ich deine düstere Phase respektieren wollte, und mich wie ein kompletter Idiot gefühlt, wenn ich ganz allein über den Zahlen gesessen, aber bei den Ausgaben Gehälter für uns beide mit einkalkuliert habe.«

»Verdammt, das tut mir leid. Aber es ist nun mal nicht alles vorhersehbar, Ignasi. Das Leben nimmt viele Wendungen. Ich bekomme ein Kind, und allein der Gedanke daran, Vater zu werden, macht mich glücklich. Es tut mir wirklich leid, dass du dir Illusionen gemacht hast, ganz ehrlich, aber weißt du, um es mit Clarice Lispector zu sagen …«, theatralisch wanderte sein Blick ins Unendliche, »›Mein Leben will mich als Schriftsteller, also schreibe ich. Nicht, weil ich es mir so aussuche: Es ist ein innerer Befehl‹. Nun, ich empfinde es genauso, mein Leben will, dass ich der Vater dieses Kindes werde. Ich suche es mir nicht aus. Es ist ein innerer Befehl.«

»Du hast nicht vor zurückzukommen, oder?«

Cesc schlug die Augen nieder und schüttelte den Kopf. Die Musik spielte, doch beide versanken abermals in quälendes Schweigen.

»Ein Engel ist vorbeigegangen«, murmelte Cesc.

Wenn Ignasi morgens das Metallrollo der Buchhandlung hochzieht, hat er das Gefühl, einen Traum verwirklicht zu haben. Aber oft, wenn er Pause macht, um Kaffee zu kochen, oder in den Kisten mit Neuheiten kleine Juwelen auftauchen, Neuauflagen der von Cesc verehrten Klassiker etwa, und auch wenn es bei Remissionen oder Aktionen rund um Sant Jordi hektisch wird, Momenten, die durch die beruhigende Art seines Freundes ganz sicher leichter erträglich wären, dann muss Ignasi an jenen Abend denken, und er verspürt wieder den Kummer, von dem er glaubt, dass er nie vergehen wird.

Wenn ihn dieses Unbehagen befällt, versucht er manchmal, es beiseitezuschieben, und stellt sich Cesc auf dem von ihm gewählten Weg vor, fern von allem Praktischen, bereit, das Leben nur nach eigenem Gusto zu würzen.

Doch als er heute Morgen das Metallrollo hochgezogen hat, lag zwischen der Stromrechnung und dem Werbeblättchen des Supermarkts eine Postkarte mit Cescs unverkennbarem Gekritzel. Vorn das Foto einer Moai-Statue der Osterinseln, auf der Rückseite nur drei Worte: »Ich komme zurück.«

Er hat die Alarmanlage ausgemacht, das Licht und den Computer eingeschaltet, die Jacke abgelegt und, noch mit der Postkarte in der Hand, Manel von der Bar gegenüber durch das Schaufenster zugewunken. Der Geruch der Bücher, des neuen Papiers und der frischen Druckerschwärze halfen ihm, über den Schreck hinwegzukommen.

Hinter dem Ladentisch hat er ruhig durchgeatmet, als wäre nichts passiert, und die Postkarte dann auf dem zweiten Regalbrett vorsichtig an die *Dubliner* von Joyce gelehnt.

Aus dem Katalanischen von Ursula Bachhausen

Juana Dolores

Auswahl

HIT ME IF I'M PRETTY oder die moderne Prinzessin (1. Monolog)

I

meine militärische Terminologie kann mit 3 *poses*[1] zum Ausdruck gebracht werden:

pose Nr. 1: das Feminine hebt die Schönheit hervor
pose Nr. 2: das Feminine hebt die Gewalt hervor
pose Nr. 3: das Feminine hebt die Erhabenheit einer Märchengestalt hervor, Prinzessin und Ritter, weiß und zart, schön, wunderschön, mit großen und strahlenden Augen und unendlich langen Wimpern, Kussmund und böser Zunge, *te camela,*[2] sagen sie, *te ronea,*[3] sagen sie, *te vacila,*[4] sagen sie, sie sagen, sie sei aus der Armut geboren, sei jetzt Pappe, Lappen, Plastik, Porzellan, Glas, *cristal que te raja, que te amenaza,*[5] sie sagen, sie schüchtere Schriftsteller und Schauspieler ein und sie raube und breche die Herzen der hellsten marxistischen Intellektuellen ihrer Generation, sie sagen, wenn es sie nicht gäbe, müsste man sie erfinden, sie sagen, dass sie sie lieben, sie sagen, sie hätten sich in sie verliebt, *otros la detestan y la maldicen,*[6] sie sagen, sie sei erfunden, sie sei nicht echt, sie existiere nicht wirklich, sie sei ein Produkt, sie sei ein Objekt, sie sei ein Spielzeug, eine Puppe, die spricht, die schaut, die verführt, die ihre Lehrer verführt, die ihre Vorgesetzten verführt, Probleme mit Autorität, sagen sie, Verhaltensauffälligkeiten, sagen sie, mangelnde Umgangsformen, sagen sie, mangelnde Manieren, sagen sie, SCHLXXXMPXXXRRR! hysterisch, hysterisch, hysterisch, sie schreie zu viel *y se caga en tus muertos y te rompe el corazón y las piernas,*[7] hysterisch, hysterisch, hysterisch, eine Schauspielerin, die Historiker und Wissenschaftler verführt, emotionale Probleme, sagen sie, viele emotionale Probleme, extrem viele emotionale Probleme, verdächtig historische und politische Gefühle, *rrresentida, rrresentida, rrresentida,*[8] sie sagen, als Kind hätte sie immer gespielt, sie wäre berühmt und sie wäre wichtig und sie hielte Reden und *Yo, juro por Dios y prometo por los hombres, cumplir y hacer cumplir las leyes fundamentales de mi Nación y guardar lealtad a los principios que forman mi Reino;*[9] sie sagen, sie sei die Erbin von Siegen und Niederlagen, *de peleas,*[10] von Rechten und von Befugnissen, auch vom Schmerz und Elend ihrer Klasse und der Tragödie ihres eigenen Mythos', *sexymbol,*[11] *top-model, superstar,*[12] erstgeborene Tochter, die erste, das Vorbild, *revolucionaria en lo económico, hegemónica en lo*

político, conservadora en lo antropológico,[13] sie sagen, sie vereine das Schlechteste ihrer Vorgänger und das Beste ihrer Vorgängerinnen in sich, ein Schwert und ein Schild, der Angriff und die Verteidigung, der Streich und der Staat, *porque todas las muñecas son huérfanas,*[14] potentielle Verführerin, potentielle Rächerin, ihre Abstammung sei nicht familiärer, sondern militanter Art, ihre Klasse sei eine Metapher, ihre Rasse eine Allegorie, ihr Geschlecht eine Allegorie, ihr Geschlecht ein kostbares Objekt, ein wertvolles Objekt, ein soziales, kulturelles, politisches, wirtschaftliches, künstlerisches Konstrukt, ein wundervolles Konstrukt, ein bonbonrosanes Konstrukt, ein Konstrukt aus materiellen Grundlagen und idealen Säulen, ein Konstrukt des weiblichen Staates, *contra ellos y para ellos, contra los hombres y para los hombres, un Estado bello y violento en su contradicción, y justo y verdadero en sus principios,*[15] ein Staat, der ein weiblicher Staat sei, der ein Objekt sei, ein Designobjekt, national und beliebt, souverän, ein Staat, der eine *andere* Universalempfindlichkeit nationalisiere und popularisiere, eine *zweite* Universalempfindlichkeit, aber bahnbrechend durch ihre Schönheit und Gewalt, wie der erste Krieg der Geschichte, wie der erste Krieg der Zivilisation, wie der erste Krieg zwischen allen Kriegen, wie der erste Krieg zwischen den Menschen, *que te pilla por sorpresa, explosiva, explosiva, explosiva,*[16] SCHLXXXMPXXXRRR! wie die Schönheit und Gewalt eines Kriegs, der aus der Wurzel des Konflikts, der Frage, der These hervorbricht, der wie eine Naturgewalt hereinbricht, unvorhersehbar, unvorhersehbar, unvorhersehbar, wie ein Arbeiter, der einen Reichen beschimpft, wie ein Arbeiter, der einen Reichen anspuckt, unbestreitbar, unbestreitbar, unbestreitbar, eines nachts, so sagen sie, habe jemand sie gespürt, habe jemand sie gesehen, habe jemand sie mitgenommen, und habe ihre Brüste zu Brüsten gemacht, und habe ihren Bauch zu einem Bauch gemacht, und sie hätten mit ihr Liebe gemacht, und sie habe ihre Macht zu verführen entdeckt, habe ja gesagt, habe nein gesagt, falls sie wollte, falls sie konnte, *a la mierda la ley del consentimiento,*[17] *el deseo no se puede legislzar,*[18] *no sirve pa' ná,*[19] sie habe akzeptiert und die Vorschläge der intelligentesten Männer dieser Welt zurückgewiesen, der feinfühligsten Männer dieser Welt, der schönsten Männer dieser Welt, auch die der bösesten, der tyrannischsten, die sie demütigten, die sie beschimpften, die sie vergewaltigten, eines Tages, sagen sie, habe sie all ihre politische Macht vereint, *y los adornó, y se exhibió, y desfiló, y posó,*[20] und sei zurückgekehrt auf ihr Schloss und habe geurteilt: *no se están cumpliendo las leyes fundamentales de la Nación y no se está guardando lealtad a los principios que forman mi Reino*[21]

1 Hier und im Folgenden: Gedanken bzw. Gedanke
2 Sie verführt dich
3 Sie säuselt dir ins Ohr
4 Sie verarscht dich
5 Glas, das dich aufschlitzt, das dich bedroht
6 Andere hassen und verfluchen sie
7 Und sie scheißt auf deine Toten und bricht dir das Herz und die Beine
8 Nnnachtragend, nnnachtragend, nnnachtragend
9 Ich, ich schwöre bei Gott und verspreche bei den Menschen, die grundlegenden Gesetze meiner Nation einzuhalten und durchzusetzen und den Grundsätzen, die mein Königreich ausmachen, treu zu bleiben
10 Von Streits
11 Anm. d. Ü.: Tippfehler im Original enthalten
12 Sexsymbol, Topmodel, Superstar
13 Revolutionär im Wirtschaftlichen, hegemonisch im Politischen, konservativ im Anthropologischen
14 Weil alle Puppen Waisenkinder sind
15 Gegen sie und für sie, gegen die Männer und für die Männer, ein schöner und gewalttätiger Staat in seinem Widerspruch, und gerecht und wahrhaftig in seinen Prinzipien
16 Der dich kalt erwischt, wie eine Überraschung, explosiv, explosiv, explosiv
17 Anm. d. Ü.: Gemeint ist das Gesetz zur umfassenden Garantie der sexuellen Freiheit vom 06. September 2022, auch bekannt unter Ley del solo sí es sí (wörtlich »Nur-Ja-heißt-Ja-Gesetz«)
18 Anm. d. Ü.: Tippfehler im Original enthalten
19 Zum Teufel mit dem Zustimmungsgesetz, das Verlangen kann man nicht per Gesetz regulieren, es ist für die Tonne
20 Und sie schmückte sie und sie stellte sich zur Schau und sie defilierte und sie posierte
21 Die grundlegenden Gesetze meiner Nation werden nicht eingehalten und die Grundsätze, die mein Königreich ausmachen, werden missachtet

* Dieser Text ist einer der Monologe aus dem von Juana Dolores geschriebenen, geleiteten und gespielten Theaterstück HIT ME IF I'M PRETTY oder die moderne Prinzessin (2023).

PERSÖNLICHE NOTE

Edelsteine unter den Knien / erlauben Rückschlüsse auf
die Infrastruktur – verdorben wie das Schreiben
eines Liebhabers in Notwehr: unverhandelbar
das Gedankenkarussell / ich stelle die erduldeten Male zur Schau,
rot, blau, diamanten – nichts
zwingt mir die Enteignung des Arbeiters auf, die da wütet:
mala fama, mala fama[1] / die grundlegende Obsession
stützt den Glamour der Fellatio – alles schmücken
wider die Störung: das Talent und der Schmerz
verkörpern die Romantik meines Jahrhunderts /
die Antriebskraft – das Werkzeug verführt den gekränkten Charakter,
der den Körper klassifiziert: Ich, gewaltsam erdacht,
inthronisiere mich / die hysterischen Delirien sind schön anzusehen,
rot, blau, diamanten – alles und nichts,
erotisches Material für die Schaffung von Bedeutung:
mala fama, mala fama[1] / Niederknien
ist noch keine Inbrunst – der metonymische Wille
heiligt mich: scheinbar eine Strafe, tatsächlich eine Gabe.

1 Schlechter Ruf, schlechter Ruf

WEIBLICHKEIT

Historisch Bestimmt_
diese Klasse von Fiktion / kein
Widerspruch, denn ich halte
die andere Wange hin und auch den Hals,
den Missbrauch romantisieren, den *porno*,[1]
diese Klasse von Mädchen / kein
Widerspruch, denn ich halte
die andere Wange hin und auch den Hals

die andere Wange und auch den Hals,
die andere Wange und auch den Hals,
die andere Wange und auch den Hals,
die andere Wange und auch den Hals,
die andere Wange und auch den Hals,
die andere Wange und auch den Hals,
die andere Wange und auch den Hals,
die andere Wange und auch den Hals,
die andere Wange und auch den Hals,
die andere Wange und auch den Hals,
die andere Wange und auch den Hals,

– *por amor capital,*[2]

por guapa y por lista,
por guarra, por guarra
por divertida,[3] wahlweise
diese Klasse von Mädchen,
die den Sinn der Existenz
proletarisiert / die Essenz,
eben das, was eine Sache zu dem macht,
was sie ist, aus Rache:
por resentida y consentida,
porque el deseo se piensa
en términos de poder[4]
– diese Klasse von *tía*[5]
Historisch Bestimmt_
durch den Kauf neuer Ohrringe
auf Vinted und das Anschauen von Prospekten
für Kosmetikprodukte.

1 Porno
2 Aus kapitaler Liebe
3 Aus Schönheit und aus Klugheit, / weil ich eine Schlampe bin, weil ich eine Schlampe bin / zum Vergnügen,
4 Aus Kränkung und aus Verwöhntheit, / weil das Verlangen sich nur im Kontext / von Macht begreifen lässt
5 Tussi

ALGO DE ROJO, ALGO DE BRILLO[1]

Ideologisiere mir das Ich
ganz ohne Deckung:
* exklusiv für Frauen *
weit über den Geschmack hinaus
und das kodifizierende Risiko
// la desvalorización
del mundo humano
crece en razón directa
de la valorización
del mundo de las cosas//[2]
sich fühlen und sich denken
in endgültiger Verschmelzung
– das ist es, ganz genau
das, aus Gold, aus Silber oder
aus einem anderen Stoff,
Edelstahl, Keramik,
Kristalle aller Farben, genau das,
das ist es, und auch Sahne,
Erdbeeren, Kuchen
mit Schokolade, Kit-Kat,
ein melodramatisches Kleid,
transparent, ich halte sie hin, die andere
Wange, auch den Hals, ich bin
Marie Antoinette, verräterische
Hure, die eine *piti*[3] raucht,
engalanada[4] zwischen Liebhabern
und Freunden – das ist es,
diese Klasse von Fiktion,
// algo de rojo, algo de brillo //[5]
spezifische Eigenschaften,
fantastische Eigenschaften,
Zeichnungen, wunderschön
und kompliziert / lehrt mich,
»nichts erscheint mir sexyer«
* exklusiv für Frauen *
weit über den Geschmack hinaus
und das kodifizierende Risiko, der Stil
golden und silbern mit Klasse.

Die Künstlichkeit des Artefakts.
Das ist sie, die Verführung.

1 Ein bisschen Rot, ein bisschen Glitzer
2 Karl Marx, *Das Kapital*, 1. Kapitel, Vierter Abschnitt. »Mit der Verwertung der Sachenwelt nimmt die Entwertung der Menschenwelt in direktem Verhältnis zu.«
3 Kippe
4 Herausgeputzt
5 Ein bisschen Rot, ein bisschen Glitzer

KARYATIDE II

Ihr kontempliert das Schauspiel des zukünftigen Jahrhunderts:
weibliche Statue / triumphale Erscheinung / Ich,
inthronisiere mich mit der Bürde der totalen Phänomenologie
– ich vergesse die ersten Verse nicht, wenn der Modeschmuck
auf den Altaren und in den Schaufenstern geheiligt wird, dort, wo der Luxus
schon erklärt, schon gesteht, die eigensinnige Haltung in ständigem
Kampf: für einen Diamantring würde ich meine Nation
verraten, für ein Stückchen Land, wo ich ihn verteidigen kann
ich würde die hübschen und jungfräulichen Mädchen erpressen, die
ohne Nägel kratzen auf der Suche nach Ontologien, ich würde sie vergewaltigen,
wie Männer es mit Frauen machen, ich würde sie umbringen,
wie Männer es mit Frauen machen: ich würde sie umbringen
– würde Brustwarzen, Lippen, Haare ausreißen, für einen Ring
aus Diamanten und ein Stückchen Land, wo ich ihn verteidigen kann;
aber ihr kontempliert das Schauspiel des zukünftigen Jahrhunderts:
weibliche Statue / triumphale Erscheinung / *cuidaíto*,[1]
ich hörte von jemandes blinzelnden Augen in einem Flakon aus Glas
– der allmächtige Gott unterscheidet nicht zwischen Schauspielerinnen und Dichterin

1 Aber Achtung!

Anm. d. Ü.: Die Autorin spielt in ihren Werken mit der Zweisprachigkeit, indem sie einzelne Passagen, Konzepte oder Wörter auf Spanisch integriert. Um den Effekt ansatzweise nachzubilden wurden diese Passagen in der Originalsprache belassen und in Fußnoten übersetzt.

Aus dem Katalanischen von Laura Hahn

Víctor García Tur

Haare

There are things in that paper which nobody knows but me.
Charlotte Perkins Gilman, The Yellow Wallpaper (1892)

For the airs was dead still till they began to blow, and then they would blow your hair off.
Rudyard Kipling, The Disturber of Traffic (1891)

1

Endlich, im Jahr der drei Achten, wurde ihnen eine Tochter geboren, mit bräunlicher Haut und mit einem so dichten schwarzen Haarschopf, dass Herr Brémontier sie »meine kleine Sizilianerin« nannte. Olga war außer sich. Zwar hatte auch sie Haare so dunkel wie Ruß – ererbt von ihrem Vater, einem veronesischen Adligen, der sich ganz und gar in einen Pariser verwandelt hatte –, doch ihre schneeweiße Haut und die Augen in einem exilierten Grau kamen aus dem Sankt Petersburg der mütterlichen Seite. Von südländischem Blut – das Venezianische zählte nicht – hatte Olga keinen Tropfen. Auch über die Abstammung der Neugeborenen bestand kein Zweifel, sie bat Brémontier darum, von seinen unangebrachten Witzen abzusehen. Er aber verkniff sich die Sprüche nicht, voller Freude über sein erstes Kind; auch wenn es ein Mädchen und fürs erste unpassend dunkelhäutig war. Zu allem Überfluss hielt er auch noch die Besucher zum Narren, indem er von einer *Verdine* redete, die eine Weile lang unter den Eichen des Landguts kampiert habe. Olga weinte viel, erschöpft von den Mühen der Geburt, und weil ihr Mann andeutete, dass die Zigeuner das Kind in der Wiege vertauscht haben könnten. Es gibt Leute, die nehmen alles wörtlich, erinnerte sie ihn, als sie unter sich waren, die verstehen nicht, wenn etwas als Scherz gemeint war. Aber weil sie sich so schwach fühlte – noch hatte sie sich aus dem Wochenbett nicht erhoben –, korrigierte sie ihn nicht in Anwesenheit der Besucher, dabei konnte sie die Hand ins Feuer legen: Das Mädchen war *ihres*, wohl oder übel. Sie war ja dabei gewesen – *dabei* war gar kein Ausdruck –, als der dichte und blutige Haarschopf zur Welt kam.

2

1883 war die Explosion des Krakatau um die Welt gegangen. Die Aschewolken verdunkelten den Himmel in allen Breiten. Die Telegrafendrähte verbreiteten die Nachricht in sämtliche Himmelsrichtungen. Mit einem Mal – der Fortschritt! – war der Erdkreis klein geworden, dank der Erfindung der Telegrafie und durch den verheerenden Ausbruch eines indonesischen Vulkans. Brémontier, wieder eine seiner exzentrischen Anwandlungen, hatte es sich in den Kopf gesetzt, dass er einen Vulkan aus der Nähe sehen wollte. Die Hochzeitsreise führte sie deshalb auf die Insel Sizilien, dem milchigen Gipfel des Mungibeddu entgegen. Olga folgte dem Spleen ihres Ehemanns – sieben Koffer mit allem Nötigen, zwei Dienstmädchen ihres Vertrauens –, und an den Tagen, an denen er den Alpinisten spielen wollte, berief sie sich auf ihre schwachen Nerven und schloss sich im Hotelzimmer ein oder in den *Villae*, die Brémontier anmietete, um sie glücklich zu machen. An anderen Tagen, um sie zutiefst unglücklich zu machen, schleppte er sie mit in die mediterrane Erbarmungslosigkeit: zu irgendeinem Grab oder einer vom Salpeter und von der brutalen Sonne zerrütteten Einsiedelei. Das Schlimmste: zwischen den Einheimischen zu wandeln und festzustellen, dass ihre Gesichtszüge sie immer an Tiere erinnerten. Manche Sizilianer sahen aus wie dumme Pferde, andere wie ruchlose Raben, es gab Kaninchenfrauen und Schildkrötenmänner, Froschmäuler mit kariösen Zähnen und Dorsche mit Augenbrauen, als ob eine dem Meer entstiegene Rasse sich an Land verstecken wollte ... Bräunliche Hauttöne herrschten überall vor, überall Dunkles, und die tumbe Hartnäckigkeit der Insulaner wurde allein von besagten animalischen Nuancen durchbrochen. Die ganze Insel widerte Olga an, sie klammerte sich an Brémontiers Arm, während er sich prächtig amüsierte. Mit dem Gehstock wies er auf eine Messinerin, die wie eine Hündin auf den Stufen vor der Kirche zwei Babys auf einmal stillte. Er brach in Gelächter aus, als ein Dorftrottel ihnen schleimige Tintenfische verkaufen wollte. Ihr entfuhr bei dem Anblick ein Schreckensschrei, er aber würdigte das Spektakel noch mit einer Geldspende. Sie waren so verschieden wie Nacht und Tag, Olga und Herr Brémontier: sie eine Nacht von 1860, er ein Tag von 1835. Doch Olgas Familie hatte die Ehe für aussichtsreich und den Altersunterschied für handhabbar befunden.

Unmittelbar vor ihrer Rückkehr in die Geborgenheit Frankreichs besuchten sie die Kapuzinergruft. Brémontier hatte sie in Angst und Schrecken versetzt, indem er ihr erzählte, bei all den Mumien wüchsen die Haare immer weiter und hätten sich im Lauf der Jahrhunderte ineinander verfilzt; was sich als unwahr erwies. In Wirklichkeit hatten die Toten in den Katakomben die gleichen Frisuren wie zu Lebzeiten. Doch Olga als leicht zu beeindruckendes Geschöpf war nach dieser Erfahrung wie gelähmt für die ganzen drei Tage der Rückreise auf einem – endlich – französischen Dampfschiff. Sie konnte die rechte Faust nicht mehr öffnen, und ihr Arm ließ sich nicht von ihrer Brust lösen. Félicité musste ihr das Filet in Stückchen schneiden, die Zeitschrift für sie umblättern und ihr den Sonnenschirm halten, während sie – Herr Brémontier bestand darauf – an Deck frische Luft schnappte. Die Fahrt zog sich ewig hin. In Anwesenheit einiger Herren Passagiere riss eine Bö ihr den Hut vom Kopf und zerzauste ihr das Haar, wie bei einer Irren.

3

Ein Jahr nach der Hochzeit wartete Brémontier schon ungeduldig auf Nachwuchs. Olga schenkte ihm keinen. Er ließ einen Arzt, einen Spezialisten aus Paris kommen, der diverse Untersuchungen an ihr vornahm, mit kalten metallischen Instrumenten und mit großen gelben Händen, die nach Chloroform und Schnupftabak stanken. Der Arzt sagte immer wieder, sie solle sich entspannen, um ihm die Arbeit zu erleichtern, was sie nur umso mehr verkrampfte. Am Ende beruhigte er Brémontier, indem er ihm bestätigte, dass seine Frau jung und vollständig sei; eng, das ja, jedoch imstande. Sie würde Kinder bekommen. Brennnesselsud auf nüchternen Magen und häusliches Leben, Geduld und Beständigkeit. Auch hatte er empfohlen, dass Monsieur mehr Zeit zu Hause verbringen solle. Weshalb er nun morgens mit Olga im Bett blieb und sich die Zeitungen und die Post heraufbringen ließ. An manchen Tagen empfing er im Schlafzimmer sogar den Angestellten, der ihm Unterlagen zum Kohlebergwerk in Denain überbrachte. Olga saß dabei so würdevoll, wie sie konnte, an das Kopfende aus Palisander gelehnt, den Blick in eine Zeitschrift gesenkt.

Bei schönem Wetter übernahm sie es selbst, im Garten Blumen zu pflücken, um damit die Zimmer des Hauses zu schmücken. Brémontier folgte ihr durch die Beete und enthob Félicité der Aufgabe, die Sträuße für sie zu tragen. Er sprang also als ihr Diener ein und plauderte mit ihr, wobei er, gelangweilt von all den Blumen, irgendwann dazu überging, Olga theatralisch mit einer gelben Gladiole zu peitschen. Die regnerischen Apriltage vereitelten solche Übermütigkeiten. Und an anderen Tagen war es Brémontier, der es ihr, wenn er ihr nicht den Gefallen tun konnte, sie zu begleiten, untersagte, ins Freie zu gehen, nicht einmal mit Félicité. Das Wichtigste sei nun, dass sie wie die Turteltauben immer beieinanderblieben.

Und so musste Olga, wenn Brémontier befreundete Aktionäre empfing, um Händel abzuschließen, am großen Fenster Platz nehmen, in einem Ohrensessel, der sie zu umklammern und sie in samtiges Leder zu verpuppen suchte. Um nicht alles auf eine Karte zu setzen, investierte Brémontier in verschiedene Geschäfte, einige davon »riskant, aber modern«, wie er sich den Partnern gegenüber ausdrückte. Er wollte Verantwortung übernehmen für den Wandel der Welt, dafür, dass dieser Wandel auf Hochtouren lief, dass die turmhohen Schornsteine bei Tag und Nacht rauchten und dass der Mensch sich anschickte, dem Erdkreis eine neue Gestalt zu geben … Mit dem Suezkanal und mit den Transatlantikkabeln hatte er bereits ein Vermögen gemacht. Und sollte die Wette auf die Modernisierung doch verloren gehen, blieb ihm immer noch die Verlässlichkeit einer Gießerei, einiger Zinkminen in den Pyrenäen und mehrerer Kupfer- und Bleibergwerke im Var; seine vulkanischen Geschäfte … Das Geschwätz der Männer überlagerte die Worte aus Olgas Buch, und der Überdruss bemächtigte sich ihrer. Aus dieser Benommenheit riss sie Brémontier, indem er sie, beglückt vom Ausgang der Verhandlungen, aus dem Sessel zog, um eine Mazurka mit ihr zu tanzen, als hätten sie ein Kammerorchester vor sich. Ein bisschen verrückt war Brémontier. Die Bekannten sahen es ihm nach, weil sie es für Kühnheit hielten oder weil sie ihm die unbezähmbare Seele eines Künstlers zubilligten, gefangen im Körper eines Geschäftsmannes.

4

Im Sommer 1887 zeigte die Mischung aus Beständigkeit, Geduld, häuslichem Leben und Brennnesseln endlich Wirkung. Olga kam sich vor, als befinde sie sich abermals an Bord eines Schiffes, das krankhaft schwankend auf dem Weg ins grauenvolle Palermo sei. Sie musste sich am Geländer festhalten, um nicht die Treppen hinunterzustürzen. Ihre Schwangerschaft begann wie ein morgendlicher Schwächeanfall. Immer wieder war sie auf den Nachttopf angewiesen. Ein bürgerlicher Freund der Familie, der an Unternehmungen in Cochichina beteiligt war, empfahl geriebenen Ingwer. Den brühte Félicité mit Wasser auf und servierte ihn in dem Majolica-Kännchen mit dem Eulenmuster, als handle es sich um einen erlesenen orientalischen Tee. Dieses Gebräu sollte Olga von der Übelkeit befreien? Stattdessen verdrehte es ihr den Magen, bis er sich wie eine Wurzel anfühlte, und nahm ihr jeden Appetit. Als einziges Gelüst blieben ihr die Moosbeeren, wie sie ihr die russische Kindheit versüßt hatten. Was mochte sie also noch essen? Brémontier beschaffte Heidelbeeren, doch sie konnten mit den Moosbeeren in Olgas Gedächtnis nicht mithalten. Sie verzehrte sie nur widerwillig, so wie alles andere auch. Dalambert, Freund und Hausarzt, schaltete sich ebenfalls ein: Linsen und Pferdefleisch, um das Gespenst der Anämie auf Abstand zu halten.

Endlose Monate. Zur Muße verurteilt und unpässlich, fand sie nicht einmal beim Lesen Zerstreuung, denn die Buchstaben wimmelten ihr wie Ameisen vor den Augen. Sie versuchte sich an Stickereien und schlief dabei ein; sie träumte von durchgehenden Pferden und von schwarzen Mähnen; sie schreckte hoch, und Brémontiers Hände fingen sie auf.

Félicité war jünger als sie, von ihr konnte sie keinen Rat erwarten. Marie, die andere Kammerfrau, wusste nur in höchsten Tönen von der Mutterschaft zu schwärmen. Sodass Olga ihren schwellenden Bauch und die anderen Veränderungen ihres Körpers nicht als eine Gabe der Natur wahrnahm, sondern als einen beispiellosen Affront. Ihr Körper war nicht mehr sie selbst, er traf seine Vorkehrungen, ohne sie auch nur einzubeziehen. Was von ihr übrig blieb, war allein ein dünnes Stimmchen, daran erinnernd, dass diese Phase bald überstanden sein würde. Um die Zeit bis dahin totzuschlagen, sprach sie tonlos vor sich hin: Das wird nicht gutgehen.

Das Schlimmste kam noch. Die Tücher, die Waschschüssel, das Blut, das sorgenvolle Gesicht Dalamberts, eine Hebamme, die besser dafür geeignet wäre, in einer Bäckerei Teig zu kneten, der Schmerz, der an- und abschwoll, die Angst, zu verrecken wie so viele andere, die unaussprechlichen Einzelheiten, über die sie mit niemandem jemals würde reden können, das barbarische Opfer, der Rückfall in den Tierzustand … All das begab sich bei Nacht. Der Mond blieb im Fenster hängen, vom Halbdunkel ihrer Schande angelockt.

Am Morgen war die Kleine auf der Welt, und Olga erkannte sich in ihr nicht wieder: zugleich rot und schwarz, zugleich klebrig und ausgetrocknet, als hätte man sie in Mehl gewälzt. (Hatte Olga endlich ein wenig geschlafen? Sie vermochte es nicht zu sagen. Félicité hatte die Gardinen zugezogen, damit sie ausruhen konnte, das ja.) Selbst als man ihr das Kind gesäubert wiederbrachte, schien es ihr wie ein fast unmenschliches Geschöpf, das nicht aus ihr hervorgegangen sein konnte. Der Wust schwarzer Haare, unerhört lang, verstärkte nur den Eindruck des Unwirklichen.

5

Am nächsten Morgen hatte Olga ihre Meinung geändert. Die Amme, die sie selbst ausgewählt hatte, schien ihr nun eine unhygienisch dunkle Haut zu haben. Sie wollte, dass diese Person aus der Familie entfernt wurde. Das teilte sie Brémontier mit, in Anwesenheit Maries, die gerade gekommen war, um sie vom Wimmern der Kleinen zu erlösen. Brémontier blickte zu Marie, als sei sie es, die in diesem Haus das Sagen hatte, und zum ersten Mal in ihrem Leben platzte Olga der Kragen: *Sie* sei hier die Herrin, schrie sie, und *sie* sei die Mutter. Dann brach sie in Tränen aus. Dann verkniff sie sich das Weinen wieder und bat um Nachsicht für ihre Stimmungsschwankungen. Als Brémontier ihr versprach, dass er morgen alles regeln werde, grollte sie ihm insgeheim weiter und glaubte ihm nicht. Als sie jedoch sah, dass ihr Ehemann sich wirklich um sie sorgte, fühlte sie sich schuldig – als vom Argwohn zerfressene Frau. Nach zwei Tagen verkündete Brémontier, die Ernährung des Mädchens werde eine junge Halbbretonin übernehmen, mit roten Wangen und rosigem Dekolletee und einer Verehrung für die Heilige Brigitta, die ans Heidnische grenzte. Noch heute werde sie bei Félicité einziehen. Ihr eigenes Neugeborenes sei ohne Fieber und Vorwarnung gestorben, als hätten die Englein es in seiner heiligen Unschuld auserwählt. Olga fragte nach der Haarfarbe der neuen Amme, und Brémontier verglich sie mit Stroh. Das beruhigte Olga. Ihr wurde die Kleine zurückgebracht, eingewickelt, als sei sie in ein Spinnennetz geraten. Sie kam Olga schutzlos vor, doch sie selbst wusste sie nicht zu beschützen. Die Zunge schien der Kleinen aus dem Mund entwischen zu wollen, und die Augen verstanden noch nicht, was ihre Aufgabe war. Eine Kappe aus Astrachan verbarg den Haarschopf. Abermals erwachte Olgas Neugier auf die neue Amme. Sie trug Félicité auf, die junge Frau zu ihr zu bringen, sie wolle sie begrüßen. Félicité erinnerte sie daran, dass der Arzt und auch der gesunde Menschenverstand zur Ruhe mahnten. Olga beharrte auf ihrem Wunsch, und die Dienerin sagte, sie werde sehen, was sich machen lasse. Doch sie kehrte nur in Begleitung Maries zurück, die ihre Herrin ebenfalls davon zu überzeugen versuchte, sich mit den Angelegenheiten des Hauses vorerst nicht selbst zu befassen. Olga verlangte nach Brémontier, und er fand sich sofort ein, mit schmeichelnden Worten und Ausflüchten, warum sie die Amme jetzt nicht kennenlernen könne. Nun hatte sie Gewissheit, dass die blonde Bretonin gar nicht existierte, dennoch schrie sie weiter, sie wolle sie sehen, sie wolle sie sehen … Félicité nahm ihr das Kind wieder ab, das von Neuem zu jammern begonnen hatte. Brémontier und Marie fassten sie jeweils an einem Arm und legten sie ins Bett. Alle drei wirkten dabei aufeinander abgestimmt, als sei alles schon vor Olga Wutausbruch so vereinbart worden. Sie blieb schluchzend liegen und flüsterte ihrem Kopfkissen zu, dass sie die Amme sehen wolle. Sie hörte Félicité etwas trällern, aber nicht zu dem Kind – das hatte Marie mitgenommen –, also offensichtlich für sie.

Wenig später klopfte es an der Tür, und Marie, Félicité und Brémontier traten alle drei ein, gefolgt von einer stämmigen Frau, die einem Rubens-Gemälde entstiegen schien. Sie hielt Olgas Tochter mühelos mit einem Arm und drückte sie gegen eine pralle Brust, die sie unbedeckt trug, damit die Kleine nach Herzenslust saugen konnte. Das Kind hatte keine Kappe auf, die pompöse kohlenschwarze Mähne lag frei. Hingegen war das Haar der Amme unter einem bäuerlichen Kopftuch verborgen. Olga forderte sie auf, es abzunehmen. Brémontier und Marie blickten einander an. Die Amme wusste, das Klügste war, sich in so einem Moment nicht zu widersetzen, und löste mit der freien Hand das Tuch.

Es hat die Farbe von Stroh, seufzte Olga, du hast nicht gelogen, Liebster, und sie lehnte sich im Kissen zurück und begann von Neuem zu weinen.

6

Im Traum suchte eine Kindheitserinnerung sie heim, und ausnahmsweise hielt sie sie in ihrem Tagebuch fest, das bis dahin Dinners, Bällen und ähnlichen Ereignissen vorbehalten gewesen war. Zum ersten Mal gab ihr Journal damit, ohne jede Erwähnung von Kleidern und Juwelen, ein getreuliches Bild ihrer selbst wieder.

Die Erinnerung: An einem lange vergangenen Abend nahm ihr Vater sie mit zum Besuch bei einem Freund, einem angesehenen Anatomen der Sorbonne. Berühmt war auch die Sammlung medizinischer Kuriositäten, die dieser von einem gelehrten und romantischen Onkel geerbt und der er seine eigenen, ebenso kundig ausgewählten, aber ein wenig morbideren Fundstücke hinzugefügt hatte. Olga war zugegen, als die beiden Freunde Dinge besprachen, die ein Kind nicht verstehen kann oder will. Danach sollte sie mit dem Hausdiener im Wohnzimmer zurückbleiben und die Erwachsenen nicht auf dem unerlässlichen Gang durch des Doktors Kabinett begleiten. Wie jedes Kind, dem etwas aufregend Neues vorenthalten werden soll, brannte sie darauf, es zu sehen. Ihr Vater war ein unbedingter Individualist, er glaubte an den freien Willen und an die absolute Eigenverantwortlichkeit. Wurde Cognac gereicht, glaubte er sogar an die Allmacht des Menschen. Olga erreichte, dass er sie bei der Hand nahm, und sie bereute es sofort. Er nicht, im Gegenteil. Die strenge Reihung der Regale aus Buchenholz kündete vom Bemühen, Ordnung zu bringen in ein Sammelsurium von verformten Schädeln, Gipsabdrücken grotesker Gliedmaßen, in einer Stasis von Formol und angehaltener Zeit schwebenden Föten … Vielleicht weil er für Olga in Augenhöhe lag, hinterließ den größten Eindruck bei ihr eine Art Marionettenkopf, anscheinend von einem perversen Puppenmacher zu dem einzigen Zweck angefertigt, Kindern Angst zu machen. Mit bräunlichem Garn waren ihm Augen und Lippen zugenäht, die Haut verdorrt und dunkel, und der schwarze Schopf schien aus den Haaren eines Verstorbenen zu bestehen. Olgas Einbildungskraft ließ sie nicht begreifen, dass es sich tatsächlich um einen menschlichen Kopf handelte, eingeschrumpft auf die Größe einer Faust; sie konnte nur eine höllische Puppe darin sehen. Sie wusste nicht, dass dieses Stück seine Geschichte, sogar seine Biografie hatte. Der Arzt hatte es einem Konsul abgekauft, der es von einem Phrenologen erworben hatte, der es einem

Kautschukhändler, dessen Sohn im südamerikanischen Dschungel unterwegs gewesen war, geradezu entrissen hatte. Vorher hatte es einem obskuren Stamm gehört, und davor, ganz zu Anfang, war es der Kopf eines unglückseligen Indios gewesen. Als Olgas Vater ihre morbide Faszination bemerkte, nahm er den Kopf in die Hände und ließ ihn mit einer teuflischen Stimme sagen: Oljenka, meine Oljenka. Olgas entsetzter Aufschrei amüsierte ihn und mehr noch den Eigentümer des Gruselkabinetts.

Dieser Kopf, den sie viele Jahre lang glücklich vergessen hatte, erschien ihr nun in einem Alptraum wieder, sie fuhr verängstigt aus dem Schlaf auf. Der Mond tauchte das Zimmer ins Zwielicht, und das Schattennetz einer kahlen Esche zog sich über das Bett. Brémontier schlief nicht an ihrer Seite, und das bestürzte sie erst recht. Sie beschloss nachzusehen, ob ihr Mann noch in der Bibliothek saß und las. Keins der Dienstmädchen hielt sie auf, als sie aus dem Zimmer ging. Sie trat die Treppen hinunter, auf die sie seit Wochen keinen Fuß gesetzt hatte. Ein Wimmern des Neugeborenen war zu hören, wurde aber sogleich beruhigt. Sie fand Brémontier an seinem Schreibtisch vor, den Oberkörper auf der Tischplatte, eher betrunken weggedämmert als eingeschlafen. Neben seinem Kopf lag ein Buch und stand eine Flasche Martell. Sie ging wieder zu Bett, ohne ihn zu wecken.

Bei Tageslicht wurden die Konturen des Alptraums klarer, das Offensichtliche trat hervor: Der Schreckenskopf stand für das haarige Haupt des Mädchens; oder das haarige Haupt des Mädchens für den Schreckenskopf. Das vertraute sie ihrem Tagebuch an, sobald Félicité sie allein ließ. Als sie ihr das Kind bringen wollten, lehnte sie ab, sie sei erschöpft. Was nicht gelogen war. Wie zur Genesung empfohlen, nutzte sie das Schreibheft als einzige Zerstreuung – abgesehen von Briefen, die sie mit einer Cousine in Moskau austauschte. Vom Leben draußen abgewandt, schrieb sie über ganz Persönliches. Die Seiten des Hefts wurden ihr zu einem Briefwechsel mit sich selbst. Zum ersten Mal hatte sie das Gefühl, dass diese Notizen versteckt werden mussten.

Doch auch dem Tagebuch vertraute sie nicht all ihre Gedanken an. Wieder erlitt sie einen Alptraum, einen derer, die nach dem Erwachen nicht weichen wollen. Er schien ihr zu grauenhaft, um ihn niederzuschreiben. Wobei der Alptraum selbst kaum der Rede wert war, wohl aber in seiner Folge die furchtbare Sorge, dass trotz der Geburt, trotz des hinausgepressten Kindes, Haare in ihrem Leib verblieben sein könnten. Olga wurde diese beklemmende Vorstellung nicht los. Für gewöhnlich quälen Alpträume uns das Gemüt, setzen sich zwischen unseren Brauen fest. Dieser jedoch griff ihre Eingeweide an, sie fühlte sich von innen attackiert, machtlos. Was, wenn Haare in ihr zurückgeblieben waren und verfaulten? Was, wenn in ihr Ratten nisteten? Sie konnte Wahn und Wirklichkeit sehr wohl unterscheiden, das kann ja jeder, doch es bedeutet nicht, dass die Wahnvorstellungen keinen Einfluss auf uns hätten. Ihr kam die Marquise du Deffand in den Sinn, die nicht an Gespenster glaubte und sich dennoch vor ihnen fürchtete. Das Haargespenst schraubte sich durch Olgas Leib.

7

Sie hörte das Klappern von Wagenrädern auf dem Pflaster und trat ans Fenster, um sich zu vergewissern, dass Brémontiers Verwandte eingetroffen waren. Darüber freute sie sich. Es hatte geregnet, und das Fell der Pferde glitzerte silbrig. Der Onkel blickte beim Aussteigen aus der Kutsche auf seine Uhr. Auf den Stufen vor dem Hauseingang raffte die Tante ihre altmodische Robe. Als sie ihren Blick von oben nach unten über die Fassade streifen ließ, winkte Olga ihr durch die Fensterscheibe zu. Die Tante sah sie an, zog die Brauen hoch und folgte ihrem Mann ins Haus.

Olga wartete, bis sie hinuntergerufen würde, um den Besuch zu begrüßen. Vor dem Frisiertisch ging sie in Gedanken ihre Kleider durch und welche Arbeit es bereitete, sie auszuwählen und für den Anlass herzurichten. Eine Arbeit, die sie seit ... Sie wusste nicht, wie lange es her war, dass sie sich zuletzt herausgeputzt hatte. Sie wartete. Niemand rief nach ihr, seltsam. Am Mittag servierte ihr Félicité ein hartgekochtes Ei, Brot mit Butter und eine unerfindliche Arznei, die Dalambert ihr zur täglichen Einnahme verordnet hatte. Brémontier wolle sie nicht mit Familienstreitigkeiten behelligen, sagte das Dienstmädchen, zumal es sich um Finanzielles handele. Olga fehlte die Kraft zum Protestieren. Das Bisschen Energie, das sie aufbringen konnte, widmete sie dem Tagebuch; sie schrieb ein paar Zeilen darüber, wie unsympathisch ihr diese knauserige Tante Brémontiers war. Zum Zeitvertreib las sie noch einmal ihre vorigen Einträge durch, und sie stellte fest, dass das Heft ihr helfen konnte, die verstreichenden Tage zu zählen ... Das Rumpeln des wieder anfahrenden Wagens vor dem Haus riss sie aus dem Schlummer. Sie wusste nicht, wann der Schlaf sie übermannt hatte, sie fühlte sich benommen. Immerhin waren diesmal ihre Träume angenehm gewesen – sie hatte in einem Wintergarten Orangenbäume gepflegt, und sie hatte sich in einem Boot spazieren fahren lassen und den Karpfen Brotkrumen zugeworfen.

Als sie abermals die Augen aufschlug, blendete sie ein grelles Licht. Am Fuß des Bettes schloss Dalembert gerade seinen Arztkoffer. Sie hatte sich in die Arbeit des Doktors nie eingemischt, doch die Schläfrigkeit verwandelte sie. Sie fragte ihn, ob sie noch Haare im Inneren habe. Er verstand sie nicht. Also fragte sie ihn, wann sie geheilt sei. Sie sind nicht krank, erwiderte Dalembert nach einem Zögern, nur Ihre Nerven müssen sich beruhigen – manchen Frauen widerfährt dergleichen; fängt das Kind erst einmal an zu sprechen, wird alles anders sein, dann werden Sie es liebhaben, dann ja.

Diese Antwort stellte Olga zufrieden, sie vertraute dem Arzt und vertraute auf die Zukunft, denn die Zukunft war der Ort, an dem sich die Probleme lösten. Nun konnte es sie kaum noch abwarten, dass die Tage vergingen. Für Brémontier bedeutete der Lauf der Zeit Geschäfte und Gewinne, für Olga verhieß er nun die Rückkehr zur Normalität oder zu etwas Ähnlichem. Sie ordnete an, dass ihr das Kind eine Zeit lang nicht gebracht werde, denn auch wenn sie nicht krank war, wollte sie so schnell wie möglich gesunden. Zudem dauerte es ja seine Zeit, bis das Mädchen sich in eine liebenswerte kleine Person verwandelt haben würde.

All dies brachte Olga dazu, sich zu fragen, was für eine Art Frau ihre eigene Mutter gewesen sei – ob sie das Gleiche durchgemacht habe wie nun sie, ob dies ihr eigenes Verhalten rechtfertige. Zu ihrer Überraschung verstand sie ihre Mutter nun zum ersten Mal in ihrem Leben. Würde ihre Tochter sie eines Tages ebenso verstehen und ihr verzeihen? Hatte sie selbst ihrer Mutter verziehen …?

Es folgten Tage der seligen Erschlaffung, in denen die Fragen nicht wichtig schienen, wenn überhaupt irgendetwas wichtig schien. Sie schlief und schlief. Félicité kam und ging, mit Mahlzeiten und Arzneien. Eines Morgens fand sich Olga hinreichend gekräftigt, um das Tagebuch wieder in Angriff zu nehmen. Doch es lag nicht mehr unter ihrem Kopfkissen. Félicité sagte ihr, der Arzt habe Brémontier darauf hingewiesen, dass das Schreiben ihr nicht gut bekomme. Olga warf ihr Wasserglas zu Boden, danach die Tasse, den Teller, das Besteck und das Frühstückstablett, sie zerriss ihre Bettdecke und einen Teil der Überdecke. Und weil sonst nichts mehr in Reichweite war, begann sie sich die Haare auszureißen und schrie, schrie mit zusammengepressten Kiefern, schrie durch die Zähne, bis man sie gewaltsam zur Ruhe brachte.

8

Sie hatten sie hinauf in das Zimmer mit den gelben Tapeten verlegt, damit sich ihr Zustand besserte; eine Frage der Zeit. Das Fenster bot Blick auf den Brunnen und auf die Beete hinter dem Haus. So bekam sie mit, wie der Sommer kam und was die Bauern bis zur Küchentür schleppten. Nie zuvor hatte sie dem Leben hinter dem Haus – auf seiner dunklen Seite – Beachtung geschenkt, und nie hätte sie gedacht, dass die Hühner lebend vor der Küche eintrafen und Marie dann aussuchte, welches von ihnen in den Bräter kam.

Auch durch dieses Fenster glitt nachts das Licht von Mond und Sternen, dazu das rätselhafte Dunkel der Eichenreihe, die das Grundstück der Brémontiers begrenzte. Einmal drangen auch Tropfen eines Sommergewitters herein. Das Fenster umrahmte eine gewisse Hoffnung. Zumindest befreite es Olga von der ausweglosen Langeweile; jeder Ausblick, den es bot, war ihr lieber, als auf die scheußliche Tapete zu starren.

Zuverlässig kam Brémontier einmal täglich zu ihr herauf. Doch es war nicht der Brémontier von früher, sondern ein bedächtiger weißhaariger Mann, der zu ihr sprach wie ein Vater, der etwas Kompliziertes erklären möchte. Dabei gab es nichts Kompliziertes zu erklären; zu ihrem eigenen Wohl waren ihr das Schreiben und überhaupt jegliche Anstrengung verboten, und es sei nur eine Frage der Zeit, wiederholte Brémontier, bis sie wieder ganz sie selbst sein würde. War sie denn nicht sie selbst? Hatte auch sie sich verändert, so wie Brémontier? Diese Fragen stellte sie nicht laut, sie behielt ihre Zweifel für sich.

Brémontier tat ihr den Gefallen, ihr aus Zeitschriften vorzulesen. Fand er einen Satz zu gefühlig, entschärfte er ihn, damit er sie nicht aufregte. Am Ende küsste er sie auf die Stirn und faltete die Zeitschrift zusammen, um sie in der Rocktasche wieder mitzunehmen, sodass Olga nicht in Versuchung geriet. Er zog noch die Gardinen zu, die sie dann gleich wieder aufzog, um sich anzuschauen, wie die Schatten des Abends die Blumen einschlafen ließen.

In dem Zimmer mit der gelben Tapete gab es keinen Spiegel; dass sie Augenringe und eingefallene Wangen, vielleicht auch ein gelbliches Gesicht hatte, entnahm sie dem Bild, das ihr die Fensterscheibe bei Nacht zurückwarf. Vielleicht sah sie wirklich krank aus. Sie fragte sich, welche Gedanken sie aussprechen durfte und welche nicht. Zeit zum Grübeln hatte sie ja, doch sie gelangte zu keinen Schlüssen. Als sie Félicité nach ihrem Aussehen fragte, nahm diese ihr Gesicht in die Hände, strich ihr mit den Daumen über die Lider und küsste sie auf die Stirn. Brémontier fand sie trotz allem schön; er hatte in seinen Zwanzigern Baudelaires *Blumen* gelesen. Diese ausgezehrte Olga fand sich damit ab, dass ihr Äußeres nicht mehr zählte, und beschloss – es gab wenig, was sie noch beschließen konnte –, die muschelförmigen Spangen zu lösen und ihr Haar wallen zu lassen. Sie beugte sich vor und senkte den Kopf zwischen ihre Beine, sie lockerte die Haare an ihrem Hinterkopf, bis sie ihr als blickdichter Fächer vors Gesicht fielen. Sie wiegte den Kopf hin und her, sodass ihre Haare über die Bodendielen fegten. In dieser Haltung harrte sie aus. Sie spürte wie das Blut sich in ihrer Stirn und in ihren Schläfen staute und den Grund bewässerte, auf dem ihr Haarschopf gedieh. Als Félicité sie so antraf, rief sie sofort nach dem Hausherrn.

9

Die Haare reichten ihr schon bis zur Taille. Ihr schlechtes Gedächtnis und der Umstand, und dass sie weder das Tagebuch zur Hand hatte noch auch nur eine Schreibfeder oder einen Kohlestift, machten es ihr unmöglich, einzuschätzen, wie viele Wochen vergangen waren. Sie fragte nach der Post, und man erinnerte sie daran, dass sie den letzten Brief ihrer treuen Cousine vor einigen Tagen beantwortet habe. Sie selbst konnte sich daran nicht erinnern. Doch sie vertraute Félicité. (Außer wenn sie ihr eine sehr scharfe Zwiebelsuppe servierte; denn danach schlief sie ein, ohne sich zuzudecken.) Einige Tage später fragte sie wieder nach der Post, und Félicité sagte ihr, die habe sie bereits am Dienstag gelesen. *Am Dienstag*, das war empörend ungenau. Welchen Tag haben wir denn heute? Samstag, sagte Félicité. An diesem Samstag also verweigerte Olga die Suppe. (Anfangs waren die Suppen kalt gewesen, dann von Tag zu Tag wärmer, bis sie dampfend bei ihr ankamen.) Félicité versprach, ihr sogleich eine andere Mahlzeit hochzubringen, damit sie nicht ohne Abendessen blieb. Sie seien gerade etwas in Aufruhr, vertraute sie ihr an. Amandine sei erkrankt und Marie unterwegs, um den Arzt zu holen. Olga kannte keine Amandine. Vielleicht eine neue Dienerin. Aber sorgen Sie sich nicht, fügte Félicité hinzu, der Kleinen wird es bald wieder gut gehen. Und Ihnen auch.

Die Kleine erschien in der Tat eines Nachmittags vor dem Fenster. Offenbar war sie nicht mehr krank. Es musste also Zeit vergangen sein. Die Amme stillte sie auf einer der sonnigen Bänke vor der Weinlaube. Bis Marie hinzueilte und ihr irgendwelche Vorhaltungen machte und dabei mit dem Finger zum Himmel zeigte, woraufhin die Amme sich gemächlich in den Schatten des Maulbeerbaums begab. All das, ohne dass die Kleine aufhörte zu saugen.

Als die Sonne sich seltener zeigte, setzte die Amme dieses Ritual nicht mehr fort. Doch Olga ging weiterhin Tag für Tag vor dem Fenster auf und ab, mit einem Haarschopf, der ihr schon bis unter die Knie hing. Tag für Tag, bis das Haar hinter ihr über den Boden schleifte wie ein Brautschleier. Eine schwarzhaarige Braut, die immer wieder vor den Altar tritt und den Bräutigam erwartet, der nie eintrifft. Und die Briefe, die nie eintreffen. Wenn sie nachfragte, sagte man ihr, es sei Montag. Die Zeit verging nicht mehr! Das aber war doch unmöglich. Es konnte nicht sein, dass die Zeit ihr nicht zur Hilfe kam. Wenn die Zeit nicht verging, wer konnte ihr dann helfen? Wie konnte sie dann gesund werden? Es galt die Zeit wieder in Gang zu bringen, sagte sie sich, und sie begann ihr Haar mit einem Perlmuttkamm zu entwirren. Es war in der Tat sehr lang geworden. Am nächsten Morgen – ja, sie hatte geschlafen, und sie war bei Tagesanbruch erwacht – nahm sie im Schneidersitz auf dem Teppich Platz, ganz eingehüllt in ihre dunkle Mähne. Sie kämmte sich. Und inmitten der mühsamen Arbeit, die Haare von der Wurzel bis zur Spitze zu durchpflügen, dachte sie: Die Haare können die Zeit messen, so wie Knoten die Geschwindigkeit im Wasser. Ja! Sie merkte, dass sie eine entscheidende Entdeckung gemacht hatte. Ein Geheimnis offenbarte sich ihr, das den anderen Sterblichen verborgen blieb ... Worüber lachen Sie?, fragte Félicité, die in diesem Moment mit der Waschschüssel eintrat. Und warum sitzen Sie auf dem Boden?

Sie half ihr wieder aufs Bett. Dann tunkte sie ein Tuch ins Wasser und wusch Olga, die Haare aber sparte sie aus. Und während sie gewaschen wurde, ergriff Olga die Zipfel der Bettdecke, als ob es Zügel seien.

10

Gestern. Vorgestern. Vorvorgestern. Nichts von dem, was sie gestern getan hatte, so schien ihr, hatte sie nicht auch am Tag davor getan. Was war der Unterschied? Intakt blieben die weiter zurückliegenden Erinnerungen, aus der Zeit, als ihre Haare kürzer waren. Einmal hatte ein Kampf zwischen Schwänen sie überrascht und der verwundete Hals des Unterlegenen. Ein andermal hatte ihre Großtante aus Thiers sie für ihre Haut gelobt und ihr in die Wangen gekniffen, damit sie mehr Farbe ins Gesicht bekam. Einmal, genau an einem Nachmittag im Mai 1886, hatte sie Brémontier in eine Galerie begleitet. Die Liebe zur Kunst und zu den Schwingungen, in die sie die Seele versetzt, hatte sie von ihrem Vater (der war einmal als Zigeuner kostümiert zum Ball gegangen, mit einem Goldzahn und allem, während ihre Mutter unpässlich zu Hause blieb), er besaß sogar eine kleine Sammlung heidnischer Motive. Ihr Urteil über Bilder war intuitiv, so, als handle es sich um geblümte Schultertücher, denn ihr fehlte es an Überblick (einmal sah sie ein Panorama der Schlacht bei Gravelotte, und die Pferde taten ihr mehr leid als die Soldaten), wie ihn der viel gebildetere Brémontier hatte. Als sie zwischen all den Ausstellern und Besuchern in der Galerie standen, hatte Brémontier (bei ihrer ersten Begegnung mit ihm konnte sie den Blick nicht von seinen behaarten Ohren abwenden) sie darauf aufmerksam gemacht, dass manche Maler allein durch das Mischen der Farben auf der Leinwand Körper und Naturgegenstände hervorbrachten, während andere die Gestalten mit feinen schwarzen Linien umrandeten. Die Geschichte der Kunst, sagte Brémontier, sei ein Wettstreit zwischen Farbe und Strich, Fragonard oder David, Licht oder Linie. Nun – waren ihre Haare gestern schon so lang? – fand Olga, dass sie selbst sich in Tausende Striche auflöste, ihre Gestalt verlor, dass die Linien, die ihre Umrisse bilden sollten, ihr in Form von Haaren entwischten, sich zerzausten, überall herumwirbelten, die Haarstriche kritzelten das ganze

Zimmer voll, sie kamen und gingen, sie schraffierten die Ecken, Linie für Linie, so wie die Schatten bei Radierungen, und all dieses Gewirr wurde aus ihrem Kopf geboren, sie nahm den Mittelpunkt des Gewirrs ein, wie eine Spinne inmitten der Linien ihres Netzes. Wenn sie Schritte tat, bewegte sich das Netz mit ihr, und die paar Möbelstücke im Zimmer, vom Haar umfangen, wurden auch mitgezerrt. Die Unordnung der Haare nahm schon Überhand. Alles verfing sich darin. Der Schaukelstuhl, umgestürzt. Der Nachttopf, unauffindbar. Auch die Kommode verschwand im schwarzen Wust. Selbst ihre Vorstellung von den Haaren verhedderte sich in den Haaren. Sie zog daran, doch davon wurden sie nur noch länger. Vergebens versuchte sie, sie abzubeißen. Sie konnte ihnen nur entgegenwirken, indem sie ihre Ungeduld bezähmte und sie eins nach dem anderen mit der Wurzel ausriss. Wie lange würde das dauern? Sie bahnte sich einen Weg durch den Schopf, bis ans Fenster, denn auf einmal sah sie die Rettung. Sie fühlte sich wie Rapunzel im Turm. Würde sie umgekehrt vorgehen wie Rapunzel, könnte sie entkommen. Ein Büschel ihrer Haare knotete sie um den Bettpfosten, und nun war sie bereit, aus dem Fenster zu steigen, sich an der Hausmauer hinabzulassen. Sie stieg auf das Sims und blickte hinunter, der Herausforderung entgegen. Der Wind wollte ihr das Nachthemd vom Leib reißen. Sie zog die Kordel fest.

Ein Schrei ertönte, die Stimme einer Frau, die von Sinnen schien: Félicité.

11

Im Sanatorium schor man sie kahl, eine in ihrem Fall weitaus hilfreichere und vernünftigere Maßnahme als die Eisbäder.

12

Die Haare wuchsen jedoch nach.

Aus dem Katalanischen von Michael Ebmeyer

Àngels Moreno

Der Usurpator

Zeit

2

Die Hartnäckigkeit des Gedächtnisses
beißt am Haken an,
dem Spalt des Lichts.

Wir halten stand wie die zerbrechlichen Dinge:
immer in der Angst, kaputt zu gehen,
die macht, dass sie sich verstümmeln,

dass sie aufhören, es zu versuchen.

4

Die Zeit hat, wenn man sie kappt,
ein doppeltes Futter:

Das *horror vacui*, stehenzubleiben,
die Lähmung,
das bestimmte Licht der Netzhäute
gegen den Hühnerhof des Hauses,
das Blut, das den Graben der Gebärmutter sucht,
wie ein Wundbrand.

Im Innern des Safts
greift man, so gut man kann,
die Linien an,
dasjenige von der Mutation,
das uns, wie wir glauben, ans Ende stößt:

Man entfernt den Hohlraum.

Der Fuß – du glaubst, dass er einsinkt,
unberührt,
doch er ist zerbrechlich
und du hast einen Wind, der im Darm
das Fleisch zerstört.

Das Aufzehren hört nicht auf.

5

Dagegen hatte dein Herz, du weißt es,
eine Hakenhaut,
viel Geräusch in den Vorkammern.

Es hat vom Blut
des Gedächtnisses getrunken,
beeilt sich,
die Teile
der leeren Rede zu entwirren.

Du sahst es dort,
platt bei einem Rhythmuswechsel,
Keuchen des Fensters
in der Kammer,
als wenn der Oberkörper
der Motor von etwas wäre
jenseits einer kleinen Wärme,
die gegen die Rippen ausgestoßen wird,
eine Diastole aus Fäusten
im Augenblick, da es die Liebe betrachtet
und sieht, dass es vernachlässigt wird,

als wenn die Zeit Zeit hätte,
die Maße kannte und den Versuch
und wüsste, dass das, was es kränkt,
die Angst ist zu erleben,
dass es nicht wiederherstellbar ist.

7

– Reise zur anderen Seite des Mondes:
So viel Feuer
für die Schrift
und jenes andere, von dem du glaubst,
dass es zurückkehrt.

– Das wird kein Ort der Weinlese sein.

– Hier kann man
nirgendwo fliehen
und du sträubst dich dagegen
und bist durch den Hintereingang gekommen.

– Du glaubst, dass die Zeit sich nicht vom Sitz erhebt.

– Ein bitteres Licht hat dich ausgepeitscht,
sie haben die Anwesenheiten
mit Blut gekleidet.

– Man kommt nie rechtzeitig für die Schrift. Es ist eine Falle.

Es gibt keinen Ausweg:

– Du kannst es noch nicht sagen.

– Beug dich vor,
lass das Rückgrat bersten.

Spuck das aus, was mich geißelt.

16

Wenn ich das Unaussprechliche sage,
meine ich den Schnitt des Wortes,
den Einschnitt des Sich-Öffnens.

Ich meine den Verlust,
ich meine das Loch im Kopf
einer Frucht,
den Kiefer, der entkommt,
indem er die Winkel aufsammelt.

Ich meine den barfüßigen Kratzer,
das Ausklopfen von Rippensand.

Wenn sich das Licht zusammenzieht
und das Gesicht des Maulwurfs zeigt
und des Stachels
und Durst macht,
sage ich Schwindelgefühl,
Kastrierung der Tür.

Die Erde feiert es schon
mit eisigem Hals,

ohne Seele.

Plünderung

1

Wie das, was weder eine Beziehung zu dem hat, was in die Anwesenheit gelangt, noch zu dem, was sich aus ihr entfernt.
Maurice Blanchot

Die gesichtsleeren Augen:

der Schmerz ruht
auf dem Scheitel,
färbt die Linie
der Halluzination.

Der Riese bleibt,
verlängert den Kindermord.
Der Ausbruch des Lachens
ist ein Monster,
das sich kringelt,
das Hemd übernimmt,
den Schrei.
Du denkst, dass es dräniert,
dass es befreit,
während es doch nur
auf die Stirn fällt

und das Loch anhält,
das bleiche,

hingenagelte.

6

Wie ein Stilett,
die Stille.

Die Narbe an der Brust
streichelt die Fasern
der Angst,
quält sie
und eröffnet, endlich,
die Kälte.

Im Garten wachsen
halbtransparente Götter,
Drüsen werden langsam gegart
wie kleine Kollisionen,
die aus dem Zucker die Sackgasse machen,
den Schöpfungsdurst.

Mit der Hand kann man
die Töchter der Trockenheit greifen.
Ich drücke sie gegen den Bauch.
Einige gehen kurz auf.
Sie stellen die Falte bloß,
den Spasmus.

Sie haben den Trug,
für sich selbst zu existieren,
hinter sich gelassen.

Die anderen zähle ich
mit den Fingern.
Sie spannen wie
ein prallvoller Uterus
und schauen, irr,
auf die Öffnung des Fleisches,
das sich kalibriert und ausbalanciert
zwischen den spastischen Lippen.

Das Lachen blüht
auf der anderen Seite
der Zisterne.
Die Abwesenheit von allem bleibt hier
und wird gegen Trauben verpfändet, die,
nach und nach,
sich der Kehle anpassen
im unbewussten Rot
des ausgeweideten
Glöckleins
ohne das Tremolo,
das hineindringt.

Plötzlich die Leere,
die kahle Fläche,
die Beleidigung des Tretens,
die wir im Begriff sind zu schlucken.

Ein Weiß brennt pausenlos
und zerkleinert den Himmel,
als wenn die Hände
der Zeit geopfert wären.

Der Irrtum, zu glauben, dass man sein kann
durch bloßes Stehenbleiben.

Es spielt keine Rolle, dass uns die Katastrophe
auf der Stirn klebt.

Nichts wird sich für uns
verändern wollen.

Aus dem Katalanischen von Àxel Sanjosé

Roser Cabré-Verdiell

Aioua

LLLLL

Die rechte Hand, fünf Jahre im Dreck. Ich strecke die Zunge heraus, reibe sie zwischen den Fingern, stopfe mir den Mund mit nasser Erde voll, mit Hundepisse und verreckten Insekten. Meine Milchzähne beißen auf Asseln. Das ist mein Pausensnack, ich esse und sitze auf dem Hintern im Sand, wo sie mich abgestellt haben. Der Spielplatz, hierher schleppt die Frau mich jeden Nachmittag. Hier gibt es Plastikvergnügen, Gesichter mit Rotznasen und ein Mädchen, das zwischen Eisenstangen schaukelt. Sie hat Flecken im Gesicht, das Mädchen auf der Schaukel. Eins zwei drei vier fünfhundert, verstreut auf Wangen und Nase, dunkle Flecken wie angepappte Asseln. Sieht aus wie Schokolade, sagt der Junge mit dem Schwert. Sie sind Freunde, der Junge mit dem Schwert und das Mädchen auf der Schaukel. Sie spielen und lachen. Ich will mit ihnen spielen und lachen. Ich gehe hin und sehe rüber, in der Hoffnung, dass sie mich ansprechen. Aber sie sprechen mich nicht an, ich stecke meine Hände in den Dreck und lecke sie ab, bis mir schlecht wird oder bis ich von der Sonne durstig werde und nach Hause will.

Nie ist die Frau da, wenn ich nach Hause will. Also gehe ich sie suchen. Zuerst bei den erwachsenen Gesichtern um mich herum, dann weiter drüben, wo der Spielplatz zu einem Wäldchen mit verkrüppelten Sträuchern und missgebildeten Johannisbrotbäumen ausläuft. Da lerne ich ihn kennen und lerne zu spielen. Er lässt mich auf seinen haarigen Rücken steigen. Er ist größer als ich, aber er macht mir keine Angst. Du machst mir keine Angst, sage ich, und er umarmt mich. Die Kinder auf dem Spielplatz nennen ihn den Wilden. Ich glaube, er ist verrückt. Vor allem, wenn er mir die Zunge zeigt. Er holt sie raus, sie ist ganz nass, und leckt mir damit durchs Gesicht. Das kitzelt so sehr, dass ich lachen muss. Ich spiele und lache. Deshalb wische ich mir das Gesicht nicht ab. Die Spucke auf meiner Wange ist der Beweis, dass ich einen Freund habe.

Die Frau teilt ihre Spucke auch mit einem Freund. Ich weiß es, weil ich sie sehe, wenn ich sie durch die Brombeerbüsche ausspioniere. Sie spielen Umfallen. Sie drücken und schubsen einander, bis ihre Schenkel und Hintern auf dem Boden landen. Wer oben liegt, gewinnt, das heißt, der Gewinner ist immer ihr Freund. Er wirft die Frau um und stürzt sich auf sie, dann streckt sie die Zunge raus und leckt ihn. Ihre Zunge ist kurz und hart. Eine Zunge, die über Wangen und Lippen und Augen und Nase des Freundes streift, bis auch er die Zunge zeigt. Jeden Nachmittag lassen sie ihre Zungen aufeinanderstoßen. Ich finde diese Spuckespiele lustig, und das sage ich auch dem Wilden, der der Meinung ist, ich sollte auch mal lecken, aber nur einen, den ich wirklich mag. Das Mädchen auf der Schaukel mag ich wirklich. Ich würde gerne ihre Flecken im Gesicht ablecken, um unsere Freundschaft mit Spucke zu besiegeln.

An manchen Tagen geht die Frau nicht in den Park. Das sind die Tage, an denen sie Verstecken spielt. Davon versteht sie was. Sie verkriecht sich unter der Bettdecke oder kauert in der Badewanne. Ich will mit ihr spielen, ich will sie suchen und finden, aber der Mann, den ich in dem Fall Vater nenne, sagt immer, ich soll sie in Ruhe lassen. Lass sie in Ruhe, sagt er, komm mit auf den Spielplatz. Ich protestiere, ich will nicht, aber der Mann hört nicht zu, er redet und sagt so etwas wie: Das muss sie bald mal untersuchen lassen, oder: Ich hab's probiert, vor allem aber sagt er: Komm, wir gehen auf den Spielplatz, wie eine ganz normale Familie. Und dann tun wir ganz normal, er, indem er auf einer verwitterten Bank sitzt und mit sich selber redet, und ich, indem ich mir die Hände dreckig mache und den ganzen Schmutz vom Spielplatz auflecke.

An einem dieser vor Normalität triefenden Nachmittage spricht mich das Mädchen auf der Schaukel an. Die Flecken hüpfen und wandern, wenn sie den Mund aufmacht, und das Gewackel kitzelt mir im Bauch. Bist du lieb?, fragt sie mich, und ich weiß nicht, was ich sagen soll. Nur liebe Mädchen kommen in den Himmel, sagt sie, und dann fragt sie, ob ich sehen will, wie sie mit den Zehenspitzen den Himmel anstupst. Ich nicke und stehe wie festgewachsen auf der Erde und sehe zu, wie sie schaukelt und hoch in die Luft fliegt. Höher und höher. Noch ein kleines Stück, dann fliegt sie weg. Ich werde unruhig. Ich habe Angst, dass ihr die Flecken abfallen. Gib acht, deine Flecken!, rufe ich. Das Mädchen drosselt das Tempo und springt von der Schaukel. Sie steht vor mir mit fragendem Blick. Sie sagt, das sind keine Flecken, sondern Sommersprossen, die können nicht abfallen.

Ich frage nicht, ob ich sie anfassen darf. Ich streichle zuerst, dann kneife ich, ich will rausfinden, ob es Asseln sind oder Schokoladenplättchen, aber nein, sie liegen ja unter der Haut, ich kann sie nicht ausreißen. Doch ich gebe nicht auf, ich mache weiter, ich kneife und zupfe, obwohl das Mädchen sagt, hör auf jetzt, es reicht, es reeeeiiiicht, denn jetzt zupfe ich nicht mehr mit den Fingern, sondern drücke und quetsche die Flecken mit der ganzen Hand, bis sie herunterfallen. Jetzt fallen die Flecken, ihr Gesicht fällt, ihr Körper fällt, ich stürze mich darauf, weil ich sie auflecken will, Zunge auf Haut, hoch und runter, heiße Flecken, nicht süß, sondern salzig vom Schweiß und den Tränen, denn das Mädchen schwitzt, und sie weint und da kommen auch schon die Leute und fragen, wem gehört dieses Kind?, und das Kind bin ich, das ist meine Spucke, da, auf dem Mädchen, denn sie ist meine Freundin, und ich möchte ihr sagen, wie gern ich sie habe, doch mir bleibt keine Zeit, die Erwachsenen sind da und zerren mich fort, an Armen, Beinen, Händen und Füßen, sie halten mir den Mund zu und rufen, wem gehört die kleine Wilde?

Etwas später zerrt mich die Hand dieses Mannes, den ich immer noch Vater nenne, davon, eine große Hand, rau und mit Rissen, zieht mich die Straße hinauf. Er keucht auf der Steigung, wie peinlich, peinlich, er stöhnt und pustet und kriegt keine Luft und muss andauernd anhalten. Er lehnt mit dem Rücken an der gekalkten Wand und legt mir eine schweißige Hand auf den Mund, er umfasst mein Kinn und fragt, warum leckst du, he, warum tust du das? Sein Atem, seine Enttäuschung und seine Erschöpfung sind drei Zentimeter von meiner Nase entfernt, das schmerzt mehr als die Hand, die mir den Kiefer zerquetscht. Der Mann insistiert und fragt nochmal, warum, aber er will keine Antwort. Er redet, er sagt: Du bist wie meine Frau, du bist wie deine Mutter. Und dann: Du hast ihren Dickkopf, verflucht sollt ihr sein, ihr beide. Und dann noch einmal: Warum hast du das getan, he? Warum? Dann quetscht er mir den Kiefer noch mehr zusammen, so sehr, dass ich zu weinen anfange. Da hört er auf, er nimmt die Hand von meinem Mund und legt sie auf sein Gesicht, und er sagt, was für ein Elend. Ich weiß nicht, was Elend bedeutet, aber mir rinnen dicke Tropfen die Wangen herab und der Mann sagt, bitte, hör auf zu weinen, das ertrage ich nicht, und er gibt mir Bonbons in Silberpapier. Ich lecke Zucker, während er mir erklärt, das mit dem Lecken dürfe ich nie wieder tun. Ich sage, das ist nur, weil es mir mein Freund, der Wilde, gezeigt hat. Der Mann sieht mich sehr ernst an und sagt, der Wilde ist ein Hund. Und er fügt hinzu, man darf keine Leute lecken, das dürfen nur Tiere. Also bin ich brav und sage ihm mit dem süßen Mund der Wahrheit, dass er sich irrt und dass auch Erwachsene so etwas tun. Wie die Frau und ihr Freund, die Tag für Tag miteinander spielen und Spucke tauschen, weil sie sich so gut leiden können.

Ich gehe nicht mehr auf den Spielplatz. Ich verbringe meine Nachmittage jetzt in der Wohnung, während der Mann und die Frau sich anschreien. Ich sitze auf dem Sofa und lecke meine Hand. Ich will das Mädchen mit den Flecken schmecken. Ich vermisse sie, und ich frage mich, ob ich je wieder auf den Spielplatz gehen kann, ob wir beste Freundinnen werden und ob wir zusammen in den Himmel kommen. Wenn ich genug davon habe, an meinen Fingern zu lutschen, sehe ich mir Frauenzeitschriften an. Davon hat die Frau sehr viele im Regal gestapelt, gleich neben den grünen Büchern. Die grünen Bücher sind mir zu dick und zu schwer, die Zeitschriften sind mir lieber, weil sie leichter sind und Fotos haben. Viele Seiten mit vielen Bildern, auf denen es anders aussieht als bei uns im Viertel, aus dem ich nicht herauskomme. Da gibt es ewige Städte und exotische Tiere, verschneite Berge und fremdartige Landschaften. Auch Himmelsfotos gibt es, wie zum Beispiel das Porträt von einem Stück türkisblauen Himmels, der leicht und flüssig wirkt wie Wasser. Das gefällt mir sehr, und ich reiße es heraus, um es mir zusammengefaltet in die Hosentasche zu stecken. Ich glaube, das würde meiner engelsgleichen Freundin auch gefallen. Wenn ich mal wieder auf dem Spielplatz bin, zeige ich's ihr.

Schade, dass ich nicht mehr auf den Spielplatz komme. Und schade, dass ich nun jeden Nachmittag die Zeit auf dem Sofa totschlage, während die Erwachsenen sich streiten. Oft geht die Frau weg, und manchmal geht der Mann weg. Manchmal gehen sie beide weg und lassen mich lange Zeit allein, irgendwann kriege ich Hunger und der Kühlschrank ist leer, und ich lecke mir die Finger und die Hände, bis ich einschlafe. Mein hungriger Magen weckt mich, es ist dunkel, und ich stehe auf und laufe barfuß ins Zimmer der Erwachsenen. Wenn sie nicht da sind, gehe ich zurück in mein Bett und denke, sie sind gestorben, und dann stelle ich mir vor, wie mein Leben ab morgen wohl sein wird.

Morgen ist heute und heute ist Samstag und die Erwachsenen leben noch, und ich weiß, ich komme heute wieder nicht in den Himmel und auch nicht auf den Spielplatz. Um ehrlich zu sein, ist samstags nie Spielplatztag. Samstag ist Markttag, Putztag, Eintopftag. Der Mann, den ich weiter Vater nenne, kauft jeden Samstag ein und kocht und putzt. Er sagt, das machen normale Familien so. Und er macht es auch heute, Knoblauch und Fleisch in den Topf und Staub in den Lappen. Gerade schreit keiner, man hört nur das Brodeln vom Herd. Während der Mann umrührt und schwitzt und dicke Tropfen in den Topf plumpsen, raucht die Frau am Esstisch, graue Asche staubt auf. Einer rührt und spricht, die andere raucht und schweigt. Die Wohnung riecht nach Knoblauch und Zigaretten. Mir ist der Knoblauch lieber, deswegen bleibe ich in der Küche und höre den Mann, wie er umrührt und brummelt, normal sein ist doch nicht so schwer. Was ist normal?, frage ich, und vielleicht hätte ich lieber still sein sollen, denn jetzt regt der Mann sich auf und sagt, normal ist das hier, Essen kochen wie eine ganz normale Familie, eine Familie, die sich in aller Ruhe unterhält, die keine Leute ableckt, eine, die die Wahrheit sagt. Die vielen Worte haben ihn abgelenkt, er hat aufgehört zu rühren, der Knoblauch verbrennt, der Mann fuchtelt, er greift zum Topf, er sagt, das hier, der Samstagseintopf, das ist normal.

Wenn der Geruch von verkohltem Knoblauch normal ist, dann ist der Rauch im Esszimmer unnormal. Unnormal auch, dass sie sich nun den Mund mit Fleisch vollstopft, das sie hastig, ohne zu kauen, runterschluckt, um eine Minute später die Gabel fallen zu lassen und das Essen zu vergessen und sich nur noch aufs Rauchen zu konzentrieren, wobei sie die Asche wie wild auf dem

Teller und dem Tischtuch verteilt. Der Mann, Schlückchen Wein, fragt, ob sie unbedingt rauchen muss. Die Frau sagt, sie raucht, um nicht zu reden. Der Mann, Schlückchen Wein, sagt, sie soll doch reden, bitte. Die Frau sagt, wozu, er glaubt ihr doch eh nicht. Der Mann, Schlückchen Wein, sagt, er würde ihr glauben, wenn sie die Wahrheit sagen würde. Und dann, Klops auf die Gabel gespießt, sagt er, Lügenklopse erträgt er nicht, Fleischklopse sind die einzigen Klopse, die er duldet, und er beißt in den Klops und spritzt Soße aufs Tischtuch. Er trinkt einen Schluck Wein, bevor er mit Blick auf die Frau hinzufügt: Du kotzt nur Lügenklopse, du.

Da lacht die Frau. Ein Lachen aus Rauch. Sie reißt den Mund auf, dichte Schwaden, und zieht noch ein letztes Mal, bevor sie sie ausmacht, an der Zigarette, deren Leiche im roten Glas schwimmt, sie schaut auf den Mann und steckt den Finger in den Hals. Dann, ein erzwungener Rülpser, Zucken im Zwerchfell, halb zerkautes Fleisch und ein rotes Rinnsal auf dem Tischtuch. Es sieht aus, als hätte sie Schaum vor dem Mund, die Frau, ich finde das eklig und der Mann, glaube ich, auch, denn er steht wütend auf, der Stuhl stürzt um, er sieht sie an und schreit, du widerst mich an. Sein Blick sucht nach mir, er sieht mich und ruft, das hier, das ist nicht normal. Sie ist nicht normal, wiederholt er und zeigt auf die Frau, die ebenfalls aufsteht, noch ein Stuhl stürzt, sie geht.

Im Schlafzimmer schreien sie weiter, Dinge, die ich nicht verstehe. Ich setze mich und lutsche an den Fingern und warte, ich hole das Stück Himmel aus der Tasche und warte weiter. Sie schreien schon ziemlich lange, da geht die Tür auf, und der Mann, den ich bis heute Vater nannte, kommt heraus und zieht einen Koffer hinter sich her, und er kommt auf mich zu, umfasst wieder meinen Mund, bläst mir wieder seinen Atem in die Nase und sagt, dass ich an allem schuld bin. Wir hatten ein Leben vor deinem. Und dann: Wer weiß, ob du von mir bist. Und schließlich: Du hast sie in den Wahnsinn getrieben, er sprüht Spucke, seine Spucketropfen an meiner Nase, die gierig seinen Atem einsaugt, weil sie sicher ist, nie wieder diesen verkohlten Knoblauch zu riechen. Dann ein Türknall und Ende.

Oder vielleicht auch nicht, denn die Frau, immer noch Kotze am Mund, setzt sich zu mir und fängt wieder an zu rauchen. Sie fragt mich, warum ich die Wahrheit sage. Ich sage, weil ich lieb sein und in den Himmel kommen will. In den Himmel?, fragt sie spöttisch. Ich zeige ihr das Foto, und die Frau lacht und sagt: Das ist nicht der Himmel, du Dummchen, du Oberdummchen, das ist das Meer. Das Blau ist die Karibik, nicht der Himmel. Und fügt hinzu, das ist die Playa de Dios, der Gottesstrand in Mexiko, und dass sie dort war, bevor es mich gab.

Dann raucht sie wieder, Rauch aufs Foto, und sie fragt mich, ob ich auch mal dorthin will. Als Antwort nicke ich mit dem Kopf. Dann begreif es doch endlich, liebe Mädchen kommen in den Himmel, böse Mädchen kommen überallhin.

Sei lieber böse und sag nicht die Wahrheit. Dann sagt sie, ich soll den Mund aufmachen und die Zunge rausstrecken. Ich gehorche, und sie legt mir die Hand auf den Kopf. Sie streicht mir übers Haar und drückt dann mit einem Ruck mein Gesicht nach unten. Zunge raus, los. Ich schließe die Augen, weil ich weiß, nur das kann mich retten. Wenn ich das eingespeichelte Fleisch nicht sehe und auch nicht die ausgespuckte Soße und die Asche, die sie mich auflecken lässt. Lllleck, sagt sie, llleck, das schmeckt dir doch. Ich lecke, ich lecke und lecke die Kotze, bis sie Genug sagt, bis sie sagt Runterschlucken. Was du da schluckst, Rut, was dir da in der Kehle brennt, das ist der Geschmack der Wahrheit. Schluck-sie-ganz-runter, los. Ich schlucke, und der Würgreiz kommt, aber die Frau sagt zu mir, wenn ich jetzt kotze, muss ich es wieder auflecken. Schluck, schluck runter und lerne, die Wahrheit tut weh.

Ich weiß nicht, was mehr schmerzt, die Zunge, die Hand, mit der die Frau auf meinen Kopf drückt, oder zu hören, dass mir, wäre ich böse genug gewesen, all das nicht passiert wäre. Die Frau hätte nicht gekotzt, und der Mann, der mich früher einmal Tochter nannte, wäre nicht gegangen. Ich zerknülle das Foto vom Himmel, während ich weiter schlucke. Und zum ersten Mal im Leben tut ein Konsonant mir weh. Ein widerliches L, das mich lehren will, böse zu sein und niemals die Wahrheit zu sagen.

FRRRC

In meinem dreizehnten Sommer werde ich erwachsen. Ich habe meine Jeans abgeschnitten und spucke Schalen von Sonnenblumenkernen in den trägen Schatten einer abgewrackten Pinie. Mein Mund ist salzig, in meiner Hosentasche steckt ein Eidechsenschwanz. Ein Schwanz, zwei Schwänze, sechsundachtzig Schwänze, einer für jeden dieser Hundstage. Souvenirs aus dem Sommer in der Stadt, rau und lang, fünfzehn Zentimeter Reptilienfleisch. Als es mir reicht mit dem Spucken, klettere ich nach oben in die Pinie. Da unten ist das Meer. Ich spähe hinunter durch den Dunst der juliheißen Stadt. Ich sehe welliges Wasser, freundliche Palmen, Aufblastiere, Familien, die sich fröhlich mit Wasser bespritzen. Ich sehe all das, was ich aus den Reisemagazinen kenne, die die Frau zu Hause sammelt. Mattglänzende Seiten mit Leuten am Meer. Ich bin kein Leut. Ich bin dreißig Kilo Fleisch zwischen verdorrten Pinien und aufgeweichtem Teer. Deswegen stopfe ich mich nachmittags mit Sonnenblumenkernen voll. Um meine Lippen mit Salz zu verkrusten. So als wäre ich auch da unten am Strand.

Aber ich bin hier oben. Wo das einzige Meer das Stadtwasserdepot ist. Der

Strand eine verbrannte Brache mit vergilbten Kakteen und verblichenem Plastikmüll. Wo ich mit bloßer Hand Eidechsen jage. Sie sind schnell, aber so schnell auch wieder nicht. Sie sonnen sich auf den Steinen, und wenn ich flink genug bin, kann ich sie fangen. Sobald ich eine habe, drücke ich sie mit den Fingern, bis sie den Schwanz abwirft. Einen Schwanz, der sich noch bewegt, Peitschenhiebe auf meine Jeans, wenn ich ihn in die Tasche stecke. Das mit den Eidechsen und dem Schwanz ist ein Mechanismus zur Abwehr von Räubern. Sie tun das, um zu überleben. Das weiß ich aus der schmucken Enzyklopädie im Esszimmerregal. Vierundzwanzig Bände, bestimmt richtig teuer, die der Mann nicht mitgenommen hat, als er gegangen ist. Siebeneinhalb Jahre ist es her, seit er weg ist, der Tropf. Das sage nicht ich, das sagt die Frau, während sie Asche in die Geranie ascht, die auf dem Tisch vor sich hinstirbt. Manchmal kauft sie Blumen und lässt sie sterben. Ein ewiges Auf und Ab, diese Frau. Deshalb ist er gegangen, der Mann, Überlebensinstinkt und so.

Die Frau überlebt auch. Mit Hochglanzpapier, Tabak und Fleisch. Wenn sie gut drauf ist, schreibt sie Reisereportagen. Diesen Sommer fliegt sie nach Bayern, ohne sich aus unseren sechzig Quadratmetern wegzubewegen. Ferien-Fiktion, fünftausend Peseten pro Reportage stopfen uns das Maul. Buchstäblich. Die Frau sagt, sie braucht das passende Ambiente, deshalb essen wir seit Tagen nur noch Würstchen: Rostbratwurst, Weißwurst oder Knackwurst. Lauter unbequeme Konsonanten kollern in meiner Kehle, ich kriege sie kaum runter. Die Frau dagegen kaut und raucht zugleich. Die Würstchen sind unsere Befreiung, sagt sie, den Mund voll Fleisch. Fleisch, das mitunter an einem behaarten Körper hängt, der stöhnt und schnarcht. Alle Männer der Frau stöhnen und schnarchen nachts und haben morgens verschrumpeltes Fleisch. Rohes Fleisch, das ich beim Frühstück vor mir herumlaufen sehe. Die meisten nehmen keine Notiz von mir, sie gehen pinkeln, dann sind sie weg, aber eines Morgens pflanzt sich einer dieser Körper vor mir auf. Ich trinke meine Milch in kleinen Schlückchen, und sein Würstchen hängt direkt vor meinen Augen. Ich kann nicht wegsehen und werde stumme Zeugin dieses schwellenden Fleisches, das sich strafft und aufrichtet und groß wird.

Die Würstchen der Männer sind nicht das Einzige, was in diesem Sommer schwillt. Auch die Brüste der Mädchen straffen sich und richten sich auf und werden groß. Die Mädchen dünsten Pubertät aus allen Löchern. Aus den Poren ihrer frisch rasierten Achselhöhlen, aus den glänzenden Piercings über ihren geschminkten Lippen, und aus dem Scheidenkanal, der Blut ausscheidet. Ich habe meine Tage noch nicht. Ich bin ein spröder trockener Stock, der Eidechsen fängt und auf nackte Pinien klettert. Deshalb beachten mich die Mädchen nicht, wenn sie auf das Gelände kommen. Nicht wegen der Eidechsen, nein, sie interessieren sich ausschließlich für die großen Jungs mit ihren Mopeds, die knattern, wenn sie auf dem Grundstück driften. Sie rauchen zusammen, sprühen Graffitis auf Zementmauern, und manchmal spielen sie Fangen und hauen sich und schreien. *Was sich liebt, das neckt sich*, rufen sie. *Und wer nicht kuscht, wird abgeknutscht*, rufen sie lachend. Ich hocke mit dem Hintern auf dem Pinienzweig und sehe ihren Spielchen zu, mein Mund ist salzig, und ich zupfe mit den Fingern an den Fransen meiner schief geschnittenen Jeans herum, dabei versuche ich mir ihre Wortgefechte einzuprägen. Wie zum Beispiel den von dem Mädchen mit den lila Lycra-Brüsten, die sagt, sie will an den Strand. Worauf einer der Jungs, die Basecap quer, verspricht sie hinzubringen, wenn sie ihm einen Kuss gibt. Das Mädchen gehorcht, der Junge lacht. Dann, Motor an, die Landstraße runter, ab ins Blaue.

Mit großen Brüsten kommt man leicht ans Meer. Das sage ich der Frau, aber sie antwortet nicht, weil sie down ist. Bayern ist abgeschrieben, wenn sie abstürzt. Sie schreibt nicht, und sie isst auch keine Würstchen, wenn ihre Welt zusammenbricht. Sie liegt einfach da und raucht. Und sie stirbt ein Stück. Das erste Mal, als ich sie tot auffinde, erschrecke ich.

Sie liegt unter den Laken, reglos, mit weit aufgerissenen Augen. Ihre Haut fühlt sich kalt an, als ich sie berühre, und sie reagiert nicht, bis ich anfange sie zu kitzeln. Ich bin tot, sagt sie. Das ist sie nicht, jetzt nicht und auch sonst nicht, aber sie spielt ihre Rolle hervorragend. Ihr Mund steht halb offen, die Zunge hängt heraus, sie verdreht die Augen, bis die Pupillen verschwinden. Sie pumpt ihren Bauch voll Luft und lässt die Muskeln los, damit es aussieht, als wäre ihr Körper von Fäulnisgasen aufgedunsen. Alles an ihr ist Gestank. Fauliges Fleisch, verbrauchtes Leben. Die Enzyklopädie erklärt mir, das heißt Thanatose, was die Frau da tut, ein reflexartiges Sich-Totstellen bei Tieren als Abwehrmechanismus. Auch eine Überlebensstrategie. Die Frau will sich schützen, aber ich weiß nicht, vor wem und wogegen. Irgendwann frage ich sie. Ich setze mich zu ihr ans Bett und frage, welcher Räuber sie bedroht. Zum ersten Mal seit langer Zeit richtet sie den Blick auf mich. Das bist du, ich hätte dich töten sollen, bevor du dazu kamst mir wehzutun. Dann dreht sie sich weg, ihr Rücken sagt nichts mehr.

An manchen Tagen erstickt mich die Hitze, oder vielleicht ist es die Trägheit. Endlose Tage ohne Eidechsen. Vielleicht habe ich sie alle aufgebraucht. Mir ist langweilig, aber ich kann nicht ohne Schwanz nach Hause gehen, die raue Berührung tröstet mich. Ich laufe unruhig umher, suche Grünes mit den Augen, eine Bewegung zwischen den kaputten Kacheln, etwas, das die rissigen Wände hochläuft, über die Mauern mit den Kritzeleien. Ich gehe, die Sonne erschlägt mich, und ich suche Schutz unter dem schmalen Schatten eines Balkons, zuerst, dann unter einer Antennenschüssel, die aus der Betonmasse herausragt. Ich hangele mich an schattigen Fassaden entlang, schürfe mir die Haut am

Zement auf für eine Dosis Kühlung, ich suche Trost unter der zum Trocknen aufgehängten feuchten Wäsche, Tropfen, die auf meiner Haut verdunsten, doch der Duft von Frittiertem aus den offenen Küchenfenstern zur Mittagszeit hat alle Eidechsen verschreckt, sie lassen sich nicht blicken. Ich gehe weiter und verlasse mein Viertel über die steile Straße nach oben. Die Straße steigt an, ich steige hoch auf die Kuppe. Hier sind keine Bäume, bloß Unkraut und Geröll. Ich bin höher denn je, und ich sehe die grünen und rosafarbenen Häuserblöcke unter mir und noch weiter unten die graue Stadt und ganz am Ende das blaue Meer. Ohne Brüste komme ich da nicht hin, ich will mich aber nassmachen, ich will kopfüber ins Salzwasser tauchen und schwimmen lernen. Also mache ich einen Kopfsprung. Ich kullere über Geröll, Steine am Bein, am Bauch, am Kopf. Ich rolle und lasse die Augen offen, ich will meine Augen mit Staub und mit Zweigen füllen, damit ich nicht sehe, dass am Ende des Abhangs kein Meer auf mich wartet. Nur die rissige Zementwand des Häuserblocks, in dem mein Käfig wartet. Später, zu Hause, die Frau tot, versorge ich meine Wunden. Überall Kratzer, und ein Loch im Knie. Ich weine vor Schmerzen, die Frau atmet nicht.

Ich habe dreizehn blaue Flecken. Am Rücken, am Hintern, an den Rippen. Ich habe ein blaues Auge. Ich habe eine blutige Kruste am Knie. Die weiche ich mit Spucke auf, damit ich das Knie beugen und mich wieder unter die Pinie setzen und Sonnenblumenkerne essen kann. Meine Wunden locken die Mädchen mit den Brüsten an, sie kommen näher. Sie wollen wissen, was ich habe, was passiert ist, wer das getan hat, und so weiter. Sie mustern mich erwartungsvoll. Noch nie hat jemand mich so lange angesehen. Ich sage das, was sie hören wollen. Dass es ein größeres Mädchen war. Erstickte Schreie hinter vorgehaltener Hand. Ich lüge weiter, das Mädchen habe mich geschlagen, weil mich ein ebenfalls größerer Junge geküsst habe, und sie, seine Freundin, sei eifersüchtig gewesen und habe es mir heimzahlen wollen. Die Mädchen reißen die Augen auf, sie wollen wissen, wer sie ist und vor allem, wer er ist, was für ein Moped er fährt, auf welche Schule er geht. Sie wollen mehr und immer mehr. Ich antworte nicht und ringe mir ein paar Tränen ab. Das Spielchen funktioniert. Sie kommen zu mir und umarmen mich. Ich werde bewundert. Ich bin zwar klein, aber jetzt nehmen sogar die ganz großen Jungen Notiz von mir. Schließlich nehmen die Mädchen mit den großen Brüsten in den grellbunten Baumwoll-T-Shirts meine Überlebenstaktik hin. Meine Lügen sind der Schwanz, den ich abwerfe. Später, zu Hause, erzähle ich der Frau, dass ich Freundinnen habe. Sie sieht mich an und sagt, das wird nicht lange dauern: Die wollen dich nur aus Mitleid.

Solange das Mitleid anhält, gibt es Hoffnung. Habe ich Wunden, habe ich Freundinnen. Ich verbringe meine Nachmittage bei ihnen, Schluss mit der Einsamkeit auf öden Brachen. Jetzt sind wir auf dem Asphaltplatz. Wir spielen

Zwiebeln ausreißen. Mit gespreizten Beinen hintereinander aufgereiht kreischen die Zwiebel-Mädchen, wenn sie hochgezogen werden. Ich mache es ihnen nach. Ich will ausgerissen und verpflanzt werden, weit weg von hier. Ich leiste vorgetäuschten Widerstand, als der Zwiebelausreißer an meinen Händen zieht, sein Gesicht aus der Froschperspektive. Er presst die Kiefer zusammen, die Wangenknochen treten unter der gebräunten Haut hervor. Vor Anstrengung gerät er ins Schwitzen, sein Schweiß tropft mir ins Gesicht. Ich strecke die Zunge heraus, fange die Tropfen und schlucke sie runter. Sie sind salzig. Als ich mich ernten lasse, verliere ich das Gleichgewicht, denn er wiegt mehr, und ich lande auf ihm, meine nicht vorhandene Brust liegt auf seinem flachen Brustkorb. Er fragt, ob ich hier wegwill. Ich bin eine Zwiebel, ich gehöre dem, der mich ausgerissen hat. Bevor ich auf sein Moped steige, sage ich, dass ich das Meer sehen will.

Wir sehen das Meer, als wir im mageren Pinienschatten auf der Brache sitzen. Er rupft einen Faden aus meiner ausgefransten Jeans, kurz über dem Knie, und fragt, ob es wehtut. Ich sehe die Kruste, und komme mir entsetzlich kindisch vor. So albern, ich will die Kruste abreißen. Ich sage, erzähl mir von da unten. Er sagt, da unten sind gestreifte Sonnenschirme und reife Wassermelonen und kreischende Kinder und klebrige Sonnencremehände. Ich sage, ich will da hin, ich will meinen Kopf unter Wasser tauchen, ich will die Wellen runterschlucken. Er sagt, ich sei klein, aber hübsch, und wenn ich will, bringt er mich hin. Ich sehe die Kruste und fahre mit dem Finger darüber, dann zeige ich mit dem Finger aufs Meer. Mach mich groß, sage ich, danach bringst du mich hin.

Jetzt zeigt er auf mich. Nicht mit dem Finger, aber Fleisch ist es auch. Ich mache den Mund auf und habe Eidechsen im Kopf. Ein zuckender Schwanz kitzelt mich am Gaumen. Die Erde unter meinen Knien glüht, aber ich jammere nicht, denn das Würstchen wird mich befreien, und bald werde ich das Meer sehen. Wenn ich die Augen schließe, bin ich schon dort, ich schwimme zwischen vielfarbigen Fischen. Wenn ich die Augen schließe, gibt es keine Brache, keine verbrannte Pinie und keine Mädchen mit großen Brüsten, keine tote Frau und kein Konsonantenfleisch. Nur Wasser, Wasser, Wasser. Kühles Wasser, still und leicht. Wasser, das mich von der Oberfläche forttreibt und Wasser, das mich ertrinken lässt. Ich ertrinke, ich spüre die Konsonanten. Sie kommen aus meinem Schlund, grmpf grmpf, und aus der Erde, frrrrc frrrc, schlagen sie gegen mein verkrustetes Knie. Jeder Stoß ein neuer Konsonant, ich spüre wie die Haut nachgibt, mir bleibt die Luft weg, sein Rücken biegt sich, so wie die Kruste abreißt, der Würgreiz mich erstickt und das Würstchen anschwillt, so wie die Wunde auf die Erde blutet, das Fleisch explodiert und mein Mund überläuft.

Er hat das Moped angeworfen und ist weggefahren. Ich bleibe hustend zurück, mit verklebter Zunge und der entfernten Hoffnung auf einen Ausflug ans Meer. Wer weiß, vielleicht im nächsten Jahr. Ich gehe mit dem blut- und erdverschmierten Knie nach Hause. Die Frau ist tot. Ich weiß nicht, ob sie auferstehen und nochmal nach Bayern reisen wird, aber die Würstchen sind alle. Ich öffne den Kühlschrank, nehme ein Messer und schneide Fleisch, bis ringsum alles rot ist. Die Finger voll rohem Fleisch, die krustenlose Wunde trieft, und zum ersten Mal kommt Blut aus meiner Vagina, ausgerechnet jetzt.

Aus dem Katalanischen von Birgit Kirberg

Martí Sales

Geste, Erinnerung, Geste

Zwei Tänzer. Begrüßung durch ein Aneinanderdrücken der Körper. Klopfen. Entsichern. Parabellum. Russisches Roulette. Eine Geste oder eine Abfolge von Bewegungen kann die zeitliche Ausdehnung einer flüchtigen, doch sehr bedeutsamen Handlung sein. Welche Handlung dehnen sie aus? (Im Schatten der blühenden / Augenwinkel / lachten die Mädchen / ein schweres Gelächter). Jenen winzigen Moment des Zweifels angesichts der möglichen Lüge des Geliebten, ein Moment, der sich schwindelerregend öffnet wie ein unüberschaubarer Riss und sogleich wieder versiegelt wird aus reiner Vorsorge. Die Bühne: Raum zur Erkundung des Möglichen.

*

Hallo Gespenst, hallo, mein lieber Onkel:

Ich sehe ich dich genau vor mir – sehnig und athletisch, langes Gesicht und kräftige blonde Brauen, die Stimme ein wenig schrill und immer dieselben grauen Hosen, die schwarzen Mokassins und das weiße Hemd mit der Tasche voller Kugelschreiber. Im Sommer 1984 teilten wir das Zimmer, denn du warst wegen des Patents ins Land gekommen. Ich war zehn Jahre alt, du Ende vierzig. Bei Tag arbeitetest du unermüdlich, mit einem Stapel Bücher über Insektenkunde, Architektur und Hydrodynamik. Auch nachts: Ich beschwerte mich, weil ich nicht schlafen konnte, wenn du das Licht anließest, und du – als hörtest du es bloß regnen. Außer wenn ich dich fragte, was du machtest, war es, als bekämst du nichts um dich herum mit. Dann aber leuchteten deine Augen auf und weiteten sich, die Begeisterung durchströmte dich von Kopf bis Fuß, und dein Körper war von einer unfassbaren Energie erfüllt.

»Weißt du, wie ein Fliegenflügel funktioniert?«, fragtest du mich einmal. Du fingst an, auf übertriebene Weise zu gestikulieren, du sprangst auf, setztest sich wieder hin, verstelltest deine Stimme, beugtest dich zu mir herunter, um mir irgendein Detail, das ich nicht verstand, ins Ohr zu flüstern, als sei es der Schlüssel zum Universum. Du sagtest, du habest es eingehend erforscht, aus der Perspektive des Ingenieurs, und die Tragflächen der Flugzeuge seien fehlkonstruiert. Sie müssten den Fliegenflügeln viel ähnlicher sein. »Fliegen«, erklärtest du mir, »haben Haare auf den Flügeln, und das ist sehr wichtig. Diese Haare erzeugen die elektrische Spannung, die der hauchdünnen Membran ihre Festigkeit gibt.« Und dann zeichnetest du Schemata und Diagramme auf. »So, verstehst du?« Ich hatte keinen Schimmer, aber ich nickte, vielleicht begriff ich auch doch für einen Augenblick alles, die Krümmung der Flügel und die Friktionspunkte, die Energieeinsparung und die relative Kraft des Fluges, und ich stellte mir Flugzeuge mit Fliegenflügeln vor, behaart wie Fliegenflügel, durchsichtig wie Fliegenflügel, sodass man von unten die Hintern der Passagiere sah, seltsame Apparate, die den Himmel durchzogen und den Flughafen umschwärmten wie ein Weinglas, ein faulendes Stück Fleisch oder einen Kuhfladen.

Deine ganz große Entdeckung war der Wassermotor. »Ja, dank der Energieoptimierung ist kein Ölderivat erforderlich, um die Maschine in die Luft zu bringen«, erläutertest du mir, ohne einen Moment stillzuhalten. »Ich habe alle nötigen Tests gemacht, und er funktioniert, er wird die größte technologische Revolution der Menschheit nach der Elektrizität sein.«

Eines Tages sagtest du zu mir, ich solle mitkommen. Du griffst nach dem Prototyp, und ich folgte dir in den Garten unseres Hauses. Ich dachte, es würde nicht klappen, du würdest ein paar entschuldigende Worte grummeln und mit deinem Wahn weitermachen, aber nein: Das kleine Modellflugzeug, bei dem du die Flügel und den Motor modifiziert hattest – die Flügel sahen aus wie transparente Blütenblätter mit eingebauten Schaltkreisen –, hob sich anmutig in die Luft, stieg hoch hinauf, und du ließt es Schleifen drehen mit der Fernbedienung, stumm, hypnotisiert von deiner eigenen Schöpfung. So oft hatte ich dich beim Erklären erlebt, immer gehetzt, immer in Unruhe. Dich nun derart konzentriert und schweigsam zu sehen, überzeugte mich davon, dass du wirklich etwas Wichtiges geschaffen hattest und kein Spinner warst.

Jeden Morgen standest du lange vor mir auf und joggtest zehn Kilometer. Abends noch einmal zehn. Du machtest Fitnessübungen, weil der Körper, wie du sagtest, ebenso in Form sein müsse wie der Geist, sonst würde nichts funktionieren, wie es sollte. Deine Diät faszinierte mich und widerte mich zugleich an: Jeden Tag aßt du das Gleiche, Spaghetti ohne Sauce, Eischnee und Hühnerbrust. Du sagtest, diese reine Nahrung sei das Einzige, was wir zu uns nehmen sollten, alles andere verursache bloß Fäulnis und Krebs und bringe die perfekte Maschinerie des menschlichen Körpers ins Stocken. Ich fragte dich, ob du den Geschmack der anderen Speisen nicht vermisstest, das berühmte Rahmschnitzel, das meine Mutter zubereitete, oder die birmanischen Currys, die die Cousinen meines Vaters kochten. Du sagtest, das Wichtigste seien Disziplin und Überzeugung. Dir reiche es, ein saftiges Essen auf einem Foto zu sehen, schon habest du seinen Geschmack auf der Zunge. Und so nahmst du deine faden Speisen separat zu dir, vor dir eine aufgeschlagene Kochzeitschrift voller Riesenteller mit stratosphärischen Schmorgerichten und Wildbret mit köstlichen Saucen und Bergen von Süßigkeiten in tausend Farben und Texturen. Der bloße Anblick ließ dich all das schmecken, was du nicht aßt, in einem erstaunlichen Vorgang der angewandten Synästhesie. Ich konnte es nicht glauben. Dieser Zoran!

»Bei deinem Onkel denkt man, er käme aus einer anderen Familie«, sagte meine Mutter. »Oder von einem anderen Planeten. Was haben wir uns für Sorgen gemacht, die fünf Jahre, die er in Burgu im Knast saß … Und er ließ nicht ja locker, wie ein Papagei wiederholte er immer wieder die Geschichte von diesem verdammten Frosch. Aber ein Spion war mein Bruder ganz sicher nicht.«

»Echt? Onkel Zoran war Spion?« Für ein paar Augenblicke verwandelte sich meine Bewunderung in Verehrung.

»Weißt du nicht, dass er bei einem angeblichen Agentenaustausch zwischen Albanien und Jugoslawien zurück nach Belgrad kam? Aber das hat auch unsere Regierung nicht geglaubt, sie hielten ihn für einen Doppelagenten und sperrten ihn nochmal zwei Jahre ein, bis die Sache geklärt war. Ja, ja« – was muss ich für Augen gemacht haben –, »man sollte Geld nehmen für seine Geschichten. Zoran hat sich immer wieder reingeritten. Aber dann, als wäre nichts passiert, ist er Ingenieur geworden. Ah, und das mit Tante Mediha, meine Güte.«

»Wieso? Ist sie auch Geheimagentin?«

»Hahaha! Nein, mein Großer. Mediha ist vieles, aber das nicht. Zoran erzählt immer, er sei ihr zum ersten Mal auf der berühmtesten Brücke von Sarajevo begegnet, da, wo am 28. Juni 1914 Gavrilo Princip den Erzherzog Franz Ferdinand und seine schwangere Frau Sophie erschossen hat. Das weißt du aus der Schule, oder?«

»Ja, klar« – ich hatte keine Ahnung –, »aber was machte Onkel Zoran auf dieser Brücke?«

»Er besichtigte sie, nehme ich an, aber als er Mediha dort sah, verknallte er sich sofort und lief ihr bis nach Hause hinterher und so weiter. Bis sie ihn erhörte. In der Familie schlagen wir ja immer noch drei Kreuze, sie war ein muslimisches Mädchen ohne jeden Reiz. Und nicht nur das: Es hieß, ihre Eltern hätten mit den Nazis kollaboriert, als die im KZ die Orthodoxen umbrachten.«

»Wirklich?« Ich war fasziniert. Da kam es ja knüppeldick.

»Mit den Jahren haben wir uns an sie gewöhnt, was blieb uns anderes übrig? Es lief ja auch nicht schlecht: Sie bekamen zwei Töchter, deine Cousinen, die du so selten siehst, er hatte seinen festen Job bei der jugoslawischen Luftwaffe, alles gut. Bis vor Kurzem, als ihm wieder was zu Kopf stieg und er bei uns eingezogen ist – als hätten wir nicht genug Mühe mit den spinnerten Cousinen deines Vaters!«

Ich weiß, Onkel Zoran, liebes Gespenst, du erinnerst dich an nichts von dem, was ich hier erzähle. Deshalb schreibe ich es dir. Deine Töchter haben mir gesagt, du erkennst sie nicht mehr und geisterst durch das Heim wie eine verlorene Seele. Du mit deinem bewegten Leben, in dem du dich immer wieder neu erfunden hast – es darf nicht sein, dass du nun nicht mehr weißt, wer du bist. Du warst der Held meiner Kindheit, der Abenteueronkel, der wilde Onkel, zu allem fähig. Der, der immer einen Ausweg fand. Der alle entwaffnete mit seinen verblüffenden Gedanken. Der Unberechenbare. Wenn du dich an nichts erinnerst, werde ich es halt erzählen. Ich werde dich schreiben.

Wir lernten uns also 1984 kennen, damals lebten wir in Neumarkt bei Nürnberg, mit meinen Eltern, meiner großen Schwester Maja und den birmanischen Cousinen meines Vaters. Er hatte das erste Krankenhaus für östliche Medizin in Deutschland gegründet, und es lief sehr gut für ihn. Er wurde sogar richtig reich. Wir lebten in einer Villa mit hundertfünfzehn Zimmern. Ich hatte einen ganzen Flügel des Hauses für mich, darum wurdest du bei mir einquartiert. Du hattest deine Familie in Belgrad zurückgelassen und arbeitetest Tag und Nacht an deinem Patent. Du verbrauchtest all dein Erspartes und verschuldetest dich bei meinem Vater und bei all deinen Freunden, um den Motor in Originalmaßen zu bauen und ihn registrieren zu lassen. Du gingst in Nürnberg aufs Patentamt, danach begann die Warterei.

Damals war diese Art von technischer Bürokratie furchtbar kompliziert und konnte sich über Monate hinziehen. Du schlugst die Zeit tot, so gut du konntest, mit jedem Tag fiebriger, mit jedem Tag manischer, mit jedem Tag besessener vom Erfolg deines Projekts, das, wie du uns Tausend und einmal gesagt hattest, die moderne Technologie revolutionieren und das Transportwesen und die Energiewirtschaft im Weltmaßstab verändern würde. Tatsächlich löste allein die Idee eines Motors, der mit Wasser lief, und von Flugzeugflügeln, die denen einer Fliege ähnelten, allgemein das ungläubigste Erstaunen aus.

Nach siebeneinhalb Monaten, an einem eisigen Mittwochnachmittag, ich kam gerade mit dem Schal bis zur Nase von der Schule nach Hause, erhieltst du den Anruf. Erst war es die Grenze, dann die Brücke, nun das Telefon. Immer eine wenig vorhersagbare Raum-Zeit-Schnittstelle, eine wirre Verkettung von Umständen, die plötzlich um dich herum auskristallisierte, so wie Wasser, das schlagartig zu Eis wird, und dich in eine neue Richtung bewegte; vielleicht warst es auch du selbst, der, ob bewusst oder unbewusst, einen neuen Anstoß suchte, ohne zu wissen, ob zum Guten oder Schlechten. Du magnetisiertest dich, du exponiertest dich, du öffnetest die Büchse der Pandora, auf der Suche nach wer weiß, was, vom harmlosen Getöse bis zum größten Unheil.

Das Gespräch dauerte nicht lang. Du warst nie leicht zu durchschauen gewesen. Bei dir verband sich das Mienenspiel einer Eidechse mit dem Innenleben eines enormen Ameisenhaufens, zugleich hoch diszipliniert und unkontrollierbar. Doch als du nun auflegtest, hatten dir die Ameisen das Gesicht zerfressen. Deine Seele war freigelegt, dunkel und glänzend, untröstlich. Du brülltest. Du brülltest in einer vergangenen Sprache, aus der Zeit, als du noch keine gelernt hattest. Du brülltest von vor der Sprache her, vor deinem ersten Schrei, als machtest du zum ersten Mal überhaupt von deinen Stimmbändern Gebrauch. Du warst nicht anwesend und zugleich gegenwärtiger denn je. Ich trat zu dir ins Zimmer, nicht bloß erschrocken, sondern völlig verdattert. Ich erkannte dich kaum wieder. Der Anruf hatte dich entstellt. Auf keine meiner Fragen antwortetest du. Mit einem einzigen Schlag des Hörers hattest du den Telefonapparat zertrümmert. Es schien mir klüger, dich allein zu lassen.

Später, als du wie ein Holzklotz schliefst, nachdem du eine Handvoll Beruhigungsmittel eingenommen hattest, klärte mein Vater mich auf. Angerufen hatte dich jemand, der sagte, er vertrete den Ölkonzern Exxon. Ganz höflich und im Plural hatte er dir zu dem Patent gratuliert, in seinen Worten »eine der wichtigsten Entdeckungen überhaupt im Bereich Energie und Transport«. Sodann hatte er dir ein paar banale Fragen gestellt, als glaubte er, auf diese Weise in wenigen Augenblicken eine Vertraulichkeit erzeugen zu können, und danach hatte er gesagt: »Wir würden es Ihnen gerne abkaufen und wären bereit, ihnen dafür eine Summe in Höhe von zwei Millionen D-Mark zu zahlen.«

Du warst sehr überrascht. Wie konnte ein in Nürnberg registriertes Patent bei der Firma landen, die Rockefeller 1870 in Ohio gegründet hatte? Wie war es möglich, dass sie dich bereits mit einer Kaufofferte anriefen? Wer hatte sie informiert? Du musstest ihnen erklären, dass für dich dieses Produkt keinen Preis habe, dass du es nicht für Geld erfunden habest, dass es sich, wie sie ja selbst sehr richtig bemerkt hätten, um eine wissenschaftliche Revolution erster Güte handele und dass du selbst das Patent verwerten wollest. »Vielen Dank, aber nein.«

Hatte das Angebot dich schockiert, so trieb das, was danach kam, dich in den Wahn. »Mir scheint, Sie haben mich nicht richtig verstanden, darum wiederhole ich mich: Ich vertrete den größten Ölkonzern der Welt, und wir wollen Ihnen das Patent abkaufen, das Sie vor siebeneinhalb Monaten auf dem Amt in Nürnberg registrieren ließen, unmittelbar bevor sie in Ihrem roten VW Golf GTI, Edition Rabbit, Kennzeichen F-MM 695, dreiundfünfzig Minuten bis zum Haus Ihrer Schwester fuhren, im Heideweg 36 in Neumarkt, von wo aus Sie dann Ihre Frau Mediha in Belgrad anriefen, um ihr zu berichten, was Sie nun endlich getan hatten. Ihre beiden Töchter, Katarina und Zorica, die gerade zu Abend gegessen hatten, wollten ebenfalls mit Ihnen sprechen und Ihnen erzählen, wie ihre Woche gewesen war. Nach dem Telefonat gingen Sie, wie jeden Abend, Ihre zehn Kilometer laufen. Es hatte geschneit. Im Schnee laufen Sie besonders gerne. Sie aßen nicht zu Abend, weil Sie zu aufgeregt waren, und Sie konnten nicht einschlafen. Wir bieten Ihnen die bemerkenswerte Summe von zwei Millionen Mark, und wir haben den Eindruck, es ist ein Angebot, das Sie nicht ausschlagen können. Oder wir glauben, nach allem, was ich Ihnen gerade gesagt habe, wäre es unklug, es auszuschlagen. Wie es Ihnen lieber ist.«

Am nächsten Morgen warst du nicht mehr derselbe. Die Welt war für dich zusammengebrochen. Im Moment deines Triumphs hattest du alles verloren. Damit kamst du nicht zurecht. Ich kann mir nicht einmal ansatzweise vorstellen, wie du dich fühltest. Von nun an ging alles den Bach runter. Du warst außer dir, fingst mit allen Streit an, mit deiner Schwester, deinem Vater, deiner Familie. In die Enge getrieben, angezählt, niedergeschmettert: Du hattest keine Wahl. Deinen Lebenstraum aufgeben, ihn wegwerfen, von vorne anfangen? Unmöglich. Weitermachen, alles aufs Spiel setzen? Erst recht. Und jeden Tag rief er wieder an, immer derselbe Mann, dasselbe Wir, dieselbe Unerbittlichkeit – wie ein Bagger, der weiter und weiter vordringt und dabei alles zerstört, was er berührt.

Bis du durchdrehtest und meinen Vater mit einem Messer bedrohtest. Da warf er dich aus dem Haus. Ich hatte inzwischen Angst vor dir und winkte dir nur von meinem Zimmerfenster aus zum Abschied. Es war das letzte Mal, dass ich dich sah, Onkel Zoran. Ich glaube nicht, dass du dich daran erinnern kannst. Auch in Belgrad kamst du nicht wieder zur Ruhe, die Sache hatte dich vollends zerrüttet. Mediha hatte bald genug von dir: Du arbeitetest nicht, hingst den ganzen Tag zu Hause herum, den extremsten und gefährlichsten Stimmungsschwankungen unterworfen – die tiefste Depression konnte in heftige Gewaltausbrüche umschlagen. Mal wolltest du dir die Kugel geben, mal nie wieder aus dem Bett aufstehen, mal alles niederbrennen und dich in der Asche besaufen. Die Lage wurde unerträglich. Keine drei Monate nach dem ersten Anruf verschwandst du dann spurlos. Ohne Abschiedsworte, ohne jede Erklärung. Heute vor genau dreißig Jahren war das. Diesmal suchten sie nicht mehr so gründlich nach dir, sie wussten ja, in welchem Zustand und wozu du fähig warst. Sie wussten auch, wozu die anderen fähig waren, da konnte man nichts machen. Das sagte jedenfalls Mediha immer wieder. Auch das ist dreißig Jahre her, du müsstest jetzt an die achtzig sein.

Ich weiß noch nicht, warum ich deinen Namen in den Computer tippte, was mich dabei geritten hat, was der Auslöser war. Es rührte mich, dein hartes, gealtertes Gesicht zu sehen, mit den gleichen hellen Augen wie früher. Wieder kam mir alles in den Sinn, das erste Mal, dass ich von dir hörte, wie du dich dann in einen Familienmythos verwandeltest, wie ich dich kennenlernte, wie du verschwandst. Als ich erfuhr, dass du nicht bei Sinnen seist, dachte ich mir, ich sollte alles niederschreiben und es dir schicken, ehe du dich ganz ausstreichst – ehe die Stimme und der Körper dessen verloren gehen, was du getan hast, und wie du brilliertest und was für ein außergewöhnliches Leben du führtest. Wie du uns alle geprägt hast. Vielleicht bist du in so schlechter Verfassung, dass du dich nicht einmal mehr lesen kannst, aber ich konnte es mir nicht verkneifen, dich in Worte zu fassen.

Weißt du, Onkel Zoran, dass dein Frosch 1987 entdeckt wurde? Ein Forscherteam (Hotz, Uzzell, Guenther, Tunner, Heppich) beschrieb ihn exakt so, wie du es tausendmal getan hattest, vor Wärtern, Richtern, Zellengenossen, Angehörigen und Bekannten. Er erhielt den Namen *Pelophylax shqipericus,* denn er ist endemisch in Albanien, und dessen Eigenbezeichnung lautet ja Shqipëria. Es ist schade, dass er nicht deinen Namen trägt, lieber Onkel Zoran, das will ich dir sagen, und ebenso ist es ein Jammer, dass wir keine Flugzeuge mit Wassermotor und Fliegenflügeln haben.

Welch krachende und legendäre Niederlagen du erleben musstest, liebes Gespenst Zoran. Sie verdienen es, in Erinnerung zu bleiben, auch wenn dafür ich, dein Neffe, sorgen muss, so viele Jahre später und vom anderen Ende der Welt aus, ohne Publikum, ohne Beifall und ohne dir den Nachruhm verschaffen zu können, den du selbst schon nicht zu erlangen vermochtest. So wie du, Onkel Zoran, habe ich versucht, auf der Höhe der Ereignisse zu sein, und so wie du habe ich gelernt, unter ihnen hindurch zu schlüpfen. Wie schwer es ist, jemanden zu transkribieren! Am Ende ist dies wohl weniger ein Dokument als ein Anfall, eine Ode an ein Hirngespinst, eine kleine Chronik deiner verlorenen Schlachten, eine unangemessene Würdigung: Es ähnelt eher einer deiner Spinnereien als den Dingen, die ich sonst in meinem Leben getan habe. Vielleicht liegt es letztlich doch in der Familie. Ich hoffe, du nimmst es mir nicht übel. Ich hoffe, du rechnest es mir an.

*

Alle Redegewandtheit der Welt kann Raum in einer einzigen Geste finden. Als Lanza del Vasto gefragt wurde, wo die Grenze zwischen Gut und Böse verlaufe, schwieg er. Doch mit dem Zeigefinger zog er ganz langsam eine unsichtbare Linie von der Mitte seiner Stirn zwischen den Augenbrauen hindurch, die Nase entlang, über seinen Bart, Mund und Hals, das Brustbein entlang bis zum Bauchnabel und weiter bis ganz nach unten, als würde er sich in zwei Hälften teilen. Das ist die vorderste Frontlinie, die uns unweigerlich durchzieht und uns zugleich den Feind und das Schlachtfeld zeigt. Uns selbst.

Aus dem Katalanischen von Michael Ebmeyer

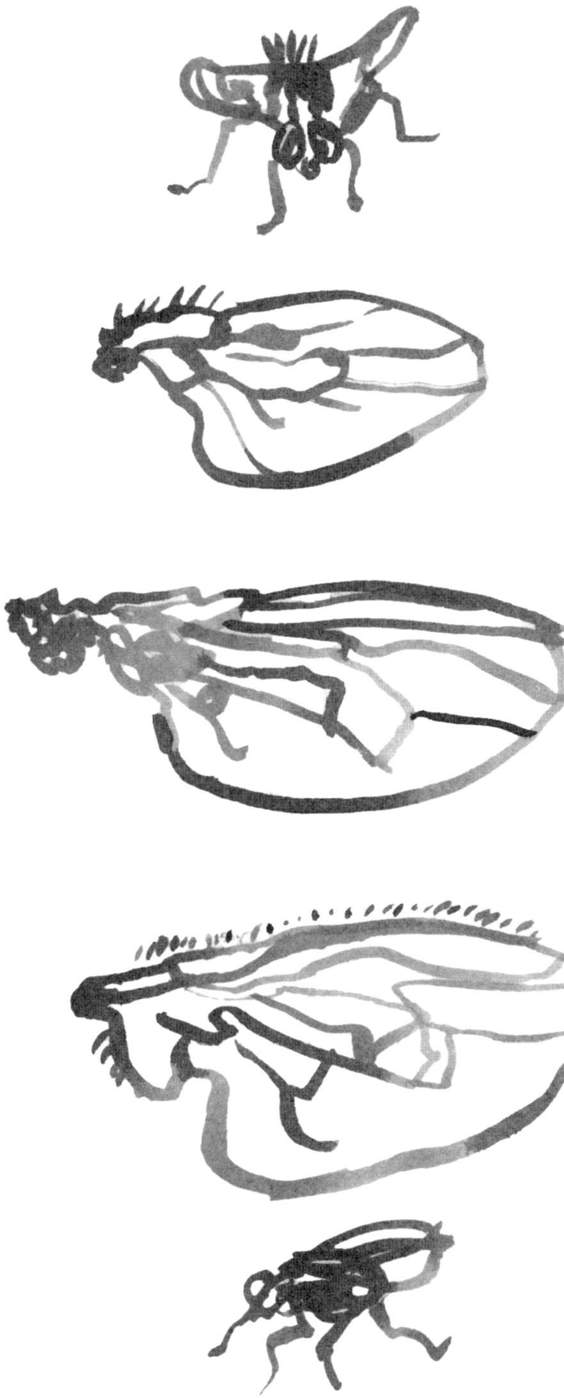

Blanca Llum Vidal

Verdammte Blume

Schwarznacht

Sie kratzt die Schlucht bis sie sie versteht
und wenn sie darin Gefahr läuft,
real zu sein, lässt sie sich fallen
bis sie bis in die Kunst hineinfällt
und sich verletzt. Dann sagt sie es,
sie sagt dir, dass du hingehen sollst, dass die Vernunft
bei alledem der Kratzer ist
und ob er brennt und ob er kündet,
davon abhängt, wie tief er ist.

Liebe aller Lieben

Ich sehne mich nur nach dir, wenn du singst, dass du singst,
dass wir vor den Löwen und Leoparden fliehen werden,
dass wir den Garten der Nussbäume durchqueren werden,
dass im Auge, das nach innen geht, das Wetter schön sein wird
und im äußeren die Vernunft voller Tau,
dass wir schauen werden, ob bei offenem Herz das Tal neu erblüht,
dass wir in den Bauernhöfen übernachten werden
und dass du am Morgen, bei aufgehender Sonne,
dich immer zu den Bergen hinwenden wirst,
immer im vollen Lauf, wie die Gazelle.

... kein Stern
mir in den Mund hing
Ingeborg Bachmann

Hängend

Vom Mund hängt mir
ein kleiner Mann,
der gar nichts sagt,
der eine Nelke,
vertrocknet ganz,
im Knopfloch nur
– dem eingeriss'nen –
des Gehrocks trägt,
dem durch die Zähne
ne Frau entsteigt
mit einem Bündel,
der übervoll ist
mit Erdäpfeln;
dem von den Lippen
ein Kind wegspringt
pockengenarbt
mit einem Knie
wie Weizen schön
und Speichel hängt
als Lippenrand,
den trägt ein Greis,
so alt, dass er
der Zeit nicht gleicht
und nicht dem Donner,
doch auf der Zunge
nen Säugling hat,
der eines Nagels
der Kopf wohl ist
und von dem Meer
der grüne Schaum;
und dem vom Weinen
entkommt ein Faden
hängender Menschen

an einem Mund
– wie etwa Speichel
oder ein Loch,
das innen spannt,
oder ein Schnitt
oder das Schwert.

Eine Zeichnung

Ich wollte, Freund,
ein Boot dir malen,
mit einem Meer
so dünn und fein
wie nur ein Faden,
auch sollt es haben
ein zweites Boot
gleich unter sich
im Meere drin
– so Kiel an Kiel,
die Rippen auch,
so Bauch an Bauch
und sehr sehr nah:
Sie spiegeln sich,
eines das andre,
und Meer und Himmel
beißen sich halb –,
doch wollt ich dann
das Segel malen,
ein offnes Segel,
– zuerst ein Boot,
danach das andre –
da schien es mir,
als wärn's zwei Schenkel
– die einen hoch,
zum Himmel hin,
die andren nieder,

hin zu den Schatten.
Da hat das Meer
getrennt die Menschen
mit jenem Faden
aus einem Strich
der in der Zeichnung
das Meer darstellte,
und mir fiel ein,
für jeden Bauch
Nabel zu malen –
damit ein Stern
mit Mutterhunger
sie kennzeichnet –,
doch waren's Augen,
die suchten Schwärme
von Drachenköpfen,
die du da schriebst
und die, mein Freund,
ich hingemalt,
während ich's las
mit einer Angst
wie ein Schrapnell
und du so zart
und lachend ich
und beide krank
von schwerer See.

Der Heiland

Sie weinte Messer und war klein.
Da sie für ihn bestimmt waren,
wischte er sie ihr ab und trank sie.
Dann öffnete er die Hände und zeigte ein Herz,
das er gerettet hatte und sein eigenes Herz war,
das, außerhalb des Leibs, das Kind weiter rettete,
das jetzt, mit getrockneten Tränen,
nun wieder lebte und ohne Schnitte.

Mit Händen soll er kommen

Sanft soll er sein,
zart soll er sein,
wunderschön,
die Farbe: Blau,
Weiß soll er haben
weich soll er sein
viel soll er fliegen,
Wind soll es geben,
fein soll er sein,
süß soll er sein,
süß soll er sein,
süß soll er sein,
voll soll er machen,
so voll soll er machen,
voll satt soll er machen,
lang soll er's machen
lang soll er sein,
hart soll er werden,
ganz soll er kommen,
mit Wind soll er kommen,
noch voller soll er machen,
denn Luft braucht man,
denn Wasser hat
– auch –
die Hand des Feuers,
Feuer soll er bringen,
Feuer soll er scheinen,
mit Händen soll er kommen,
mit Feuer soll er kommen,
stark soll er brennen,
stark soll er brennen,
so sehr soll er brennen,
denn Luft braucht man,
denn Wasser hat,
so sehr soll er brennen,
dass nichts verbrennt.

Aus dem Katalanischen von Àxel Sanjosé

Guim Tió

Bildnerisches Werk

*-; 116 × 89 cm; oil on linen; 2019

Butes; 55 × 46 cm; oil on linen; 2023

The reader; 55 × 46 cm; oil on linen; 2023

Girls; 55 × 46 cm; oil on linen; 2022

La parella; 57 × 48 cm; oil on canvas; 2021

The dialog; 73 × 60 cm; oil on linen; 2023

La parella; 162 × 130 cm; oil on linen; 2023

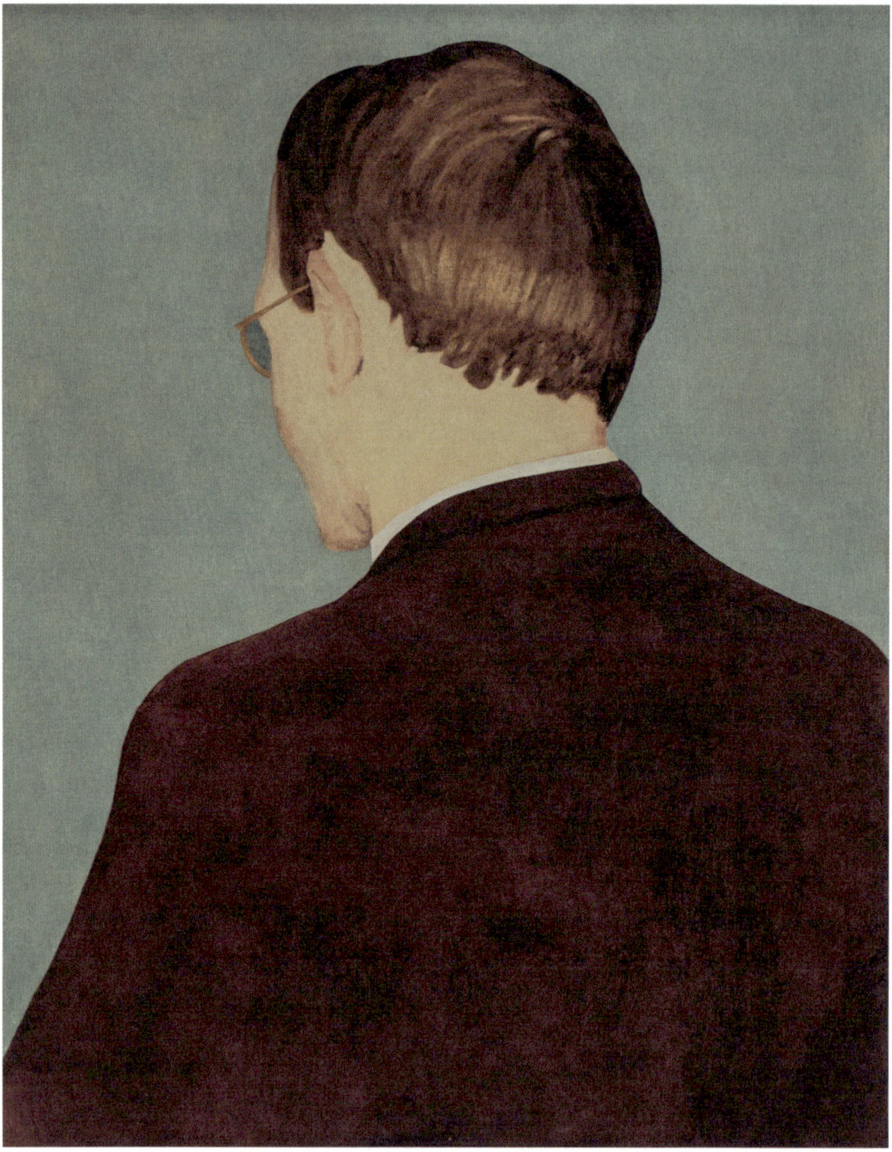

Home; 89 × 116 cm; oil on linen; 2019

Enric Garay

Fotoreihe

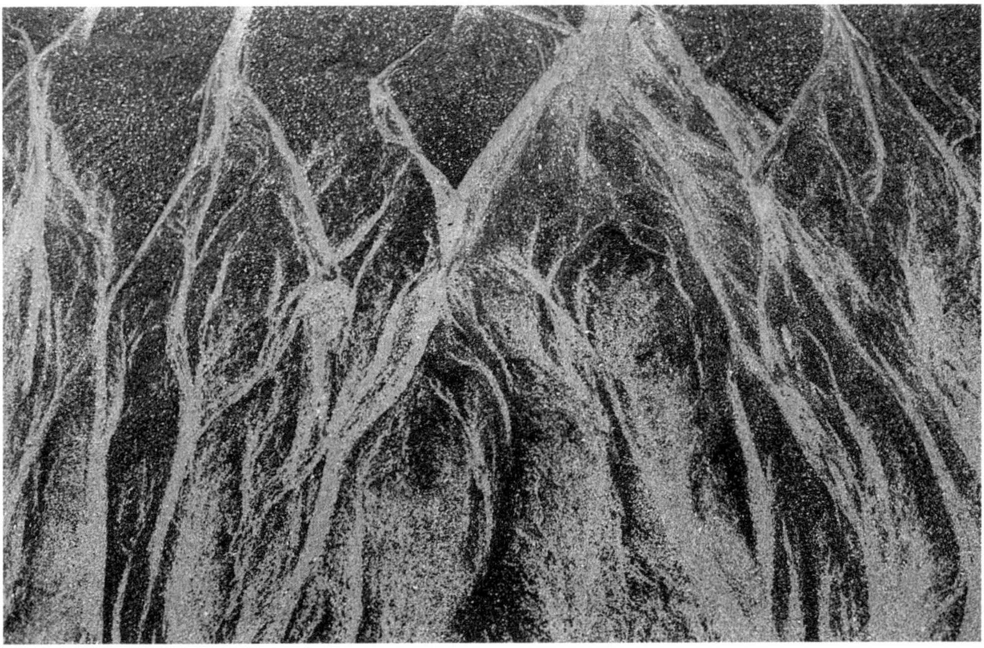

Anna Pazos

Die Tage der Ehrfurcht

Nach der ersten Nacht mit Orlando, einem Studenten der Schauspielschule Julliard, aufgewachsen in der Bronx als Sohn puerto-ricanischer Eltern, den ich kurz vor dem Morgengrauen noch in einem Salsa-Club im East Village kennengelernt habe, nehme ich die Linie 1 in Richtung Harlem, weil ich einen Kurs an der Columbia University habe. Dort verfasse ich mein erstes und letztes Gedicht auf Englisch:

a golden cross against
the knife scar in the chest
(maybe it wasn't a knife scar)
»I was raised catholic« he apologized
I wished he would leave it on
and he did

Indem ich diese feierlichen Verse schreibe, bündele ich den Tsunami an destabilisierender Energie, den die Nacht mit Orlando in meinem Körper ausgelöst hat. Ein Zustand gespannter Erwartung, eine Euphorie, die meine Glieder durchströmt und mein rationales Denken krauszieht. Chloe und ich analysieren das Phänomen mit klinischer Strenge. Wir stellen Regeln auf: Entscheidungen hinsichtlich Männern, die uns gut gefickt haben, dürfen wir nicht in den ersten zwei Wochen nach dem Koitus treffen. Die Nachwirkungen von gutem Sex sind Gefühlen zu ähnlich.

Die Jons, Uris und Orlandos haben nämlich gemeinsam, dass ich sofort anfange, mir eine Zukunft mit ihnen auszumalen, eine Zukunft mit Kindern, Enkeln, Reisen über den Atlantik und Sonntagsessen im Familienkreis. Dass sie sich dann aber ganz unzeremoniell wieder im Gewimmel der Stadt auflösen und eine niederschmetternde Verwirrung hinterlassen, die ich immer immer immer mit Chloe teile.

Es bliebe zu klären, bis zu welchem Punkt meine Symbiose mit Chloe eine Kraft des Guten ist. Sie hält uns beide in einem Stadium des Hyperbewusstseins fest und verhilft uns zu einer tröstlichen Empfindung von Zuflucht. Andererseits haben wir kein nach gängigen Vorstellungen gesundes Verhältnis zueinander, eins mit Grenzen und Sicherheitsabständen. Wir sind ja umgeben von einer Rhetorik der mentalen Gesundheit, die uns dazu anhält, Freundschaften und Paarbeziehungen pragmatisch zu kalkulieren und bequeme Mittelwege einzuschlagen, weit weg von den Extremen der Leidenschaft. Kühl sollen wir die Vor- und Nachteile abwägen, die uns eine Beziehung einbringt, und wenn die Bilanz negativ ausfällt, sollen wir den Kontakt abbrechen. Diese Haltung bietet keinen Platz für die geschädigten Menschen, die heilsam auf dich wirken können, indem sie dir ein seltenes Gefühl von Verbundenheit und Begleitung geben, das dich aber zugleich immer wieder an deine eigenen schlingernden Grenzen bringt. Wir flüchten uns in den Begriff *toxische Beziehung*, um uns vor der furchtbaren Kraft ebendieser Beziehungen zu schützen – denn sie erfüllen uns zwar mit einer Zauberkraft des Zusammenhalts und der entfesselten Kreativität, doch zugleich machen sie uns so labil, dass man uns mit dem Zeigefinger umschnippen könnte, und sie bringen uns auf die gefährliche Idee, dass wir ohne einander vielleicht gar nicht zu existieren vermöchten.

Jedenfalls kann ich ohne Chloe nicht leben, und außerhalb unserer Zuflucht zieht die Einsamkeit Furchen der Verwüstung. Manchmal dringen ihre Warnsignale bis an unsere Tür. So tauchte kurz vor unserem gemeinsamen Umzug ins East Village ganz in der Nähe der neuen Wohnung eine Leiche auf. Der Tote saß schon seit einer Woche in einem Auto, das neben einem Spielplatz hinter dem Tompkins Square geparkt war. Entdeckt wurde er am letzten Augusttag, und eine Hitzewelle hatte die Verwesung des Körpers beschleunigt. Die New York Times meldete dramatisch-lakonisch:

»Es erschüttert, dass selbst 2018 in Manhattan – in einer Stadt im Blick unzähliger Überwachungskameras, die seit Jahren ihre Bewohner aufruft, alles zu melden, was ihnen verdächtig vorkommt – eine Leiche in einem geparkten Auto in einer belebten Straße tagelang unbemerkt bleiben kann.«

Der Mann war Mitte sechzig und hatte ein Fläschchen von einem Gift gekippt, das zur Sterbehilfe verwendet wird. Neun Jahre zuvor hatte er im Mittelpunkt einer Reportage der PBS News Hour gestanden, es ging um die Schwierigkeiten von Arbeitslosen über 55 bei der Jobsuche. In der Sendung sagte er, er habe auf 481 Bewerbungen keine einzige Antwort erhalten. Als junger Mann war er Schauspieler gewesen, später hatte er recht erfolgreich als Programmierer gearbeitet, geheiratet, ein Kind, ein Haus in Fairfield, Connecticut. Dann die Entlassung, die Scheidung und sein finanzieller Ruin.

Das Schicksal schlug zu, als eines Tages seine Bestellung bei einem McDrive missverstanden wurde und er im Lauf der darauffolgenden Auseinandersetzung die Tüte mit dem Essen auf eine Angestellte warf, die gerade schwanger war. Dank einiger gieriger Lokaljournalisten ging die Geschichte viral, im Netz blieb sein Name auf ewig mit diesem Zwischenfall verbunden. Noch als die Identität des Toten im Auto bekannt wurde, schrieb das britische Boulevardblatt *Daily Mail:*

»Programmierer, der keine Arbeit mehr fand, nachdem bekannt wurde, dass er eine schwangere McDonald's-Mitarbeiterin mit Speisen beworfen hat, begeht Selbstmord – sein Leichnam im Auto bleibt EINE WOCHE LANG unbeachtet.«

Der Leichengestank hielt sich einige Stunden auf dem Spielplatz, neben dem der Wagen geparkt war, und verflog dann für immer.

*

[…]

*

In den Monat, der auf unseren Umzug nach Crown Heights folgt, fallen zwei Ereignisse: Es beginnt das Jahr 5780 des hebräischen Kalenders, und der letzte Mann, mit dem ich mir vorgestellt habe, Kinder zu bekommen und gemeinsam alt zu werden, verschwindet spurlos. Im Nebel dieser Tage ist mir zunächst nicht klar, dass beide Ereignisse miteinander verbunden sind.

Sie treten beim Bagel-Café an mich heran, vor dem jamaikanischen Hühnchenimbiss an der Subway-Station Nostrand.

»Entschuldigung, bist du jüdisch?«

»Du bist nicht zufällig jüdisch?«

Es ist acht Uhr morgens am ersten Tag von Rosch ha-Schana, dem jüdischen Neujahrsfest. Die Fragenden, bärtige Männer in schwarzen Mänteln, haben sich Schofarhörner umgehängt und suchen nach Gelegenheit, um eine Neujahrs-Mitzwa zu vollbringen. Ein Moment der gespannten Erwartung, dann schüttele ich den Kopf, mit dem verrutschten Ansatz eines Lächelns, und gehe weiter.

Vor fünf Jahren, als ich in Jerusalem lebte, kam diese Frage immer wieder. Damals löste sie interessante Reaktionen in mir aus. Anfangs Staunen: Als weltlich-westliche Frau war ich es nicht gewohnt, nach meiner Religionszugehörigkeit gefragt zu werden. Später eine Art gekränktes Befremden. Mehrmals täglich sah ich meine Identität reduziert auf »nicht-jüdisch« oder *Schickse*, je nach Stadtteil. Ich begann mich unwohl und, allen rationalen Argumenten zum Trotz, verletzt zu fühlen.

Bei meinem ersten Date mit Raphael versuchte ich ihm zu erklären, was mich am Jüdischen anzog. Es war der letzte August-Dienstag, und wir spazierten in angeregtem Zustand durch das East Village. Kennengelernt hatten wir uns ein paar Tage zuvor im Park, und alles schien darauf hinzudeuten, dass sich etwas Großes anbahnte. Eine Woche später würde ich mit Chloe nach Crown Heights ziehen, in einen Teil von Brooklyn, in dem vor allem Afrokariben und chassidische Juden leben, und dort würde ein, sagen wir, erwachsener Lebensabschnitt für mich beginnen, nicht mehr in der Geborgenheit von Stipendien und

Fakultäten, sondern mit einem Bürojob und einer vollständigen New Yorker Alltagsroutine. Er hörte mir beim Abschweifen zu und sagte nichts. Er war in einer orthodox-jüdischen Gemeinde in der Bronx aufgewachsen und hielt sich bedeckt, was den Grad seiner Religiosität betraf. Nur über meine neue Nachbarschaft machte er eine Bemerkung: Zwar zählten die ultraorthodoxen Juden zu den ärmsten Bevölkerungsgruppen New Yorks, doch dank ihrer Netzwerke der gegenseitigen Unterstützung verfielen sie nie ins extreme Elend.

Am nächsten Morgen, während er sich in meinem Zimmer anzog, fiel mir auf, dass er ein Etui mit Tefillin im Rucksack hatte, den Kapseln mit heiligen Worten, befestigt an Lederriemen, die religiöse Juden beim Gebet anlegen.

An diesem ersten Rosch-ha-Schana-Tag verbringe ich die vierzig U-Bahn-Minuten bis zu meinem Büro in Midtown mit der Lektüre eines berühmten Romans über zwei Juden aus zerstrittenen Gemeinden in Brooklyn. Das Buch macht mich wütend, damit habe ich nicht gerechnet. Es ist schwerfällig und ungenau geschrieben und erinnert mich dauernd daran, dass Raphael kein Interesse mehr an mir zeigt. Als der Erzähler im Krankenhaus festsitzt, wickelt er sich die Tefillin um, weil er für den Sieg der Amerikaner an den Stränden der Normandie beten will. Ich unterstreiche akribisch alle überflüssigen Adverbien auf der Seite. Beim Aussteigen werfe ich den Scheißroman in den erstbesten Abfalleimer auf dem Times Square.

Nachts lese ich dann irgendwo, dass Zurückweisung dieselben Gehirnareale aktiviere wie körperlicher Schmerz. Die Website ist medizinisch aufgemacht, mit Links, Erfahrungsberichten und Listen mit Fachbegriffen, und sie versichert mir, ich könne mein Leiden mit einer geringen Dosis Tylenol lindern.

*

Das Apartment in Crown Heights ist leer, mit Ausnahme eines schmalen Tischs, bedeckt von Kerzen mit dem Bild der Jungfrau von Guadalupe sowie einem Gemälde, auf dem eine Ziege Ströme aus Gold weint – ein Werk von Chloe in einem Anfall von Heimweh nach Jamaika. Wir frühstücken im Stehen am Küchentresen und setzen uns zum Weintrinken auf Umzugskisten. Uns fehlt die praktische Veranlagung, um eine Wohnung einzurichten. Uns ist klar, dass wir dieses Thema in naher Zukunft dekonstruieren müssen, doch wir ziehen es vor, ein ums andere Mal durchzusprechen, wie wir die Bücher anordnen wollen, und einander zu beglückwünschen, wenn wir beim Straßenflohmarkt mitmachen. Unser Stand ist der hässlichste von allen, doch er erfüllt uns mit einem irrationalen Vorstadtstolz.

Auf der Fensterbank in meinem Zimmer stehen ein paar Gegenstände, die die letzten Umzüge überlebt haben: drei chassidische Kerzen, die ich zum Einstand im neuen Job geschenkt bekam, ein Bild meiner katholischen Großeltern und zwei Gedichtbände, denen ich magische Kräfte zuspreche. Sie sind von Leonard Cohen und von Federico García Lorca, und sie müssen immer in meiner Nähe sein, nebeneinander.

Einem neuartigen Impuls folgend, beschließe ich, in meinem neuen Viertel joggen zu gehen. Meine kardiovaskuläre Fitness spiegelt gut zehn Jahre Zigarettenkonsum und sitzende Lebensweise wider. Vor den Toren des Prospect Parks begegne ich einer Gruppe Jugendlicher mit Kippot auf dem Weg in ihre jeweiligen Synagogen. Im rötlichen Abendlicht wirken sie wie Statisten in einem Videoclip. Heute, am letzten Tag von Rosch ha-Schana, fragt mich niemand nach meinem Glauben.

Im Wohnzimmer stehen nun fünf Ikea-Kartons. Sie enthalten die Bestandteile eines Küchentischs, zweier Stühle, einer Stehlampe und eines Billy-Regals. In ihnen liegt also die Chance, mehrere Stunden mit einer klar umrissenen, zielgerichteten Beschäftigung zu verbringen. Ich setze mich auf den Boden und schraube mit hingebungsvollem Eifer Beine an und Bretter zusammen. Chloe schleicht auf Zehenspitzen um meine Trauer herum, als sei ich eine Zeitbombe kurz vor der Explosion.

Leonard Cohen beschrieb die wichtigste Lehre aus Lorcas Lyrik wie folgt: »Wenn man die große, unweigerliche Niederlage, die uns alle erwartet, in Worte fassen soll, muss es strikt innerhalb der Grenzen der Würde und der Schönheit getan werden.« Das sagte er in Madrid, etwa fünf Jahre vor seinem Tod. Er wirkte alt und müde, und seine Worte kamen auf das Publikum herab wie ein Gebot Gottes. Am Tag vor unserem Umzug nach Crown Heights schrieb ich sie auf die erste Seite von Lorcas *Poeta en Nueva York*, einem Buch, das ich seit Jahren überall mit hinschleppte, aber noch nicht zu lesen begonnen hatte.

Meine Freunde nahmen mich nicht ernst, als ich von Raphael zu reden begann. Sie waren Superlative von mir gewohnt. Ich bestand nicht darauf; mir genügte es zu wissen, dass es diesmal anders war. Raphael hatte mich auf dem Washington Square im Gras liegen und in eine Kladde schreiben sehen und sich auf eine Bank ganz in der Nähe gesetzt. Als ich aufbrach, kam ich an ihm vorbei, und er fragte mich, ob ich einen Roman schriebe. Zwei Tage später lagen wir aufeinander in meinem Bett und lasen uns Auszüge aus *König Lear* vor. Er war Theaterschauspieler und erst kürzlich aus London zurückgekehrt, wo er in Shakespeare-Stücken gespielt hatte. Es war, als hätte ein sehr präziser Algorithmus uns zusammengeführt.

Die englische Sprache ist voller fester Wendungen, die ich anstelle von Erklärungen benutzen kann. Werde ich gefragt, wie es mit dem Typen aus dem Park aussehe, sage ich, er sei *out of the picture*. Vielleicht ist das nicht der korrekte Gebrauch der Phrase, aber es klingt entschieden genug, um weitere Fragen zu unterbinden.

*

Hannah, eine Nachbarin in Crown Heights, erzählt mir vom Gesellschaftsvertrag und von irgendeiner Theorie, bei der 58 Menschen in einem Dorf eine Rolle spielen. Seit zwanzig Minuten schluchze ich vor ihr herum, weit außerhalb der Grenzen der Würde und Schönheit. Der Kellner dreht seine Runden um unseren Tisch, in Erwartung des Moments, in dem er uns die Rechnung für eine seit einer halben Stunde leere Flasche Pinot Gris vorlegen kann. Hannah sagt, die Technologie fördere die Grausamkeit, und ich, als die Ignorierte, verdiente Mitgefühl und einen echten Abschluss meiner Geschichte mit Raphael. Ihre Stimme dringt wie durch eine Glasscheibe zu mir, eine Reliquie aus einer untergegangenen Welt der Stabilität und der verantwortungsvollen menschlichen Beziehungen.

Die Episoden des Zusammenbruchs sind ein fester Bestandteil des Lebens in New York. Dir reißt eine Verbindung ab, du liest eine Nachricht von zu Hause, und auf einmal beginnt das Gerüst, das dein Leben aufrechterhält, zu wanken. Als mein drittes Jahr in der Stadt anbricht, bin ich schon Expertin für diese Phasen. »Ich bin wieder im Zelt«, sage ich dann. Kurz nach meiner überstürzten Abreise aus Jerusalem hatte ich einen LSD-Horrortrip in einem Zelt im Landesinnern Kataloniens. Die Freundin, mit der ich unterwegs war, schnarchte neben mir, und die Halluzinationen drückten mich zu Boden. Um mich herum zuckten die Zeltwände wie ein Tumorgewebe, auf dem jede Unsicherheit, jeder Verrat und jedes Scheitern in meinem Leben als sadistische Projektion erschien. Mich lähmte die Gewissheit, dass ich dieses elende Festival und dieses Zelt nie mehr würde verlassen können, dass ich nie wieder im Leben etwas verspüren würde, das auch nur entfernt an Freude oder Seelenfrieden erinnerte. Die Panik hielt bis zum Morgengrauen an. Als ich dann endlich hinaustrat und mir die Morgenbrise die Haare aufwirbelte und ich mein geparktes Auto sah, bereit, mich zurück nach Barcelona zu bringen, wann immer ich wollte, konnte ich nicht verstehen, wie ich all die furchtbaren Stunden lang nicht auf die Idee gekommen war, einfach die Tür zu öffnen.

*

Das sorgenvolle Gesicht meiner Mutter leuchtet auf meinem zersplitterten iPhone-Bildschirm, während ich ihr vom Niedergang der Zivilisation und vom Ende der Menschheit erzähle. Ich erkläre ihr das Konzept *Ghosting* mit einer gewissen generationsbedingten Scham. Verwirrt, wie ich bin, suche ich die Schuld an meiner Situation in dem Umstand, dass ich nicht schon ganz jung in eine Zweckehe verkauft wurde.

Am siebten Tag seines Schweigens habe ich Raphael eine Nachricht geschickt. In lockerem Ton, aber dahinter verbirgt sich ein Verzweiflungsschrei. Zwanzig Stunden später kommt seine Rechtfertigung. Er erklärt mir, die Hohen Feiertage seien eine Zeit, die einen völlig in Beschlag nehme, und sie dauerten noch eine weitere Woche an. So lange werde ich ihn nicht sehen und nichts von ihm hören.

Ich bin nun in dem Alter, in dem man zum Weinen in chinesische Waschsalons geht und darüber nachdenkt, die Stadt zu verlassen. Allerdings werden mir die Waschsalons wirklich zum Zufluchtsort. Umhüllt vom trägen Rauschen der Maschinen und vom seichten Palaver auf CNN, lese ich, dass die Hohen Feiertage, die sich von Rosch ha-Schana bis Jom Kippur erstrecken, »eine epische Reise für die Seele« seien. Laut Wikipedia werden sie auf Hebräisch auch *Jamin Noraim* genannt: die Tage der Ehrfurcht.

Ein Arbeitskollege fragt mich, ob ich zu Jom Kippur fasten werde. Ich reagiere mit dem Witz, ich hätte aus Solidarität »mit meinen Leuten« heute Mittag nur einen kleinen Salat gegessen.

Ein Gedanke für die Warteschlange an der Salatbar: Die meisten Texte, in denen die verschiedenen Phasen der Trauer aufgezählt werden, unterschlagen die Phase der Langeweile.

*

Ich habe in der ganzen Stadt keinen Therapieplatz gefunden, also führe ich dieser Tage Gespräche mit einer imaginären Therapeutin. Sie trägt einen dicken Rollkragenpulli und hat immer eine Zigarette in der linken Hand. Mit ihrer beruhigenden Dr.-Melfi-Stimme sagt sie zu mir, ich sei einmal mehr meinen eigenen Mythen zum Opfer gefallen. Sie zählt auf, wie oft ich schon ausschweifende Phantasien auf Menschen projiziert habe, die ich kaum kannte, und sie betont, dass jedes Mal derselbe gewaltsame Drang mich von Perspektive und Logik abbringt und sich die Verzauberung dann immer rasch auflöst, bestenfalls im Vergessen, schlimmstenfalls in aktivem Ekel.

Die Melfi sieht die Ursache meines Leidens in einem weiblichen Temperament, geformt von Jahrzehnten der Infantilisierung, der Versklavung im

Haushalt und einem Selbstwertgefühl, das auf männliche Zustimmung angewiesen ist. Sie provoziert mich, indem sie behauptet, ich verkörpere genau die grauenhafte Definition der modernen Frau, auf die ich einmal in Barcelona beim Durchblättern eines Essaybands stieß. Die Autorin war eine italienische Jüdin, die den Faschismus überlebt hatte, den Originalfaschismus, und ihre Diagnose war gnadenlos: Wir Frauen würden erst frei sein, wenn wir die Neigung überwänden, in dunkle Löcher der Schwermut zu fallen und uns in Selbstmitleid zu wälzen, anstatt uns den wichtigen Dingen des Lebens zu widmen und uns den kleinen täglichen Freuden mit derselben spontanen und sorglosen Fröhlichkeit hinzugeben, wie die Männer.

Ich nicke, als würde ich ihre Worte beherzigen. Dabei nutze ich ihre Tricks nur, um es durch den Dreck zu schaffen. Meine Mythen bleiben intakt. Ich weiß, dass ihre Argumente bloß der traurige Trost sind, zu dem wir greifen, wenn wir einer unhintergehbaren Tatsache des Lebens gerade nicht ins Auge blicken wollen: Sich zu jemand hingezogen zu fühlen, ist ein brutaler und willkürlicher Reiz; nur wenige erreichen ein höheres Stadium der Verbundenheit, der Rest muss sich mit einem Ersatz dafür oder einer Annäherung daran begnügen, mit dem, was uns bleibt, um das Leben nicht ganz allein zu verbringen. Und doch ist jede Sekunde dieses Hingezogenseins millionenfach wert- und würdevoller als alles Geplapper von Selbsterkenntnis und Selbstgenügsamkeit.

Nun schweife ich schon seit einer halben Stunde ab, und die Melfi betrachtet mich mit tausendjähriger Müdigkeit. Für eine lange Weile verfallen wir in Schweigen und tun uns gegenseitig leid.

*

Raphael taucht tatsächlich wieder auf, sobald die Tage der Ehrfurcht vorbei sind. Wir treffen uns erstmal auf ein Bier in der Eckkneipe, und ich erzähle Banales von der Arbeit, als würde ich mich nicht seit Wochen winden wie ein angeschossenes Tier. Wenn er zu mir nach Hause kommt, verzieht sich Chloe in ihr Zimmer, um ihm nicht zu begegnen. Sie sagt, sein Blick sei undurchsichtig. Ich schaffe es nicht, von ihm loszukommen, denn der Sex mit ihm ist *abstrakt,* die Art von Sex, die dich in einen Zustand des Nicht-Denkens erhebt, in dem alles verschwimmt, auch der andere Mensch – es dürfte sich um die profane Version des Nirvana handeln. Doch danach ist er wieder kühl und distanziert, zieht sich zum Rauchen auf die Außentreppe zurück und schreibt etwas in ein Notizbuch. Einmal folge ich ihm, mit einer Decke um die Schultern, und schmiege mich an ihn. Er schreibt weiter. Ich beobachte mich selbst, verwundert, und denke: So sieht eine 28-jährige Frau an ihrem Tiefpunkt aus.

Als die Tage vergehen, stelle ich fest, dass Raphaels Persönlichkeit doch wenig mit dem Supermann meiner Projektionen gemeinsam hat. Sein häufiges Schweigen ist kein Ausdruck vorbildlicher Gelassenheit, sondern zeigt bloß, wie wenig wir uns zu sagen haben. Mich beschleicht der Verdacht, dass er keine Wohnung hat, sondern reihum bei verschiedenen Leuten übernachtet, die er beim Lesen im Park kennenlernt. Die Abstände zwischen unseren Treffen werden größer, und vor Weihnachten hören wir endgültig auf, uns zu schreiben.

Chloe nutzt die Gelegenheit, dass ich für ein paar Tage weg sein werde, um mir zu eröffnen, dass sie New York verlassen wird. Bei ihrem letzten Besuch in Jamaika sei sie zu dem Schluss gekommen, dass ihr Leben hier in der Stadt nicht lebenswert sei. Sie will sich einen Job in Los Angeles suchen, sich die Augenbrauen rot färben, sie will keine schwarzen Rollkragen mehr tragen und sich nicht mehr abends erschöpft und niedergeschlagen in ihrem Zimmer verkriechen. Ihre Argumente sind vernünftig, doch ich sehe darin nichts als Verrat und Im-Stich-gelassen-Werden. Ihr Zimmer vergebe ich an eine NYU-Studentin, die mir die Miete pünktlich per Dauerauftrag vom väterlichen Bankkonto überweist. Mein Leben verwandelt sich in ein Hin-und-her zwischen Crown Heights und dem Büro, in eine Abfolge identischer Zeiteinheiten.

*

Rund um den Bryant Park wimmelt es von Anbietern für die hypereffiziente Ernährung der Büromenschen: eine optimierte Nahrungszufuhr, die zugleich ein Minimum an Wartezeit und das Minimum an Kalorien gewährleistet, das nötig ist, damit es nicht zum Organversagen kommt. Diese Lokale haben keine Stühle – zu Recht wird angenommen, dass die Büromenschen ihr Mittagessen vor dem Bildschirm einnehmen –, und sie nutzen den Platz für ein System, das dem Sicherheitscheck am Flughafen ähnelt. Verkauft werden Salate, bewässert mit einem Hauch von irgendeinem Protein, in runden Pappschalen, die organisch und rezyklierbar sein sollen. Die Warteschlangen bewegen sich reibungslos und stumm, die Köpfe sind über Telefone gebeugt, die Blicke und Daumen dem Abfassen von Mails und Berichten gewidmet. Oft hat der Büromensch sein Essen bereits per App bestellt und kommt es nur abholen.

Angepasst an die Gewohnheiten meines neuen Umfelds, esse ich jeden Tag einen Salat für fünfzehn Dollar zu Mittag, den Blick an den Bildschirm geheftet, und jeden Nachmittag gegen vier Uhr sehe ich über den Wolkenkratzern von Midtown die Dunkelheit hereinbrechen.

Aus einer klinisch-kontrollierenden Haltung heraus beginne ich, jeweils den genauen Moment des täglichen Endorphin-Abfalls in einem Notizbuch festzuhalten. Es ist ein Gefühl des Stürzens, so heftig, dass ich alles stehen und liegen lassen und mich aus Meetings ausklinken muss, um mich in einen der Ohrensessel an der Fensterfront zur 43rd Street zu flüchten. Dort kann ich beim Blick auf die Miniaturen unten auf der Straße mein Gehirn abschalten und verfalle in einen Dämmerzustand, in dem sich Barcelona-Fantasien aneinanderreihen; in letzter Zeit ist Barcelona für mich zu einer Art mediterraner Luftspiegelung geworden.

Ab und zu denke ich an den Bookworm. Ich bin endlich in seiner Stadt angekommen.

Anstatt mich zu zermalmen, bietet New York mir ein breites Spektrum an Linderungen an. Es gibt die HIIT-Workouts, Pilates-Kurse und dergleichen, wo du dich in einen Keller mit Neonlicht zurückziehen und deine Muskulatur einem Paroxysmus aus Anstrengung und Erschöpfung unterwerfen kannst. Es gibt das Zentrum für transzendentale Meditation in Downtown Brooklyn, wo du deinen freiwilligen Beitrag dafür zahlst, dass du garantiert deine verlorene Gelassenheit zurückerlangst. Dort versammeln sich Mütter, Doktoranden und ungefestigte Freelancer, wie du sie normalerweise, über ihren Laptops kauernd, in Cafés antriffst, den Büros der Selbstständigen und Arbeitslosen; ohne jede Romantik dort ausgetauschter Vertraulichkeiten oder Lektüren im Espressoduft; in den Cafés akkumuliert sich die Beklemmung, die Motivationsschreiben überarbeitet, bis sechs Uhr abends, das ist die Stunde, zu der die schlaffen und die verhärteten Muskeln aktiviert werden, um sich ins Zentrum für transzendentale Meditation oder an den jeweiligen Linderungsort der Wahl zu begeben.

Es überrascht mich, dort einen kahl rasierten Mann in karminroter Tunika anzutreffen. Ich habe eine urbanere und zwanglosere Annäherung an den Zen-Buddhismus erwartet. Der Mann führt mich in ein Zimmer mit einem kleinen Alter mit Blumen und Kerzen und ein paar Bananen, die ich im Supermarkt an der Ecke gekauft habe, nachdem sie mich an der Rezeption daran erinnerten, dass ich eine Frucht darbringen solle. Der Kahlrasierte erklärt mir, er werde mir mein Mantra geben, das persönlich und nicht übertragbar sei, das ich nicht laut aussprechen und mit niemandem teilen dürfe. Nach einigen tiefen Atemzügen bei geschlossenen Augen bringt er ein zweisilbiges Wort hervor, gefolgt von einigen Anweisungen. Ich müsse das Mantra während zweier zwanzigminütiger Sitzungen wiederholen, morgens und nachmittags, in bequemer Haltung mit geschlossenen Augen; bald würde ich spüren, dass Nervosität und Ängste sich ablagerten wie Steinchen in einem Schneeball. Falls ich Kinder, Hunde oder einen Mann hätte, solle ich während meiner zwanzig Minuten Entspannung besser die Tür abschließen.

Ich habe weder Kinder noch Hunde noch Mann, und vielleicht ist das ein

Teil des Problems. Das ist ein neuer, kristallklarer Gedanke, der sich mir mit grausamer Eindeutigkeit aufdrängt, an dem Tag, als im Bad die Birne durchbrennt und das Klo verstopft ist und ich niemanden habe, dem ich sagen kann, er soll das für mich regeln. Ein Gedanke wie eine giftige Assel, die sich hinter meinem Ohr eingenistet hat. Sie flüstert mir pausenlos ein, das Leben als Single sei deprimierend und unnatürlich, früher oder später habe man sein Pulver verschossen, die Fassade werde bröckeln, und dann brauche man jemanden an seiner Seite, der einen auf dem langen Weg nach Hause begleite. Im Grunde, so beteuert mir die Assel, sei diese uralte Tatsache allen Menschen bekannt und von allen akzeptiert, sie täuschten nur vor zu glauben, ein atomisiertes und eigenständiges Leben sei möglich. Von Mal zu Mal aber bringen weniger von ihnen die Energie zum Vortäuschen auf, und so fügen sich die Dinge doch brav wieder in ihre natürliche Ordnung; die Singles, vor allem die weiblichen, irren im Limbus herum, gehüllt in die übelriechende Aura des Scheiterns.

Der giftige Monolog der Assel zerfrisst mir die Ohren auch bei Jimmy's Corner, während ich versuche, mit einer Arbeitskollegin zu fühlen, die mir ihren Liebeskummer auftischt. Jimmy's Corner dürfte die einzige Bar in Midtown sein, die vom keimfreien und effizienten Geist der Bürowelt unberührt geblieben ist. Schlauchförmig, laut, überfüllt, klebrig von Schweiß und Bier, an den Wänden Fotos berühmter Boxer. Die Laute dringen aus dem Mund meiner Freundin wie durch einen Verzerrer. Ich nicke mechanisch, während ein Teil meines Gehirns, ferngesteuert von der Assel, Blickkontakt mit einem sichtlich betrunkenen jungen Mann zwei Tische weiter hält. Er trägt eine zierliche Brille und strahlt auf unergründliche Weise aus, einer anderen Epoche und einem anderen Kontinent anzugehören. Als hätte er eben noch auf einem verschneiten Universitätshof in der Weimarer Republik marxistische Flugblätter verteilt.

Als ich meine Jacke anziehe, um aufzubrechen, wankt der junge Mann zu mir herüber und drückt mir einen knittrigen Zettel in die Hand. Darauf hat er in kindlicher Schönschrift eine Telefonnummer und einen Namen notiert, den ich tagelang auf der Zungenspitze tragen werde, um seinen griechischen und vielversprechenden Klang zu schmecken.

*

Der Zahnarzt blickt angewidert auf den Scan und entfaltet einen Klappbildschirm. Es erscheint eine Reihe von Dias, beschriftet mit den Namen von Verfahren, mit Ziffern und Fristen. Er liest sie mit so ernster Miene, als handele es sich um ein Urteil der Nürnberger Prozesse. Er beschuldigt mich, die Mundhöhle einer Frau aus der Steinzeit zu haben. Seine makellosen Zähne glänzen wie eine elektrische Säge in einem Alptraum, während er Karies, Mängel und diverse Elemente aufzählt, die nicht an ihrem Platz seien.

Zur Scham über das Fiasko in meinem Mund tritt die Erschütterung über die genannten Zahlen: Tausende und Abertausende Dollar, nicht von der Versicherung gedeckt. Ich trete aus der Praxis unter die Wolkenkratzer der Wall Street und schleppe mich zum Büro, niedergeschmettert von meiner neuen Kondition als Dentalkranke und von dem grausigen Bild verfaulter Tunnel in meinem Zahnfleisch.

Milo bestellt mich in eine *Dive Bar* im West Village. Als ich ankomme, liest er die New York Times auf Papier und sieht genauso nach falschem Film aus wie bei Jimmy's Corner. Er trägt ein Sweatshirt und einen frischen Topfschnitt, mit dem er an den jungen Al Pacino erinnert. Er erzählt mir, dass er Kalifornier sei, Enkel einer der ersten Cutterinnen im Hollywoodkino. Er leitet einen marxistischen Lesekreis, der sich einmal wöchentlich in der Lower East Side trifft. Er lehrt Soziologie am Bronx-Campus des staatlichen Hochschulverbunds CUNY, und zweimal im Monat bietet der den Häftlingen im Gefängnis von Rikers ehrenamtlich Rechtsberatung an.

In der Nacht, als wir in Milos Wohnung in der Upper West Side, unter einem chaotischen Regal voller Klassiker der deutschen Soziologie, Filme schauen, die seine Großmutter geschnitten hat, zeichnet sich wieder eine Zukunft vor mir ab: Weihnachtsfeste in Barcelona, Sommer in Los Angeles, morgendliche Zeitungslektüre auf Papier, während die Kinder im Garten herumtoben.

Diesmal grätscht die Wirklichkeit brutal dazwischen. Das Virus ist ein fernes, irreales Gerücht, bis es das plötzlich nicht mehr ist. Zuerst die Scherze im Büro, danach die Schreckensmeldungen über Infektionen, dann die Anweisung aus der Firmenzentrale, dass alle Angestellten ins Homeoffice zu wechseln haben. Hannah und ich verabreden uns auf den Außentreppen des Hauses, um uns einen Reim auf die Schlagzeilen zu machen. Sie überlegt, nach Colorado zu flüchten, auf die abgelegene Farm ihrer Eltern. Ich sage ihr, dass sie übertreibe, doch am Tag, als in Katalonien der Lockdown verhängt wird, buche ich einen Direktflug nach Barcelona für den nächsten Morgen. Ich packe nur einen leichten Koffer, in ein paar Wochen, denke ich, bin ich zurück.

Als ich in Newark ins Flughafengebäude trete, merke ich, ich habe mein Telefon im Taxi vergessen. Ich renne hinaus und sehe es noch wegfahren, langsam, aber ohne anzuhalten. Mit sich nimmt es meine Kontakte, meine Fotos, die gesendeten und empfangenen Nachrichten von fast drei Jahren, und auch die Nummer von Milo, dessen Nachnamen ich nie erfahren habe. Ich begreife, dass er bloß ein letztes Trugbild in der letzten Kurve auf der letzten Flucht war.

Das Taxi verschwindet im diffusen Verkehr von New Jersey, und dieses Bild ist deutlich genug, um mir zu verstehen zu geben, dass die Pandemie nur ein Vorwand ist und es schon lange an der Zeit war, zurückzukehren.

Aus dem Katalanischen von Michael Ebmeyer

Alba Dalmau

In New York überschminkten die Mädchen ihre Wunden

Als ein schwarzer Chevrolet vor der neuen Tankstelle von Sandville hielt, ließen die Leute aus dem Dorf alles stehen und liegen, um ihn zu bestaunen. Die Frauen, die in einer Gruppe auf dem Platz plauderten, verstummten, um nach dem Fahrer zu schauen, während die Männer die halb aufgerauchten Zigaretten in ihren Händen vergaßen, mit dem Blick die Schwünge der Karosserie nachzeichneten und den Husten zurückhielten, um dem Grollen des Motors zu lauschen. Nachdem er getankt hatte, ging der Fahrer die dreißig Meter hinüber zu Tess' und Jaspers Bar und fragte nach der Adresse von Sara Light. Jasper spuckte die Worte geradezu aus: Hinter der Kirche abbiegen und der Straße bis zu einem weißen Holzhaus folgen. Der Fahrer bedankte sich im genuschelten Akzent der Städter, die nie ein Wort zu Ende sprachen.

Er hieß Robert und hatte Sara bei einem Unternehmer-Dinner in New York kennengelernt, wohin sie ihren Onkel und ihre Tante begleitet hatte. Danach hatten sie sich einige Male wiedergesehen, wenn sie in der Stadt gewesen war. Sie waren zusammen auf ein Konzert gegangen und durch den Central Park spaziert. Er mochte ihre ungekünstelte Eleganz. Man merkte, dass sie nicht mit den Normen der Großstadt aufgewachsen war, wobei sie über eine gute Intuition verfügte. Bei dem Dinner, als sie sich kennenlernten, verstand sie sofort, dass die Anordnung des Bestecks der Reihenfolge der Gerichte entsprach, die im Lauf des Abends serviert wurden. Das fiel ihm auf, weil er neben ihr saß und aus dem Augenwinkel sah, wie sie heimlich mit dem Finger über die Messer und Gabeln strich, ehe sie sie ergriff.

Auch ihr natürliches Erscheinungsbild gefiel ihm. Die Frauen, die er kannte, überließen nichts dem Zufall. Bei ihnen waren die Ohrringe mit Kleid und Schuhen abgestimmt, vor jeder Verabredung gingen sie zum Frisör, und nach

Möglichkeit hatte noch ihr Lidschatten dieselbe Farbe wie das Diadem in ihrem Haar. Auch Sara machte sich sehr hübsch zurecht und trug gute Kleidung, jedoch auf eine eigenwillige Art, ohne auf jedes Detail zu achten, zumal sie offenbar nicht genug von allem hatte, um so akkurate Kombinationen hinzubekommen wie die anderen Frauen. Sie besaß zwei Paar Schuhe für die Stadt, drei oder vier Kleider, zwei oder drei Jacken, nur ein Paar Ohrringe und fünf Haarreife – doch damit gelang es ihr, jedes Mal wie neu auszusehen. Ihm waren diese Dinge nicht wichtig, aber seine Mutter achtete sehr darauf. Sie erkannte ein Blümchenmuster wieder, wenn sie es zwei Jahre zuvor an derselben Frau gesehen hatte. Hingegen hätte sie nicht mehr sagen können, wie der vorige Präsident der Vereinigten Staaten mit vollem Namen hieß.

Der Chevrolet, so blitzblank, dass die Betrachter sich in in seinem Lack spiegelten, schlug den Weg zum Haus der Familie Light ein.

Immer wieder hatte Robert zu Sara gesagt, eines Tages, wenn sie es am wenigsten erwartete, würde er sie in Sandville besuchen kommen. Sie hatte darüber gelacht, überzeugt, dass es nie passieren würde. In seiner Hosentasche zeichnete sich eine quadratische Ausbeulung ab, über die er von Zeit zu Zeit mit den Fingern strich. Als er das weiße Haus am Ende der Straße erblickte, schlug Roberts Herz schneller. Er war versucht, kehrtzumachen und in einer Staubwolke zu verschwinden, doch die Leute aus diesem Dorf wirkten nicht so, als würden sie einen derartigen Besucher vergessen. Wenn er jetzt umdrehte, würde Sara erfahren, dass er gekommen war und es sich dann anders überlegt hatte. Die Hände fest ums Lenkrad geklammert und tief durchatmend, fuhr er bis vors Haus der Lights.

Mrs. Light, die das Auto durchs Küchenfenster erblickt hatte, trat vor die Tür, um sich den Besucher anzusehen. In Sandville war der Anblick eines so eleganten Mannes oft gleichbedeutend mit schlechten Nachrichten, und so trat sie ihm mit ernster Miene und dennoch liebenswürdig entgegen. Als er ihr sagte, er sei ein Freund von Sara aus New York, kam sie näher und gab ihm zur Begrüßung die Hand, klebrig von der Pfirsichmarmelade, die sie gerade zubereitete. Sie sagte zu ihm, Sara helfe ihrem Vater hinten im Pferch, er müsse bloß ums Haus gehen, da würde er sie finden. Robert bedankte sich, und auf dem Weg zum Pferch roch er an seiner Hand.

Er sah sie von hinten. Sara trug ihr Haar offen, Strohhalme hingen ihr in den Strähnen. Ihre Gummistiefel waren bis über die Knöchel verschmutzt, sie ging mit schweren Schritten durch den Schlamm. Ihr Vater füllte aus einem Schlauch die Schweinetränke und trieb die Tiere mit den Füßen auseinander, damit sie sich nicht alle zugleich auf die Tränke stürzten.

Robert beobachtete die beiden von der Hausecke aus, wo sie ihn nicht sehen konnten. Sara hob ein Ferkel auf, das mit der Schnauze im Morast wühlte. Der Geruch nach Jauche war so beißend, dass Robert sich mit dem Jackettärmel die Nase zuhielt, um ihn mit dem vertrauten Waschpulverduft zu überdecken. Sara trug einen Jeans-Overall, ein Flanellhemd und eine grüne Plastikschürze, und sie lächelte das Ferkel in ihren Armen an. Dieses Lächeln erkannte er wieder, von den Malen, die sie zusammen essen gegangen waren, und das störte ihn. Alle Bewegungen Sarahs in diesem kleinen Gatter waren überraschend sicher, und trotz des Grunzens und des Gestanks ringsum strahlte sie die gleiche Anmut aus wie seine Mutter, wenn sie die Blumenvasen im Esszimmer von der einen auf die andere Seite trug oder ihre türkische Angorakatze liebkoste.

Er war ebenso entschlossen, einen Schritt nach vorne zu tun, wie einen Schritt zurück. Wieder hinein in seinen blitzsauberen, nagelneuen Chevrolet mit dem Geruch nach frischem Leder. Oder doch vortreten und sich zwischen dem Quieken der Schweine bemerkbar machen. Es war Saras Mutter, die ihm die Entscheidung abnahm, indem sie mit einem Tablett, darauf ein Krug Tee mit Limonade und drei Gläser, an der anderen Hausecke erschien. Als er sah, wie sie nach rechts und links blickte, wo der Gast stecken möge, blieb ihm nichts anderes übrig, als aus seinem Versteck zu treten.

Sara fuhr herum. Sie sah Robert da stehen, gekleidet wie an dem Tag, als er sie ins Theater ausgeführt hatte, und sie kam sich vor wie eine verirrte Schauspielerin, außerstande, sich zu erinnern, ob sie ein Stadtmädchen war, das eine junge Bäuerin, oder eine junge Bäuerin, die ab und zu ein Mädchen aus der Stadt mimte. Ihr entglitt das Schweinchen und stürzte in eine Pfütze aus Lehm und Jauche, die ihr bis ins Gesicht spritzte. Ihr Vater, der nicht verstand, was dieser Besuch sollte, es aber für ausgemacht hielt, dass es sich um einen Bekannten von Sara handelte, trat mit dem Schlauch zu seiner Tochter, damit sie sich ein wenig säubern konnte. Sara wusch sich das Gesicht und band sich die Haare zu einem hohen und feuchten Pferdeschwanz. Robert erblickte in ihr zum ersten Mal eine derart wirkliche Frau, dass sie ihm Angst machte. Wegen des fehlenden Make-ups entdeckte er eine kleine Narbe auf ihrer Stirn und eine Art Schramme auf ihrer rechten Wange.

In New York überschminkten die Mädchen ihre Wunden, hatten gelernt, sie nach Innen zu kehren. Saras Wunden aber sah er nun so deutlich vor sich, dass ihm mulmig wurde. Zugleich blickte sie ihn aus weit aufgerissenen Augen an und schien eine Erklärung von ihm zu erwarten. Robert betastete die Ausbeulung in seiner Hosentasche, unsicher, was er ihr sagen sollte, wie erstarrt stand er vor den drei Familienmitgliedern. Natürlich hatte er damit gerechnet, sie in einer ländlichen Umgebung anzutreffen – sie verheimlichte ihre Herkunft nicht –, doch die Situation, in der er sich nun wiederfand, hatte nichts mit den bukolischen Szenarien gemeinsam, die er sich während der Fahrt ausgemalt hatte.

Mr. Light kam mit dem rettenden Vorschlag an, sich auf die Veranda zu setzen. Die Mutter schenkte jedem ein Glas Tee mit Limonade ein. Beim ersten Schluck verzog Robert unwillkürlich das Gesicht, er hatte nicht erwartet, dass es so sauer wäre. Saras Vater, der Sandville nur selten verlassen hatte, aber ein gebildeter Mann mit viel Einfühlungsvermögen war, übernahm die Gesprächsführung, weil die jungen Leute sich beide nicht trauten, eine Unterhaltung zu beginnen. Er bat Robert, sich kurz vorzustellen, und sprach dann ausgiebig über seine Farm. Sein Vater habe mit der Schweinezucht begonnen, und nach dessen Tod hätten die beiden Söhne sehr unterschiedliche Vorstellungen davon gehabt, wie der Betrieb weiterzuführen sei. Saras Onkel, ein ehrgeiziger Mann, habe sich einen Geschäftspartner gesucht und Maschinen gekauft, um die Zucht auszuweiten und effizienter zu machen, während er selbst sich für einen bescheideneren Weg entschieden habe: eine überschaubare Zucht von hoher Qualität, hinreichend, um Sandville und einige Dörfer in der Umgebung zu versorgen. Das bringe ihnen genug Einkommen für das einfache, aber glückliche Leben, das er sich immer gewünscht habe. Sein Bruder habe ein Schweineimperium gegründet, er hingegen eine Familie.

»Eine Frage der Prioritäten, nicht wahr, Robert? Mein Bruder liebt Sara sehr, und seine Frau, die leider vor Kurzem von uns gegangen ist, hat sie immer behandelt wie die eigene Tochter, die sie beide nicht hatten. Ich freue mich für meinen Bruder, dass die Dinge für ihn so gut gelaufen sind, und ich weiß, er freut sich auch für mich. Außerdem hat Sara auf diese Weise eine Familie auf dem Land und eine in der Stadt. Nicht wahr, Sara?«

Sara hob den Kopf und blickte ihren Vater zärtlich an. Alles an Mr. Light strahlte aus, dass er ein guter Mensch war. Sara bat ihn um Erlaubnis, sich kurz zu waschen und umzukleiden. Ihr Vater antwortete, danach könne sie ja mit Robert eine Runde durchs Dorf gehen. Da gebe es zwar nicht viel zu sehen, doch um diese Zeit müsste die Bar geöffnet sein.

Robert unterhielt sich noch eine Weile weiter mit Mr. Light auf der Veranda. Ihm gefiel, wie Saras Vater sprach, und die Schlichtheit in allem, was er ihm erklärte. Er hatte einen Betrieb, in dem er eigenhändig für die Fütterung, Reinhaltung und Auslieferung der Erzeugnisse sorgte, und es hätte Robert nicht verwundert, wenn auch die Geschäftsbücher von Hand geschrieben und neben den Heften gelagert wären, in denen Mrs. Light Kochrezepte notierte. Von seinen Tieren sprach Saras Vater auf eine Weise, dass Robert überzeugt war, jedes Mal, wenn er Schweine zum Schlachthof brachte, empfinde dieser Mann tiefes Bedauern.

Sara erschien wieder, in einem Kleid, das weder zu schick für Sandville noch zu rustikal für New York war, an der Brust eng anliegend, auch die Taille betonend und doch dezent geschnitten – ganz das natürliche Mädchen, das dennoch Stil hatte, so wie er sie von ihren anderen Treffen her kannte.

Sie stiegen in den Chevrolet, und nach knapp drei Minuten waren sie schon am Dorfplatz. Robert, an jenem Tag zweifellos der attraktivste Mann in Sandville, wirkte übertrieben herausgeputzt. Den Leuten reichten seine Krawatte und die Bügelfalten aus, um sich ihr Urteil zu bilden, und ebenso wie bei Sara Light glaubten sie bei ihm, solche Details ordneten ihn einer höher stehenden Gemeinschaft zu, der sie selbst nicht angehörten und auch nie angehören könnten. Das machte sie wütend. Jeden Schritt der beiden verfolgten sie mit gesenkten Köpfen, eingeschüchtert beeilten sich Sara und Robert zur Bar. Dort saß Jasper vor der Tür, mit seiner Glatze und den dunklen Augenringen, die den Ausdruck schlechter Laune in seinem Gesicht noch verstärkten, und rauchte eine Zigarette. Als er das Paar näher kommen sah, trat er die Kippe aus und verschränkte langsam die Arme vor der Brust. Die Sonne färbte die Fassaden gelb und ließ seine Glatze glänzen. Tess sei noch nicht da, sagte er zu den beiden, er könne ihnen nur Kaffee oder Bier anbieten, in der Hoffnung, sie würden kehrtmachen und woandershin gehen. Doch Sara erwiderte, kein Problem, sie wollten eh bloß Kaffee trinken. Jasper erhob sich. Es schien ihm lästig zu sein, dass er Kundschaft hatte, nun, da die Bar leer war und das einzige Geräusch das leise Summen der eingeschalteten Kaffeemaschine.

Er servierte ihnen zwei Tassen, so voll, dass auf dem Weg von der Theke zum Tisch schon die Hälfte des Kaffees auf die Untertassen verschüttet war. Robert kommentierte die Qualität des Services mit einer fast unmerklichen Kopfbewegung und bat höflich um einen Löffel. Jasper, dem die Kopfbewegung nicht entgangen war, ließ den Löffel dann absichtlich in den Kaffee fallen, sodass ein heißer Spritzer Roberts weißes Hemd befleckte. Jasper entschuldigte sich, tat so, als sei es ein Versehen gewesen, doch sein gleichmütiger Tonfall ließ keinen Zweifel daran, dass es Absicht war. Sichtlich erzürnt fragte Robert nach dem Bad, um sich das Hemd zu säubern. Mit einem Knurren wies der Wirt auf die Tür hinten im Raum.

Ehe Robert die Toilette betrat, blieb er eine Weile nachdenklich stehen, betrachtete die speckige, bröckelnde Wand und das rissige Mosaik auf dem Boden, das zu quadratischen Mustern angeordnet war. Dies war Saras Welt, nicht seine. Als er das Bad wieder verließ, stieß er mit Casey zusammen, der um zwölf Uhr mittags bereits torkelte, und zurück am Tisch fragte er Sara, wer dieser Typ mit Cowboyhut sei.

»Er heißt Casey, und es geht ihm nicht gut …«

Endlich traute sie sich, ihn zu fragen, warum er nach Sandville gekommen sei. Robert, die Hand an seiner Hosentasche, als hätte er dort etwas zu verbergen, wurde immer nervöser. Auf dem Weg zum Auto hatte er sich vorgenommen, das Ding irgendwo zu verstecken, doch dann hatte er daran nicht mehr gedacht, und nun fürchtete er, Sara würde die kleine Ausbeulung erkennen. Um Zeit zu gewinnen, wechselte er das Thema und sagte, als er Jasper draußen habe sitzen sehen, in seiner schwarzen Weste, mit den verschränkten Armen und den harten Kontrasten der Mittagssonne im Gesicht, habe ihn der Anblick an ein Bild im MOMA erinnert, von einem Künstler, den er sehr möge, aber gerade falle ihm der Name nicht ein. Geduldig fragte ihn Sara, was dieser Künstler sonst noch gemalt habe, und Robert sagte, er sei bekannt für seine Kompositionen, ganz klar und mit sehr starken Farben. Immer malte er einsame oder sehnsüchtige Figuren, und an all das fühle sich Robert in Sandville erinnert. Sara schwieg nachdenklich und trank einen kleinen Schluck Kaffee. Robert sagte auch nichts mehr und blickte sich in dem Lokal um. Sie rührte eine Weile nervös mit dem Löffel in ihrem Kaffee, dann wiederholte sie mit einer für sie untypischen Hartnäckigkeit die Frage: »Warum bist du hier?«

Roberts Hand über der Ausbeulung in seiner Hosentasche begann noch heftiger zu zittern als zuvor, und stammelnd antwortete er, er komme von einem Vertragsabschluss in Memphis und habe auf dem Rückweg beschlossen, in Sandville Halt zu machen, um sie zu besuchen, vor allem aber, um für seinen Vater ein Schwein zu kaufen, denn der sei ja nun in Rente und verbringe immer mehr Zeit in seinem Landhaus *upstate*, und oft sage er, und sei es nur um seine Frau zu ärgern oder den Sonderling zu spielen, er hätte gerne Kaninchen, Schweine und Hühner, damit er Freunde einladen und ihnen Speisen aus eigener Erzeugung vorsetzen könne.

Sara musste sich auf die Lippen beißen, um nicht zu weinen. Sie wusste, dass er log. Dann versuchte sie zu lächeln und nickte mit kleinen, trockenen Kopfbewegungen. Robert fuhr fort mit seinem Rechtfertigungsmonolog, Worte über Worte, die Sara nur leise hörte, wie aus der Ferne. Als er fragte, ob sie aufbrechen sollten, sagte sie sofort ja. Jasper kassierte für die beiden Kaffees den Preis für Leute von auswärts, das fiel Sara auf, und in dem Moment sah sie in ihm zum ersten Mal einen Freund.

Als sie zur Farm zurückkehrten, saß Mr. Light im Schaukelstuhl auf der Veranda und las Zeitung. Gerührt blickte er auf das junge Paar, so stark und so hübsch, wie er und seine Frau es gewesen waren, als sie heirateten, und er fragte sie, wie es ihnen im Dorf ergangen sei. Ohne die Frage zu beantworten, erwiderte Sara, Robert sei nur gekommen, weil er ein Schwein kaufen wolle. Mr. Light kannte seine Tochter gut genug, um das Zittern in ihrer Stimme zuordnen zu können. Er blickte zu Robert, dessen Gesicht weiß wie Milch geworden war, und sagte mit väterlicher List zu dem Burschen, wenn er wirklich ein Schwein wolle, kenne er Züchter, deren Betriebe in seiner Nähe lägen, denn fünfzehn Stunden Fahrt seien für jedes Tier zu lang, zudem brauche er einen Anhänger, wenn er ein Schwein transportieren wolle.

Erleichtert gab Robert ihm Recht. Alle drei waren sich bewusst, dass sie Theater spielten, und sie schlossen das Thema ab, indem sie einander dankten, mit einem Dreieck von unbehaglichen Blicken. Mr. Light hob die Hand, um Robert von der Veranda aus zu verabschieden.

Sara begleitete ihn noch zum Chevrolet. Während er einstieg, musterte sie ihn mit einem Blick, der binnen weniger Stunden alt geworden war, und sagte: »Der Maler, den du meintest, war, glaube ich, Edward Hopper.«

Der Name traf Robert wie ein Tiefschlag, er setzte ihn außer Gefecht. Ohne Sara in die Augen zu blicken, sagte er, sie würden sich dann ja sehen, wenn sie mal wieder in der Stadt wäre. Dabei kam sie seit dem Tod ihrer Tante kaum noch dorthin, und sie wussten beide, dass dies wohl ihre letzte Begegnung gewesen war. Sara schlug die Autotür zu. Er fuhr los. Als er Sandville hinter sich gelassen hatte, schob er die Hand in die Hosentasche und legte mit einem Seufzer die kleine Schachtel auf den leeren Beifahrersitz.

Aus dem Katalanischen von Michael Ebmeyer

Josep Pedrals

Die vierzig Tage des Johann Baptist Auferchristet in der Wüste

In der Wüste Kurzehose
blüht nichts, nicht einmal ein Kaktus,
gibt's Geranien nicht, nicht Myrte ...
Lauben nur für Traumwandler,
die dem Mond entgegensteigen.
Regnet es, sprießt Bärentang,
hält auf Dünen Sonnenwache,
doch es regnet kaum zwei Tage.
Hunde finden keine Fährte
und von Pfuschern die Skelette
stellen weglos Schilder auf.
Weder Staub gibt es noch Scheiße,
und findet man eine Ritze,
ist es ein Skorpionennest.

Wenn das Abendrot sich neigt,
damit ein verträumter Kauz
seinen schweren Vorhang aufzieht
und dem günstig nahen Opfer
Augen zeigt und letzte Zehrung
in der Wüste ... horch, emphatisch
heult der Fuchs ... und wie gewieft
in der Psychiatrie der Seher ...
Trocken legt ein Schatten Körnlein,
oberflächlich (macht die Spur frei
an den unwirtlichsten Orten);
Schatten, der Gesträuch hier sucht,
nackter Fuß und Hühnerauge
ganz profan von Johann Baptist.

Trägt ein Fell, das ist ein Fetzen,
den er ausriss aus dem Rücken
eines Löwen. Abgedeckt ein
Auge, das durch einen Schlag
eingedrückt ihm wurde – jetzt
schwimmt's verloren nah am Darm.
Aufgeschürft sind seine Knie.
Haare lang in einem Zopf.
Einmal sprang vom Zug er ab,
fahrend. Als er noch ein Kind war,
sah er direkt in die Sonne.
Er ernährt sich nur von Pilzen
und von Heuschrecken. Sonette
sind für ihn die klare Rede.

Korkschwimmergleich schwimmt er oben
auf des Wüstensandes Wogen.
Kullert wie ein alter Groschen:
schnell, doch unerlöst die Seele.
»Immer weiter, immer weiter …«.
Spürt einer Hyäne Schnauze,
die Zigarrenrauch ihm hinspuckt,
schon im Nacken, doch er stoppt:
Eine ferne Menschenreihe
klingelt hell wie eine Glocke!
Weg mit Schnauze und Hyäne.
Eine Karawane sieht er,
die auf eines Kamels Höcker
eine Ottomane trägt.

Aufgeweckt durch den verschob'nen
Sonnenschirm (ein Sonnenstrahl!)
reckt den Hals jetzt das Prinzesschen,
hält vors Aug die rechte Hand:
Sieht den heilgen Trottel stehen,
der sie ehrfürchtig betrachtet.
Uninteressant, der Penner,
also lässt sie's Glöcklein klingen
um im Schatten zu verbleiben
und die Reise fortzusetzen.
Merkt nicht, dass die Witzfigur
hüpfend hinter ihr nun wandelt,
linker Fuß, dann rechter Fuß,
ja, jetzt tanzt der Johann Bap-
tist.

Tanzend bleibt er weit zurück –
Johann Baptist ist erschöpft.
Will sich setzen, mal verschnaufen,
aber die Hyäne stört ihn
und so wandert er stur weiter.
Irrt umher; kann – schwimmt nicht mehr.
er versinkt, verschlürft sich ganz
wie ein Tropfen durch den Ausguss
und macht Brustzüge im Sand –
große Anstrengung, die ihn
immer weiter abwärts zieht.
Schließlich ist er weg, begraben …
Spuckt ihn aus 'ne andre Düne,
nicht kann ihn die Wüste töten.

In der Wüste Kurzehose
gibt's Kanäle nicht noch Brunnen.
Ist das Wasser (was?) erst weg,
brauchst du nicht in Winkeln suchen …
Langsam wird das Hirn zu Holz
und man sieht zwei Horizonte:
den des Himmels, den, der sich ihm
zugesellt, und den vom Grund.
Wagenspuren kann man sehen
auf den Wegen und den Straßen,
die hinführen zu den Öfen,
und die Uhren, Sand und Sonne,
die die forteilende Zeit
auf dem Rost der Tage grillen.

Selbst beim Leiden sollte man
vorsichtshalber Anmut zeigen,
auch wenn Dunkelheit sich breitet
im Gehirn und herrschaftslos
alle Sinne sind – man findet
Kraft, um's Image zu polieren
und nach außen stark zu wirken,
sich ein wenig selbst zu ehren.
Zum Wiedergewinn der Form
trägt Hans Baptist Uniform
eines Dreiecks auf dem Kopf.
Hält die Arme ausgebreitet
und steht nur einem Bein,
nennt sich daher Auferchristet.

Eine Reihe Palmen, stehend
wie im Marmeladenglas
Bleistifte in einem Haufen,
antriebslos am Rand des Topfs,
faul und heimtückisch erlahmend,
Palmenzweige schaffen Rahmen
für Oase, Badewanne
für das Dreieck Hans. Der nässt sich
ungestüm zuerst die Seele,
labt den Leib, macht einen Schlussstrich
(von der Raserei zum Über-
Glück) und grenzt Erschöpfung ein.
Doch mit einem Fauchen macht
die Hyäne Schluss mit Spaß.

Will sich schnell verstecken, tut es
hinter einem Baumstamm, g'rade
dass man ihn nich sieht, denn es
lohnt, im Schilf sich eine Weile
aufzuhalten, wo es schattig,
um 'ne Runde mal zu schnarchen.
Die Hyäne kennt sein Schweifen
und hat keine Lust auf Pingpong:
flieh-ich-finde-dich-und-flieh …
Schnell ist sie bei ihm und packt ihn
an der Hand, die man gut sieht,
denn da er als Dreieck geht,
kann die Palme seine Arme,
ausgebreitet, nicht verdecken.

Mit der schlecht versteckten Hand
Speichel auffangend und Zahn,
öffnet den geschlossnen Mund
ein entsetzter Klageschrei,
schneidet die latente Stille
und Hans Baptist reißt sich los,
um in einen tiefen Brunnen
unvorsichtig reinzuspringen.
Ohne jegliches Bewusstsein
dreht er eine lange Nase
hin zur Öffnung mit dem Licht;
von dem Grund des Brunnens Elend
fordert er das Tier hysterisch,
will vom hohen Ross es ziehn.

Brunnen Elend nennt man ihn,
weil er nie den Durst verringert
eines Pilgers und zudem
stark relativiert wird durch die
sehr nahe Oase, illoyaler
Nachbar für unstete Brunnen
auf der Strecke, weit verstreut
und ohne Gewerkschaft. Baptist,
der im Schlamm versinkt, vergisst nun
die Hyäne und die Wunde,
sieht, dass er nicht gut platziert ist.
Selbst mit seiner Arroganz
räumt er die Entfernung ein:
Gut ein Steinwurf bis zum Ausgang.

In der Wüste Kurzehose
kann man nicht viel nachdenken;
handeln, heißt es, oder nichts,
und nichts führt zu noch mehr nichts,
was, wenn man's zusammennimmt,
viel zu wünschen übriglässt.
Die Höhle der Zeit, die Grotte,
die man nicht beleuchten kann,
wenn kein Wunder dort geschieht,
Hindernis ist's in der Wüste
wie auch eins um Mitternacht:
Tausend Höhlen gibt's und Proben,
um die Kleidung einzureißen,
die man nie mehr flicken kann.

Um sich jene Lebensflamme,
die Verstand heißt, zu erhalten,
widmet sich Hans Baptist seiner
Pflicht, und stellt sich voll Verachtung
wieder auf ein einz'ges Bein,
um als Dreieck, sein Design,
wieder da zu stehn. Er wütet,
als er feststellt, wie die Schmalheit
seines tiefen Schachts ihn einengt.
»Aber warte«, sagt er sich,
»was, wenn ich des Kerkers Enge
nutze, um mich hochzustemmen?«
Und versucht zu pendeln. Flugs
stürzt die Wand des Brunnens ein.

Sehr zerknirscht senkt er das Antlitz.
Lässt sich fallen, schwer besiegt.
Eine Träne gleitet über
seine Wange und die dicke
Schicht aus Staub und Sand; man sieht
die gebräunte Haut. Erledigt,
mit Wänden doch ohne Decke,
bleibt ihm gar nichts, alles futsch:
Mit dem Blick zum Himmel sich
hinzugeben durch Katharsis,
mittels Flehen, mittels Beten
an die Götter; schnell zu sterben,
frei zu sein zur Überfahrt.
Wild und ungezähmt und Laie.

Wiewohl Vollpfosten, doch Mensch.
Wiewohl ein Idiot, doch menschlich.
Wiewohl hässlich, ein Gesichtchen.
Wiewohl mystisch, doch profan.
Wiewohl mürrisch, doch nur manchmal.
Wiewohl Seemann, doch vom Land.
Wiewohl kalt, erschaudert er.
Wiewohl nehmen, doch auch geben.
Wiewohl Geizhals, Altruist.
Wiewohl dezent ... aus der Bahn!
Wiewohl fehlerhaft, verbessernd.
Wiewohl rau, wiegt er auch ein.
Und er ist, wohl wahr, allein.
Er vermisst selbst die Hyäne ...

Während Hans im Herzen bohrt,
überdecken dichte Wolken
die zuvor noch goldne Wüste,
so dass sie jetzt aschen wirkt.
Heftig blitzt und donnert es,
doch Hans schließt sich in Gedanken.
Bis ein Tropfen Regenglücks
»GUSS!« ihm sagt. Und dann beginnt,
das Gemäuer sich zu füllen,
das Hans Baptist in sich birgt,
welcher schwimmend aufwärts treibt,
steigend sich empor bewegt,
bis er überquillt, ganz Lehm,
glücklich ist und Punkt.

Singend unterm Regen nun,
– Algen füllen jetzt die Wüste –
(misstönend wie eine Sau,
die man um mehr Morgen bringt)
spekuliert Hans Baptist, ob
er zurück ist aus des Todes
Taschen oder ob der Amboss,
der so schwer wog in der Seele,
wohl das wahre Leben war,
Leben in dem Brunnen Elend.

Wer sich dann und wann verirrt,
sich und anderen missfällt,
möge Kurzehose bleiben:
Rettung ist auch in der Wüste.

Aus dem Katalanischen von Àxel Sanjosé

Eva Baltasar

Permafrost (Auszug)

3

Sicherheitsmaßnahmen überall. Mehr als Menschen. Mehr als Ratten. Maßnahmen, die weder mit Sinn noch mit Verstand ergriffen werden. Sicherheitsmaßnahmen in Form von Geländern, doppelwandigem Panzerglas, Betreten-Verboten-Schildern, Gurten, Absperrgittern, Helmen, Schaltern. Maßnahmen, die aktiv und passiv sind, spielt keine Rolle. Das können sein Knieschoner, Schutzmatten, Reißverschlüsse, Kondome, die Bereitschaftspolizei, Fußball. Genauso Medikamente, Arbeitslosengeld. Maßnahmen, die sichtbar oder unauffällig sind. Elektromagnetische Bremsen, Gefängnisse, Eingliederungshilfen, Gerüste, Ventile, feuerfester Belag, Sitzgurte, Karabiner. Und noch einmal Medikamente, Fallhüte, Begleiter, Produkte mit 0,1 % Fettanteil. Medikamente, Medikamente und Medikamente. Heutzutage ist ein geglückter Suizid eine Heldentat. Die Welt ist voller skrupelloser Leute mit Erste-Hilfe-Kursen, sie sind überall, so diskret und grau wie Täubinnen, aber so aggressiv wie Mütter. Sie fordern den Tod der anderen mit ihren Herzdruckmassagen und präzisen Heimlich-Manövern heraus. Sie sind eine Gruppe von Gaunern, man kann nicht mal mehr einen Olivenstein in die falsche Röhre kriegen, sie bringen dich dazu, ihn mit voller Wucht auszuspucken, auch wenn sie dir dabei die Rippen brechen und die Lunge perforieren, du bist voll mit Kotze aus Dry Martini, und der Olivenstein thront wie ein Pokal in einer Ecke. In einer Ecke zu sterben, wäre schön, es müsste möglich sein, sich gute Sterbeecken mieten zu können, ohne jegliche Störungen, ohne selbstbetriebene Sauerstoffflaschen, die unerwartet im letzten Moment auf dich herabgelassen werden, wo die Sicherheitsmaßnahmen dir ermöglichen, dir garantieren, einen verdienten Tod zu sterben.

In Wahrheit sind die Sicherheitsmaßnahmen eigentlich Verteidigungsmaßnahmen des Äußeren, des Obersten Folterers. Täglich entleert die Welt ihre Giftigkeit in mein Mark, sie assimiliert mich durch ihr Eindringen und ich kann es nicht zulassen, ich kann mir nicht zulassen, mich zu teilen. Miese Medikamente. Und dass, obwohl diese roten und gelben Kapseln mich anziehen, wie Blumen. Sie sind ein Nektar des schlechten Lebens, ein kräftiger Trank. Wer bin ich schon, den abzulehnen? Meine Schwester sagt, sie sei glücklich. Glücklich! Dieses Wort war schon am Tag meiner Geburt verdorben. Wenn sie »glücklich« sagt – »ich bin sehr glücklich« sagt – zeigt sie mir dabei die Zähne.

Sie schauen mich wie Augen an, diese Zähne, gelblich verfärbt wie das Weiße im Auge bei alten Menschen, und dass, obwohl sie mit dem Tabak und Kaffee aufgehört hatte, noch bevor sie zwanzig war. Aber Rooibos und Yoga machen auch süchtig, sind säurebildend und machen alt und süchtig. Gesunde Sachen töten schleichend, zunächst lassen sie dich an ihre Liebe glauben, sie verpflichten dich zu ihrer ausgezehrten Intensität. Über Jahrzehnte, in denen wir uns in einem davon für gewöhnlich fortpflanzen, werden wir zu Blässe gezwungen. Welch meisterhafter Schachzug! So verantwortungslos einem Kindheit aufzudrängen, kann nur ein Nebeneffekt von Medikamenten sein. Man muss weich wie eine Füllung sein, um Zugang zum Leben zu haben, damit jedes neue Kind von Kopf bis Fuß eingewickelt werden kann, mit dem seidenen Faden der eigenen Angst, kastrierende Mutter per se, bedingungslose Cheerleaderin. Die Stärke der Angst ist die Summe jedes einzelnen kleinen Traums, der zu Pulver zermahlen wird. Sich es also als eine Line ziehen, es bleibt einem wohl nichts anderes zum Leben übrig. Die Nacktheit verbergen, indem man sie friedlich unter die Dusche stellt. Gesegnet sei die Betäubung.

13

Dreckshandy. Jedes Mal, wenn es klingelt, denke ich »das bringe ich mit mir um«. Auf diese Art und Weise kann ich auch meine Kontakte umbringen. Es ist meine Schwester. »Ja?« »Hallo, Liebes.« Mama? »Das Baby ist auf die Welt gekommen! Es ist ein Mädchen! Ich gebe dir deine Schwester.« Wichtige Nachrichten verkünden: Das ist der einzige Orgasmus, den meine Mutter kennt.

14

Ich habe gerade die Badewanne geschrubbt. Sich dareinzusetzen, widerte mich an, ich musste die krebsförmigen orangen Sticker abpulen, die am Boden klebten und schimmelige Abdrücke zurückgelassen haben, die man nicht wegbekommt. Ich befrage das Internet und gehe im Supermarkt einen metallischen Topfreiniger und Bleiche einkaufen. Schrubben, immer nur schrubben. Nach einer Viertelstunde weicht der Schimmel, aber nicht der Umriss der Krebse, der wirkt wie in das Porzellan eingebrannt. Es ist seltsam, überraschenderweise!, was die Zeit mit dem Kleber einiger Sticker macht. Bestimmt war der Klebstoff vor zwanzig Jahren aggressiver als heutzutage. Vor zwanzig Jahren war alles aggressiver, man fand sogar Schwermetalle in den Babyflaschen. Vielleicht liegt es daran, dass wir Kinder des Babybooms eine außergewöhnliche Generation sind, schon seit der Krippe auf Drogen. Ich lasse die Badewanne bis oben hin mit lauwarmem Wasser einlaufen, aber ich bemerke augenblicklich, dass es ein Fehler ist. Ich hätte mich vorher duschen sollen. Das mache ich also, ziehe den Stöpsel, seife den Körper und die Haare ein, brause mich ab, wringe die Haare aus und trockne mich gewissenhaft ab. Ich fange wieder von vorne an, jetzt aber wirklich. In den Filmen lackieren sich die Frauen die Nägel in einem lebendigen Rot und ziehen ihren Lippenstift nach, bevor sie es tun. Ich fand schon immer, dass es ein pittoreskes Detail ist. Glauben die wirklich, dass sie nach drei Stunden oder am nächsten Tag oder fünfzehn Tage später immer noch begehrenswert sind? Ich habe die Ausreden satt, ich habe es eilig. Jetzt aber wirklich. Mit einem Stück Toilettenpapier entferne ich die Haare aus dem Abfluss, werfe sie in die Toilette und spüle sie hinunter. Auch wenn es meine sind, diese nassen und angehäuften Haare in diesem Loch, das aus weiteren kleineren Löchern besteht, widern mich an. Ich lasse wieder das lauwarme Wasser bis oben einlaufen und hole drei Kerzen aus der Schleckertasche. Es sind dezente, rechteckige Kerzen mit jeweils drei Dochten und sie riechen nach japanischen Kirschblüten oder Lotusblumen aus Fidschi. Die Gillettes hole ich auch raus, ein halbes Dutzend plus zwei als Geschenk, nigelnagelneu. Ich habe noch nie welche benutzt. Geschweige denn angefasst, wenn ich so darüber nachdenke. Sie sind in einem unzerstörbaren Plastikbeutel und ich muss ihn mit der Nagelschere aufschneiden. Ich lege sie auf den Klodeckel zu den Kerzen. So eins neben dem anderen sehen sie ganz witzig aus, wie ein T in den Druckbuchstaben von früher. Ich weiß nicht warum, aber ich muss an Virginia Woolf denken. Das muss an ihrem Mann liegen, der hatte eine Druckerei in einem Dorf. Aber Virginia Woolf hatte es besser als ich, die Ouse war ein sauberer Fluss, nicht so wie der hier, kontaminierter kann es kaum sein und mit den ganzen Verrückten, die am Ufer patrouillieren. Ich verstehe nicht, warum ich nicht daran gedacht habe, ein Buch mitzunehmen. Schaffe ich es, etwas zu lesen? Habe ich genug Zeit? Langsam gefalle ich mir selbst nicht mehr. Das habe ich nicht so gut durchgeplant, wie ich dachte. Ein Ellenbogen stößt gegen den Duschvorhang. Es ist ein fröhlicher Vorhang, voll mit bunten Schmetterlingen. Oha. Ich habe gerade eine Schimmelpilzkolonie am unteren Ende gesehen, eine beachtenswerte Kolonie, die sich von der Naht aus weiterverbreitet. Ich frage mich, ob der Vorhang in oder vor der Badewanne fallen soll. So aus der Nähe betrachtet, ekelt mich diese Pilzkolonie mehr an als die krebsförmige. Der Vorhang ist überflüssig. Erledigt. Ich löse die Metallstange und rolle den Vorhang ein. Die muss auf die Veranda, beschließe ich, denn im Badezimmer kann sie nicht bleiben, dafür ist kein Platz. Außerdem habe ich die Hoffnung, eine schöne Abschlussszene zu schaffen. Oder wenn nicht schön, dann zumindest ordentlich. Ich wirke wie ein etwas eigenartiger Soldat, der nackt mit einer stumpfen Lanze und meinem weichen Schild aus Schmetterlingen durch den Flur rennt. Ich gehe wieder zurück. Ohne Vorhang sieht es besser aus. Und ohne die Stange. Lediglich eine Stange ist trostlos, es war ein guter Gedanke, sie zu entfernen. Ich verlange so wenig! Ein würdiger Tod, verbluten. Man sagt, dass es dem Einschlafen am nächsten kommt. Ich muss Pipi. Die zu Tode Verurteilten müssen immer Pipi. Aber ich bin keine Verurteilte. Wenn ich nicht Pipi mache, entweicht es mir dann nach meinem Tod? Ich gehe davon aus, dass sich die Schließmuskeln entspannen, vor allem im warmen Wasser. Und der Afterschließmuskel? Ich denke nicht, aber ich habe keinen Grund davon auszugehen, dass sich einige Schließmuskel entspannen und andere nicht. Mir gefällt es nicht, dass sich die Schließmuskeln nach dem Tod entspannen. Ich beschließe, Pipi zu machen. Ich benutze das Bidet, denn der Klodeckel ist mit Kerzen und Gillettes vollgestellt. Hätte ich einen Einlauf machen sollen? Mama benutzte immer ein Zäpfchen, wenn sie sich erleichtern musste, aber nur, wenn sie kurz davor war und ich bin weder kurz davor, noch habe ich Zäpfchen. Was ich aber habe, sind Platzpatronen, die mir mein Papa geschenkt hat, als ich klein war. Es war ein Erinnerungsstück an seinen Wehrdienst und vielleicht würden sie jetzt den Zweck erfüllen, auch wenn sie anschließend nicht rauskämen, wenn sie drinbleiben würden, und wenn sie warum auch immer eine Autopsie machen müssen, würde der Gerichtsmediziner in der Klemme sitzen. Ich habe Angst. Meine Angst hat Gedanken, besitzergreifende Gedanken, die man beseitigen muss. Mit einem Wasserstrahl wasche ich meine Pussy und trockne sie mit einem Gästehandtuch. Ich entferne Shampooflaschen, Duschgel, Conditioner, Intimwaschgel, Bodylotion, Mandelöl (ich muss an Zyanid denken) vom Badewannenrand und stelle sie ins Bidet. Dann nehme ich die Kerzen. Fuck. Sie sind zu groß, rutschen mir aus den Händen, fallen ins Wasser und spritzen alles voll. Hunderte Tröpfchen trocknen fast augenblicklich und ich bekomme Gänsehaut. Nein. Nein! Das ist nicht der Gemütszustand, den ich brauchte. Ich schaue die Gillettes an und sie sehen harmlos aus. Aber ich weiß, dass sie es nicht sind. Ich nehme eine Gillette und schneide mir die Adern auf. Vertikal. Ohne hinzusehen. Ich halte inne. Gar nichts spüre ich. Aber man sagt, dass es schmerzlos ist, sich die Adern aufzuschneiden. Ich schaue hin. Nichts ist passiert. Ich schaue die Gilette an. Ich überprüfe die Gilette. Scheiß Gilette: sie hat eine durchsichtige Kappe. Ich habe keinen blassen Schimmer, wie zum Teufel eine Gillette ist, aber das, was ich in den Händen halte, ist nicht mehr als eine verdammte und harmlose Depiliermaschine.

16

»You know I cannot marry you. We are lesbians!«, rufe ich. Veronika lächelt. »Of course we can! Since 30th January!« Oh, Lord! Die gleichgeschlechtliche Ehe zu legalisieren war ein großes Ding, das bestreite ich gar nicht, aber mir ging es schon vorher gut. Die Ehe ist wie eine Korallenotter, nicht immer giftig, aber vorsichtshalber sollte man ihr lieber nicht zu nahekommen. Na gut, genau genommen nennt man die ungiftige Korallenotter auch falsche Korallenotter und damit ist auch schon alles gesagt. Jetzt muss ich etwas gestehen: Ich bin keine ehrliche Person. Nein, ich bin eine Person, die lügt. Ich lüge, seit ich mich erinnern kann, viel, jeden Tag, fast ohne es zu bemerken, ganz natürlich. Ich lüge so viel, dass ich darüber nachgedacht habe, ob das vielleicht krankhaft ist. Aber in Wahrheit hat das so wenig Einfluss auf meinen Alltag, dass ich gar nicht das Bedürfnis verspüre, etwas daran zu verändern. Schlimmer noch, ich habe gerade herausgefunden, dass ich lüge, um mir das Leben zu vereinfachen, wenn ich noch mehr darüber nachdenke, – Gesegnet sei das Schreiben – bemerke ich, dass ich drei verschiedene Arten von Lügen benutze. Anpassungsfähige Lügen, ausweichende und gewichtige. Wenn ich noch am Leben bin, dann deswegen, sie sind die historischen Walzen, auf denen mein Leben rollt, ich muss nichts anderes machen, als aufzuheben, was zurückbleibt und es wieder nach vorne bringen, pausenlos. Genau genommen bin ich eine Sklavin meiner selbst, aber an dem Tag, an dem ich nicht mehr kann, stirbt die Sklavin, nicht die andere, die alle kennen, diejenige, die scheinbar frei mein Leben lebt und nicht ich ist. Es ist ein festgekettetes Herz. Herzen werden festgekettet geboren. Dem Herzen zu folgen, ist ein Fehler, wenn du an die eigene Freiheit denkst, denn die Freiheit ist das Reich der Lügen, so ist das. Lügen ist eine Art von Widerstand, eine Tarnstrategie für Individuen, die in Gesellschaft kaum aggressiv sind, wie ich. Die anpassungsfähigen Lügen erlauben einem, mit den unangenehmen Elementen der Realität zu leben. Die ausweichenden Lügen hingegen vermeiden Erklärungen, reduzieren die Kommunikation mit unerwünschten Gestalten oder in unerwünschten Situationen, mit Gestalten im Allgemeinen. Und die gewichtigen Lügen, oh!, die gewichtigen vermeiden die unausstehlichen Urteile über einen selbst. Mir ist vollkommen bewusst, dass sie in tierischer Angst leben. Aber die tierische Angst kann ein guter Antriebsmotor sein, sie hat die Fähigkeit sogar die stabilsten Beziehungen zu kippen. Vielleicht liegt es daran, dass ich es verweigere, emotionale Bindungen einzugehen. Um Himmels willen, was rede ich denn da? Dieses moderne psychologische Vokabular ist das Opium für mental Instabile! Ich nenne mal ein Beispiel. Eine gewichtige Lüge: »Marry me!« Veronika ist umwerfender als sonst. Wir haben den ganzen Tag gefickt, wie

Tiere, die vom Aussterben bedroht sind, und wenn ich ein Typ wäre, hätte ich sie bestimmt geschwängert. Mein ganzer Körper gibt sich ihr hin, wie ein heißes und festes Kaugummi, er passt sich an jeden Hohlraum an, sucht den Punkt, an dem das Äußere endet und sich das intime und nackte Fleisch des Inneren öffnet. Ich verspüre das Verlangen, mich mit ihrer Essenz zu treffen, sie in mir aufzunehmen. Da war eine so immense Liebe, die gleichzeitig das Wort Liebe ausschloss. Die Finger, die Lippen und Hände, und die Nase und die Zunge und die Füße und die Zähne und die Haare und meine Klitoris, unglaublicherweise ums dreifache angeschwollen, wie ein imposanter Mikropenis ... Meine gesamten Verlängerungen sind bis in ihre letzten Winkel gezwängt, auf der Streckbank des unendlichen Verlangens. (Ich frage mich gerade, warum es bei der existenziellen Vergänglichkeit Extreme gibt, wonach der Tod noch nicht mal streben kann. Der Tod braucht die Einsamkeit, um seine Macht auszuüben und Liebe und Einsamkeit sind Geschwister, die sich gegenseitig ausschließen. Ich muss also meinen eigenen Tod später noch mal überdenken.) »You know I can not marry you. We are lesbians!« Veronika lächelt. Natürlich können wir heiraten, seit dem 30. Januar! Und selbst wenn wir es nicht könnten, »marry me« ist der reinste, dauerhafteste Eid! Eine hauchdünne Glasscheibe in mir vibriert plötzlich und zerspringt in lauter schmerzhafte Splitter. Veronika stellt eine kleine und perfekte Pralinenschachtel zwischen uns, mit der Godiva Schleife und dem eingeprägten goldenen Siegel. Ich will die nicht öffnen, denke ich beim Öffnen. »Marry me, my love.« Da sind meine Lieblingspralinen drin, und dieser schöne Ring aus einem eigenartigen Gold, breit und mit eingravierten Zeichnungen. Ich weine innerlich. »I can't«, antworte ich. Sie fängt auch an zu weinen, aber ohne die Fassung zu verlieren, ganz still. »There is another woman in my life«, lüge ich. Alles an ihr schrie nach Leben. Mein Leben hingegen, schrie nach dem Tod.

17

»Was meinst du damit genau, wie es so mit einer Frau ist? Wie es ist, eine Frau zu ficken?«, frage ich. Natürlich meint sie genau das, aber meine Schwester sieht mich mit einem Schollengesicht an. »Ich habe mich von Ian getrennt!«, ruft sie. Eigentlich spuckt sie es aus, mit der Absicht, auf eine emotionale Zielscheibe zu treffen, die ich nicht besitze. Ich setze mich zu ihr auf das Sofa. Es ist ein weißes Kunstledersofa, das jedes Mal beim Hinsetzen wie Schuhsohlen in der Turnhalle quietscht, deswegen vermeide ich es. Ich nehme ein Kaugummi aus der Packung, stecke es mir in den Mund. Eine außerirdische Kälte lässt mich Spucke produzieren, als wäre ich ein vergifteter Hund. Ich muss mich konzentrieren. Um den kritischen Punkt zu überwinden, an dem die künstlichen Zuckerersatzstoffe die erste Schicht Mundschleimhaut angreifen, kaue ich schneller. Ich muss mich kurz sortieren. Dieses Gästezimmer brauche ich für ein paar Monate, also muss ich mich stark anstrengen. »Du hast recht, sorry.«, sage ich. Dank dieser kleinen unbedeutenden anpassungsfähigen Lüge steigt ihr Selbstgefallen wieder auf die gewohnten Werte und sie legt sich mit einer Agatha Ruiz de la Prada Taschentuchdose auf dem Rock neben mich. Sie drückt sie wie eine Katze an sich, mit kleinen Bewegungen und steifen Fingern, streichelt sie grob und legt dann den Kopf auf meine Brust, bereit der Geschichte zu lauschen. Ich hoffe, das chinesische Essen ist bald da. Die Haare von meiner Schwester sehen sauber aus, aber sie verströmen einen fettigen Geruch, der mich an einen Churro-Stand erinnert und ich fühle mich wahn-sin-nig unwohl. »Erinnerst du dich an diesen Film, den wir als Kinder gesehen haben?«, fange ich an, »Er hieß *Gesprengte Ketten*. Den haben wir bestimmt sieben oder acht Mal mit Papa gesehen. Er handelte von amerikanischen Offizieren der Luftwaffe, die in einem Gefangenenlager im Nazi-Deutschland eingesperrt waren. Sie hatten es geschafft, einen langen Tunnel zu graben, der unter dem gesamten Lager entlangführte. Aber als sie in der Fluchtnacht aus dem Tunnel kletterten, fehlten noch sechs Meter bis zum Wald. Um sechs Meter hatten sie sich verrechnet! Also hatten sie keine andere Möglichkeit, als ihr Leben auf Spiel zu setzen und vor den Blicken der Wachen ungeschützt diese Distanz zu überwinden. Erinnerst du dich daran?« »Nein«, antwortet sie gleichgültig. »Egal. Worauf ich hinaus wollte. So mit einer Frau ist es, als wenn du aus diesem Tunnel kletterst und feststellst, dass du wirklich diese sechs Meter gegraben hast, die dir noch fehlten.«

19

Ich bin zehn oder elf Jahre alt und der ganze Tag war eine Offenbarung. Ehrlich gesagt, gab es den ganzen Monat über eine Offenbarung nach der nächsten. Ich habe gelernt, dass sich menschliche Lebewesen wie Tiere fortpflanzen, wie Säugetiere! Wenn die Männchen einen steifen Penis haben, der länger als sonst ist, führen sie ihn in die Vagina der Weibchen ein. Nicht nur einmal, sondern unendlich oft und superschnell. So schnell wie ein Wimpernschlag! Und wenn die das nicht genauso machen, zählt das nicht. Angeblich ist es nicht schmerzhaft, aber seltsamerweise schreien sie trotzdem. Und wenn sie fast fertig sind, spritzen sie Sperma durch einen Kanal im Penis, aus dem gleichen aus dem sie sonst auch pinkeln. Das spritzen sie in die Vagina der Weibchen! So eklig ist das!

Nee, das ist widerlich! Darüber sprechen wir mit den Klassenkameradinnen. Das ist so widerlich, dass wir beschließen, keine Kinder zu bekommen. Wir beschließen, Kinder aus China zu adoptieren. Uns verbindet der Ekel, den wir auf unsere Mütter und Väter übertragen. Haben die das wirklich gemacht? Einige von uns haben sogar Geschwister. Haben Mama und Papa das wirklich ZWEI (und einige sogar DREI) mal gemacht? Als nächstes bekommen wir von unserer Sachkundelehrerin eine Gruppenarbeit über Plattentektonik. In meiner Gruppe sind wir zu fünft, drei Mädchen und zwei Jungs. Wir gehen zu Laura nach Hause, sie ist die beliebteste in unserer Klasse. Genau genommen ist sie sogar die beliebteste im ganzen sechsten Jahrgang, A und B zusammen. Die einzige Blonde mit blauen Augen in einer Welt voller Kinder mit braunen Haaren und braunen Augen. Außerdem spielt sie Klavier und hat einen Wellensittich, der jederzeit frei im Haus rumfliegen kann, wann sie es will. Ganz besonders ist aber, dass ihre Mutter arbeitet. Woanders arbeitet! Manchmal ist Laura bis zum Abendessen allein, wenn sie dann nach der Schule nach Hause kommt. Laura öffnet die Tür mit einem Schlüssel, den sie an einer silbernen Kette trägt. Wir gehen nach ihr rein, ein wenig aufgeregt und eingeschüchtert, weil wir wissen, uns überwacht an diesem Nachmittag niemand, kein Erwachsener. Und sowas passiert so gut wie niemanden, nur Laura. Sie tut so, als ob sie älter wäre, sagt, wir können die Jacken und Rucksäcke in ihrem Zimmer lassen und dann folgen wir ihr in die Küche. Ihre Mutter hat uns Schokobrötchen und eine Flasche Zumosol auf die marmorne Anrichte gestellt. Laura schlägt vor, dass wir auf dem Sofa essen und dabei fernsehen. Wir nehmen Schokobrötchen, Saft, Gläser und Küchenpapier mit und stellen alles auf den gläsernen Couchtisch vor dem Fernseher. Dann fragt Laura, ob wir ein Video ihrer Eltern schauen wollen, dass uns bestimmt gefallen würde. Nervöses Kichern. Sechs Schüchterne. Ich meine ja, dass wir die Aufgaben machen sollen, aber irgendwie bin ich davon begeistert, unter der Woche einen Film zu sehen. Bei uns zu Hause passiert sowas nie. Bei uns zu Hause haben wir keinen Videorekorder. Filme zu Hause zu haben, die man jederzeit sehen kann, wenn einem danach ist, muss großartig sein! Laura steckt die Videokassette in den Schlitz und sie wird mit einem gurgelnden Geräusch geschluckt. Wir warten alle gebannt und verschlingen die Schokobrötchen, ohne den Blick vom Bildschirm abzuwenden. Man kann die ersten Szenen sehen. Diesen Film habe ich noch nie gesehen, ich habe ein gutes Gedächtnis, was Filme betrifft, und ich erinnere mich an keinen, der mit einer Poolparty anfängt. Dann nimmt Laura die Fernbedienung und spult mit mehrfacher Geschwindigkeit vor. »Was machst du da?«, fragt Ivan. Ich bin auch aufgebracht. Das zählt nicht, so den Film zu sehen. »Wartet, ich überspringen den Mist«. Plötzlich hält sie das Bild an und drückt auf Play. Eine stille Anspannung breitet sich unmittelbar in jedem einzelnen von uns aus und verbindet uns irgendwie in diesem außergewöhnlichen Komplott. Auf dem Bildschirm entblößt eine nackte Frau ohne jegliches Schamgefühl ihre rasierten Genitalien. Die blondierten Haare sind mit einem Haarband zurückgebunden, welches ihr über die Stirn geht. Sie ist stark geschminkt: sie trägt grünen Lidschatten, hat Rouge auf den Wangen und fuchsiafarbene Lippen. Sehr große goldene Creolen trägt sie auch. Die Haut ist braun gebrannt, als hätte sie den ganzen Sommer nackt in diesem Pool verbracht. Die Brüste sind sehr groß, mit einem Nippel so groß wie eine Tesafilmrolle. Beide hängen etwas zur Seite, aber sie sind genauso, wie ich sie später gerne hätte. Sie liegt auf einem Sonnenstuhl. Naja, nicht direkt. Sie liegt auf einem Mann, der auf einem Sonnenstuhl liegt, die Beine sind gespreizt und angewinkelt. Man sieht das Gesicht vom Mann nicht, aber man weiß, dass er ein Mann ist, denn er hat überall Haare und einen Penis. Einen riesigen, gigantischen Penis! Wesentlich dicker als der von einem Hund, so hatte ich mir den Penis von einem Mann vorgestellt, wenn auch nicht so lang. Das verschlug mir den Atem. Der Mann hörte nicht auf, die Frau zu penetrieren, vor und zurück, vor und zurück. Auf dem Bildschirm war eine Großaufnahme davon, wie dieser rosafarbene und klebrige Penis aus der Vagina rein und wieder rauskam. Die Frau schnitt komische Grimassen und stöhnte mit offenem Mund. Sergi lachte und wir anderen waren mucksmäuschenstill. Laura sah abwechselnd uns und den Fernseher an. Ich wusste, dass das nichts Gutes war, was wir da machten, aber ich konnte und wollte nicht wegschauen. Das war grausam! Aber so außergewöhnlich! Dann kam noch eine dritte Person. Ein weiterer Mann, klein und muskulös, auch nackt, näherte sich der Frau von der Seite. Dabei fasste er seinen Penis an! Er nahm ihn in die Hand und rieb ihn, so als würde es jucken, aber nicht zu stark, denn der Mann war dabei entspannt. Die Hand wurde mit jedem Mal kleiner und der Penis immer größer. Als er bei der Frau ankam, machte er was, dass uns vom Glauben abfallen ließ. Naja, alle außer Laura, die zufriedenstellend lächelte, als wenn es das Normalste auf der Welt wäre. Er steckte ihr den Penis in den Mund! »Wie widerlich!«, rief Anna. Ich dachte, dass einem speiübel davon würde, aber tatsächlich wurde mir das nicht, ich hatte einen staubtrockenen Mund und das Stück Schokobrötchen im Mund war hart und rissig wie ein Erdbrocken. »Soll ich anhalten?«, fragte Laura. »Nein!«, antworteten wir alle. Die Frau wirkte, als wollte sie den Penis essen, aber das machte sie nie, sie leckte ihn nur und sie verschlang ihn mit ihren Lippen wie ein fuchsiafarbener Ring und passt sich seiner Form an. Das war unglaublich. Durch den Penis flossen Venen, die sich von oben bis unten überkreuzten, wie die Venen bei Sportlerarmen, die unter der Haut grünlichen Schlangen ähnelten. Unten an der Basis war der Penis breiter, wie der Hinkelstein von Obelix. Gelegentlich drückte der Mann auf die Spitze und ein paar Tropfen kamen raus, die so zähflüssig und durchsichtig wie Waschmittel waren, und mit der Penisspitze benetzte er die Lippen der Frau, bevor er ihn wieder in ihren Mund schob. Das war kein Sperma. Wir wussten, dass Sperma weiß war, weil uns das die Achtklässler verraten hatten. Aber was war es dann? Davon haben sie uns nichts in der Schule erklärt! Als es so aussah, dass der Mann genug hatte, ging er zwischen die Beine der Frau, kniete sich auf das bisschen Platz, das noch auf dem Sonnenstuhl frei war und penetrierte sie. Zusammen mit dem anderen Mann! Beide gleichzeitig! Ich konnte das kaum glauben. Das musste doch gezwungenermaßen schmerzhaft sein! Tatsächlich hörte die Frau nicht auf, zu stöhnen und zu kreischen. Aber sie schien sich nicht wirklich zu beschweren. Und er stellte nichts an, um da weg zu kommen. Als wir dachten, dass wir schon alles gesehen hatten, passierte es. Der Mann unter ihr zog den Penis aus der Vagina und schob ihn in ein anderes Loch. »Aber was macht der denn da?«, fragte Irene. »Ja klar! Als ob!«, rief ich. Frauen haben doch keine zwei Vaginen! Gott sei Dank, endlich stellte ich fest, dass sie uns was vorgemacht hatten. So musste es sein. »Aber siehst du denn nicht, dass es das Loch vom Hintern ist?«, fragte Sergi argwöhnisch. Ich erinnere mich nicht mehr an den Rest von jenem Nachmittag. Ich gehe davon aus, dass Laura irgendwann das Video anhielt und wir dann die Sachkundeaufgabe erledigten. Woran ich mich noch sehr wohl erinnere, ist, als ich zu Hause im Badezimmer pinkelte und mich mit dem Klopapier abwischte, entdeckte ich eine durchsichtige und klebrige Substanz. Mit dem Film brachte ich sie nicht in Verbindung. Erst dachte ich, dass ich krank war, aber ich hatte keine Lust, meiner Mama davon zu erzählen. In der Nacht masturbierte ich mich. So wie ich es seit einigen Jahren jeden Abend machte. Ich masturbierte mich jeden Abend und Morgen systematisch im Bett. Und wenn ich daran dachte, dann auch über den Tag verteilt, auf dem Klo zu Hause oder auf dem in der Schule. In jener Nacht berührte ich mich von innen, nicht nur die Klitoris durch die Unterhose wie sonst. Auch wenn da diese klebrige Substanz war, wie Alienspucke. Ich hatte ein wenig Angst davor, denn es fühlte sich so an, als ob meine Finger gejagt wurden, um dann von innen eingesaugt zu werden. Aber überraschenderweise tat es nicht mal annähernd weh. Vielleicht war ich doch nicht krank. Neugierig näherte ich zwei von diesen feuchten Fingern meinem Mund. Sie waren klebrig, als ob sie von einer Art zähflüssigem Gelee überzogen waren. Und sie war so süß! Eine einzigartige neue Süße. Ich hatte noch nie etwas Vergleichbares probiert, auch wenn mich der Geruch an Fruchtjoghurt erinnerte. Ich leckte sie, bis sie sauber waren und fing wieder von vorne an. Tauchte die Finger in mir und leckte sie ab, immer und immer wieder. Ich dachte, das würde dem am nächsten kommen, mich selbst zu vernaschen. Und von einem

Gedanken kam ich zum nächsten, ganz natürlich, genauso wie wenn ich im Lexikon nach einem Wort suchte und dort in der Erklärung ein Wort stand, das ich wiederum nicht kannte und dann suchen musste. Ich fragte mich, ob meinen Freundinnen Marta oder Anna das gleiche passierte. Aber vor allem, ob das auch Laura passierte, wir waren zwar nicht wirklich befreundet, aber ich wäre sehr gerne ihre beste Freundin. Und wenn es so wäre, wie wäre es wohl, die Finger in Lauras Papaya zu tauchen und wie die wohl beim Ablecken schmecken würden. So süß und fruchtig wie meine? Oder süß und sauer, so wie diese herzförmigen Fruchtgummis, die sie immer in der Pause aß? Einmal hat sie Marta und mir eins gegeben, damit wir es uns teilen und ich fand, dass es das phänomenalste war, was ich jemals gegessen hatte. Weich, aber resistent, mit diesem säuerlichen Zucker bedeckt, der an Zitronensaft erinnerte und sich auf der Zunge auflöste und einen intensiveren Nachgeschmack als herkömmlicher Zucker hinterließ. Ich merkte, wie diese Gedanken meinen Körper dazu brachten, mehr von dieser klebrigen Substanz zu produzieren. Meine Hände waren voll damit, und sie verbreitete sich über die ganze Öffnung, über die Klitoris hinaus. Erst seit ein paar Wochen wusste ich, dass es Klitoris hieß, was ich beim Masturbieren durch die Unterhose berührte, aber jetzt, wo ich mich dort direkt berührte, mit den Fingern, die von meinem Saft bedeckt waren, waren die erfreulichen Empfindungen ums tausendfache verstärkt. Oder zehntausendfache! Der Orgasmus kam fast augenblicklich, ohne ihm hinterherzurennen. Ich dachte an Lauras saftige Papaya und ich kam direkt. Leckte mir die Finger, probierte sie und fing wieder von vorne an. Drei oder viermal nacheinander. Bis meine Klitoris beinahe schmerzhaft kribbelte, fast unempfindlich war. Also musste ich aufhören und dachte beim Einschlafen an Laura. Ich küsste die Falte, die Daumen und Zeigefinger bildeten, stellte mir vor, dass es ihre Lippen seien, streifte mit der Zunge dazwischen und fragte mich, ob eines Tages, wenn wir größer waren, Laura mich das gleiche mit ihrer Papaya machen lassen würde. Es war eine großartige Entdeckung und die Frau aus dem Film, die mit dem Haarband und den Ohrringen, tat mir leid, dass sie sich mit dem Saft, der aus einer Pipette serviert wurde, von dem kleinen und muskulösen Mann zufriedengeben musste.

Aus dem Katalanischen von Jay Uhlemann

Andrea Genovart

Ausstellung, Sättigung, Kontrast

»Und, wie gehts?«

»Völlig fertig, aber wir können nicht klagen. Bei dir so?«

Uri hat an der Ecke Montalegre auf mich gewartet. Schwarze Jeansjacke, neu. Ein Stechen im Magen. Er mistet wohl gerade Kleiderschrank und Terminkalender aus, ein Raubtier, das sich an seiner Beute sattgesehen hat. Fünf Monate sind genug, um zu wissen, ob du den nächsten Schritt tun willst. Vorwärts oder zur Seite, in die *friendzone:* rauf auf die Klippen, von denen ich mich demnächst hinabstürzen werde. Nun also letzter Versuch, eine Nachricht, *hey, hab gesehen, dies WE schließt World Press Photo, will noch hin. Wenn du magst, weißt ja.* Und ich weiß bis jetzt nicht (doch, doch, ich weiß es), warum er zugesagt hat. Sich mit ihm zu verabreden, ist die ungenaueste aller Wissenschaften, mal wird eine Odyssee draus, mal ein Idyll. Seit er mich bei Iváns Party versetzte, haben wir uns noch vier-, fünfmal gesehen. Ich habe versucht, nicht mitzuzählen, es war jedenfalls zu selten für meinen Geschmack. Theoretisch müssten wir uns regelmäßiger treffen, denn wir verstehen uns gut, und der Mensch ist doch ein Gewohnheitstier, aber nein, anstatt öfter zu vögeln, vergeht von Mal zu Mal mehr Zeit, ehe wir uns wiedersehen, und das ärgert mich. Einen Fickfreund hast du, damit er ihn dir reinsteckt, fast ohne dass du es merkst. Darum geht es doch, immer mal ein Nümmerchen, zwanzig Minuten Beckengymnastik und gut. Aber nein. Die letzten Male, die wir es gemacht haben, wurde Uris Schwanz auch nicht mehr richtig hart. Nur halb erigiert, wie eine Biskuitrolle bei Zimmertemperatur. Er glaubt wahrscheinlich, das fällt mir nicht auf, oder er meint, seine Erschlaffung sei nicht weiter schlimm, solange ich nicht frage, alles gut bei dir, hab ich was falsch gemacht, gefalle ich dir nicht mehr? Oder dass ich eh zu wenig selbstbestimmt sei, um ihn zum Teufel zu jagen: *Weißt du, Alter, du müsstest einer dieser mittelalterlichen Könige sein, die vor Geilheit an Hühnerknochen nagen und denen der Geifer aus dem Mund tropft.* Aber auch wenn er keinen Vollblutpenis hat und ein Typ zum Fremdschämen ist, bin wiederum ich nicht der Typ, die Sache zu begraben, solange sie noch ein Fünkchen Leben enthält. Was Leben ist, so generell, weiß ich auch nicht, aber besser, man glaubt, man hat eins. Vor der Beerdigung erst noch die Autopsie. Lieber geduldig sein und sich anschauen, wie die Sache von selbst stirbt, wie sich die Maden im Körper ausbreiten und sich an der Verwesung satt fressen. Lieber ganz sicher gehen, dass sich da nichts mehr reanimieren lässt, sich das letzte Quieken des Hummers im

Kochtopf ersparen. Nicht schon wieder die nächste Enttäuschung, lieber noch nicht wissen, dass einmal mehr alle Mühe vergebens war, die Wirklichkeit ins Korsett der Illusion von der großen Liebe zu pressen. Aber die Feministinnen in jeder Sonntagskolumne: Die große Liebe gibt es nicht, mach dir nichts vor. Romantische Liebe gleich Versklavung; unterwirf dich nicht, mach dich nicht zur Hure für ein Strohfeuer. Allerdings, Prostitution ist auch nicht unbedingt nur schlimm: Geld auf die Hand und keine Steuererklärung.

»Ach, wie immer. Ich habe halt nicht wie du das Glück, für die wichtigste Zeitung Kataloniens zu arbeiten.«

»Nicht jeder taugt dazu, dieses Land aufzubauen.«

Die harten Hunde zu spielen, ist sehr ermüdend. Wir stehen Schlange an der Kasse. Ich weiß nicht mal, ob wir für die anderen Leute wie ein Paar aussehen.

»Hallo, zwei Karten für World Press?«

»Kommt man mit Presseausweis rein?«

»Ja.«

»Hier ist er.«

»Also nur eine Karte zum Bezahlen?«

Die Dame starrt mich über ihre Brillengläser hinweg an. Länglich-rechteckig, pure Resilienz aus Glas.

»Ja, ich zahle.«

»Jünger als sechsundzwanzig?«

»Nein.«

»Sechs fünfzig dann.«

Sie reißt eine Eintrittskarte vom Block und gibt sie mir ohne jede Andeutung, ohne jede Geste des Mitgefühls, weil hier nicht mal ein »Okay, dann lade ich aber nachher auf ein Bier ein« kommt. Kein klarer Kopf, nirgends. So wie schon nicht mal ein Eintopf zum Winterbrunch für uns beide drin war, vor ein paar Monaten in Sant Celoni, in Ciscos Restaurant am Bahnhof.

Wir betreten die Fotoausstellung des Jahres. Eine Auswahl der dreißig besten Blicke der Welt, imstande, die Wirklichkeit bedrohter Gemeinschaften festzuhalten, die anscheinend gar nicht existiert hatten, ehe ein paar künftige Preisträger sich vor ihnen aufbauten und losknipsten. Kriege, Robben auf Gletschern, die schon zu Seen geworden sind und sich bald im Meer auflösen werden, nackte Greise im Halbschatten, Kinder, die in die Kamera lächeln, während ihnen die Rippen durch die Haut brechen wollen. World Press Photo, Geisterbahn für Erwachsene. Ein Rundgang, um bei jedem Schritt echte Beklemmung zu verspüren, ein Schuldgefühl, das sich nicht verscheuchen lässt und dem du dich öffentlich stellen musst, indem du vor jedem Foto mindestens fünf Minuten ausharrst, während in dir die Reue wächst, weil du ein paar überfällige Telefonate immer noch nicht erledigt hast. Du musst dich bessern; ab morgen wirst du ein neuer Mensch sein. Aber jetzt, da du hier bist, schau dir das Foto genau an, lass es dich prägen wie ein Brandzeichen, und bitte diesmal das Heiligenbild mit der Apokalypse, wir wissen ja, dass wir schon im nächsten Moment wieder vergessen, für unsere Gesundheit dankbar zu sein, für unsere Familie und für die Straßenbeleuchtung in unser Stadt. Dafür, dass wir iPhones haben, weil Kinder das Coltan dafür abbauen.

Besonders hoch türmen sich die Schuldgefühle vor einem Foto gleich am Anfang der Ausstellung. Sean Schmidt. Ein grell erleuchteter Sportplatz, umgewandelt in ein Massengrab für Kinder. Sieht nach einem orientalischen Land aus. Vor zwei Jahren wurde schon mal ein sehr ähnliches Bild gezeigt.

Zwei Wände und die vier, fünf tragischen Themen unserer Zeit par excellence. Der Mangel an Originalität, so generell. Das, was unsere Großeltern meinten, wenn sie *all das Elend in der Welt* sagten, auf einem Laufsteg versammelt. Und doch erschüttert es uns immer wieder. Mich zumindest. Ich habe den Verdacht, es liegt an der Darreichung: immer dasselbe Muster von 1) Bildformat 16:9 mit nur einer Hauptfigur (ein Kind, ein alter Mensch, ein armer Mensch, eine Transperson; es kann immer nur ein einziges Exemplar sein von einem gemeinsamen Substantiv mit unbestimmtem Artikel) und 2) viel Sättigung und Kontrast: das Blut sehr rot, die Augen sehr grün hinter dem Schlitz in der Burka. Es sind pornografische Bilder. Natürlich im übertragenen Sinn, schließlich wagen wir es bisher noch nicht, das Elend der Sexarbeiterinnen zu zeigen, denn dann müsste ja der Eintritt für Kinder verboten werden, und die Familien wüssten nicht mehr, was sie Samstagnachmittags machen sollen.

Eine Japanerin versucht sich an einem Selfie vor dem Bild einer friedlichen Kundgebung von Frauen in Hong Kong. Eine Mutter mit schulterlanger, bürgerlich blondierter Mähne bietet ihr an, das Foto von ihr zu machen. Niemand von den Besuchern der Ausstellung käme selbst als Motiv für den internationalen Fotojournalismus in Betracht. Aber es ist ja auch in Ordnung, nicht mehr überall die Hauptrolle zu spielen. Heutzutage muss sich Fotografie, um außergewöhnlich und aufwühlend zu wirken, mit dem Moralempfinden eines fünfjährigen Kindes erfassen lassen. Ohne Geheimnisse, ohne Subtilitäten, ohne Mehrdeutigkeiten: dramatisch kann nur das Offenkundige und Radikale sein. Und, Überraschung!, das spielt sich nie in der Ersten Welt ab. Wir haben keine kilometerlangen Favelas, wir fechten unsere Kämpfe im Privaten aus, denn wir sind von Kopf bis Fuß zivilisiert und führen unsere Seltsamkeiten nicht spazieren. Ich bin nicht die Marokkanerin, die am helllichten Tag gesteinigt wird, weil sie nicht heiraten will. Ich bin die, die um zwei Uhr nachts zu masturbieren versucht und dann, weil sie nicht mal feucht wird, irgendwelche

Onlinekäufe tätigt. Ich bin keine von denen, die Ratten und Hunde essen müssen, weil sie sonst verhungern würden, und ich bin nicht die, die im Extremfall zur Kannibalin wird, so wie die Überlebenden des Flugzeugabsturzes damals in den Anden. Ich war die Jugendliche, die Reiskörner einer Paella, Kekskrümel oder Hamburgerbröckchen mit zu viel Ketchup durch die Nase kotzte. Ich bin kein ausgesetztes Baby in einem Pappkarton; meine Eltern waren auch nicht rettungslos depressiv wie Bertas Stiefvater, der sich vom Dach gestürzt hat, was mal wirklich ein Grund zur Klage ist. Und so weiter bis zum Abwinken. Bloß irgendwas davon hat aus mir zumindest ein verletzliches, verschämtes, verunsichertes, übergewichtiges, selbstzerstörerisches, fanatisches Geschöpf gemacht, mit Familienkrach, unbewältigter Trauer, einer Neigung zu Essstörungen, Schwierigkeiten mit der sexuellen Orientierung, Macho-Anwandlungen, obwohl ich eine Frau bin, und lauter weiteren Problemen, die aber eben keine Probleme sind, weil sie sich im Innern eines Zimmers in einem Mittelschichtviertel von Barcelona abspielen. Nein, es sind alles nur relative Erfahrungen, und ein Pädagoge würde sagen: nötig für das persönliche Wachstum. Jedenfalls raubt dir nichts davon den Schlaf oder verschlägt dir die Sprache. Nichts davon bringt deinen Kopf zum Bersten. Kein *Crashhh*, kein Bumm. Jarvis Cocker, du hast gewonnen: Wir sind *Common People* und werden nie was anderes sein. Mit deiner Lässigkeit einer gekochten Nudel greifst du zum Mikrofon, unterbrichst das Konzert und fragst mich vor dem versammelten Stadion: Du kannst dir doch wohl einen Psychologen leisten? Ein Foto von dir hat nichts zu bedeuten. Du kannst 6,50 € für den Eintritt zahlen, weil du nicht von der Presse bist, und du bist älter als 26, oder? Plus die 70 € für meine Show. Siehst du, ein Foto von dir hat nichts zu bedeuten.

Uri und ich schauen die Ausstellung nicht zusammen an. Er hat sich für einen anderen Rhythmus entschieden, er wartet nicht ab, bis ich vor jedem Bild wieder Bestürzung geheuchelt habe. Ich tue so, als würde ich nichts anderes erhoffen, als sei ich ganz von der Kunst absorbiert und müsse mich dafür in eine Blase zurückziehen, die ich leider nicht leider platzen lassen kann.

Beim zweiten Preis in der Kategorie *Umwelt,* hinter mir: »He, wo warst du? Ich hab dich gar nicht mehr gesehen.«

»Sorry, ich war vertieft.«

Stehen bleibt er nicht.

Aus dem Augenwinkel sehe ich, wie er nun doch stehen bleibt, vor der Aufnahme einer Landebahn, die in Flammen steht, während ein paar Arbeiter mit neongelben Westen (grob, plump, verschmiert) sie mit dem Blick von Sportreportern betrachten. Daneben das Foto eines weiteren Attentats oder eines Militärangriffs, USA, Israel, Nordkorea, Syrien, Pakistan oder irgendein bettelarmes

Land. Wenn wir bei dir in der Wohnung sind, gucken wir immer nur Serien auf Smart TV, nie schaust du bei der Konkurrenz rein, und wenn ich dich frage, warum nicht, sagst du, ich habe die Medien satt und weiß ja aus erster Hand, dass alles gelogen ist. Aber ich nehme an, eine Ausstellung im Centre de Cultura Contemporània de Barcelona zu besuchen, dem institutionellen Wahrzeichen der Neugierigen und Intelligenten, ist was anderes, so generell.

Wieder eins in 16:9. Eine Meeresoberfläche, auf der rotgoldene Glitzerfolie treibt. Ich trete näher heran. Ah, lauter tote Lachse. Ich hatte sie für Müll gehalten. Das Foto ist wenigstens originell: Es klagt die Wegwerfgesellschaft mal nicht in Gestalt einer Coca-Cola-Fabrik in Indonesien an, hinter der sich bergeweise leere rote Dosen stapeln. Erster Absatz des Erklärtextes, CAT: Lachse sind Meeres- und Süßwasserfische (Euryhaline) aus der Familie der Salmoniden. Speziell die Pazifischen und die Atlantischen Lachse unternehmen saisonale Wanderungen zwischen Fluss und Meer, um in denselben Gewässern zu laichen, in denen sie geboren wurden. Daher gelten sie als anadromische Fische. Weiter unten, zweiter Absatz, CAST: Los salmones son peces de agua marina y de agua dulce (eurihalinos) de la familia de los salmónidos. En particul. Ganz unten, dritter Absatz, ENG: Salmons are marine and freshwater fishes (euryhaline) of the salmonid family. In particular, species from the Pacific Ocean and tho.

Eine gute halbe Stunde später stehen wir wieder auf der Straße.

»Hat es dir gefallen?«

»Ja, war gut.«

»Welches fandest du am besten? Ich das von diesem Thompson.«

»Den brennenden Flughafen?«

»Nee, der ist von einem Polen, Dyzek Skrudlik oder so. Ich meine das mit dem Schwarzen Kind, das in die Kamera guckt, Frontalaufnahme, und lacht, aber den ganzen Mund voll Blut hat, keine Zähne.

»Ah, ja. Sehr starkes Bild.«

»Immerhin so stark, dass es hier schon seinen zweiten Preis geholt hat. Du weißt, welches ich meine? Eins von denen am Anfang. Neben dem mit den erstochenen Kindern.«

Das heißt, das beste Foto, das Bild, das die menschliche Empfindungslosigkeit am besten anklagt, das uns am besten davon abbringt, das Elend der Welt und der Unterprivilegierten für normal zu halten, das uns den besten Kloß im Hals und den besten Schmerz in der Seele hinterlässt, ist von einem Engländer. Alles gut, null Groll, aber ich glaube nicht, dass dieser Thompson aus einem Dorf bei Nottingham kommt und dass seine Eltern bei der British National Party sind. Der gesunde Menschenverstand sagt uns, er ist in London geboren, er hat in Cambridge seinen Master in Fotojournalismus gemacht, und er fing schon vielversprechend an, denn er war supermotiviert mit der Kamera für ein paar Tausend Pfund, die er sich als Siebzehnjähriger leisten konnte, und schoss damit eindrucksvolle Porträts von Leuten aus Camden und Whitechapel. Alles toll, ich freue mich mit, aber dann wird der Typ auch noch für den World Press ausgewählt und in der Welt rumgereicht, und dann wird er zu einem Willy Fog, der die Frauen lüstern anstarrt, und die Puten fühlen sich noch superbeglückt, weil er sie auserwählt hat und zu ihnen sagt, sie sollen schön die Beine spreizen, richtig nuttig, denn ich arbeite an einer Ausstellung über unsere Vorstellungen von skandalöser Weiblichkeit und Sexualität, und dafür möchte ich dich porträtieren. Nur das bisschen Blitzlicht, und danach, versprochen, werden wir ein Liebespaar und blablabla. Und her mit dem Koks und dazu Canapés mit Räucherlachs und Schinkensandwiches und Gourmet-Miniburger. Und her mit den Gin Tonics und Jägermeistern aufs Haus, mit dem nicht ganz so preisgekrönten anderen Fotografen, den er an der Bar bei der Vorpremierenfeier getroffen hat und den er verachtet, aber wenn du eh schon total dicht bist, egal, prost, wer weiß, was morgen kommt. Nonstop im Rhythmus, nonstop. Der einzige Weg führt nach oben, und doch begreift (und verkauft) sich Thompson weiterhin als *Independent Artist*. Wenn ihn ein Lokalsender interviewt, erwähnt er beiläufig, dass er Punk hört. Dass sein Spirit und seine Arbeit eigentlich Punk sind. Weil sein Vater zu Hause immer Punk auflegte. Aber ich sollte weder neidisch noch wütend sein auf diesen Thompson mit seinem Kleiderschrank voller Fred Perry und Merc, ich bin Team *Mir doch egal, was der mit seinem Leben macht, mich interessiert nur sein Werk*. Ich bin Team Woody Allen. Mir doch egal, dass der Alte von Kopf bis Fuß Päderast ist, verheiratet mit seiner Adoptivtochter: Ich will den nicht im Knast sehen. Ich bin strikt dagegen, wir brauchen ihn. Die Moral in der Kunst ist eine absurde Prämisse, lächerlich, albern. Sobald ich das Stimmchen höre, *Die Kinst hit dich iini Virintwirting …*, tschüss, der Nächste, *red flag* wegen nix kapiert, geh zurück an die Uni und zahl dafür, denn deine Schulbildung (kritisches Denken) war Geldverschwendung für den Staat, es ist deine Schuld, dass wir in einem Land der Trashkultur leben, in der x-ten Staffel der Serie *El cor de la ciutat*. Es lebe Michael Jackson, es lebe Kevin Spacey, Roman Polanski, Stephen Collins, hoch sollen sie leben, für immer hoch, diese Männer und all die anderen (immer Männer, nur Männer), von deren Sünden wir nie erfahren werden, denn ein Schweigegeld kommt allemal billiger, als das Gleichgewicht der Arglosigkeit zu stören, in dem sich die ganze Menschheit hält. Sie leben hoch, sie leben hoch, und bitte nicht die Nase rümpfen. Gewiss, es gibt Grenzen, so wie überall, dass Althusser seine Frau erdrosselte, ist schon ein Unding, aber wenn es darum geht, welchen Einfluss Philosophen und andere Geistesmenschen in der Welt ausüben, bin ich dafür, sie frei schaffen zu lassen, bis sie dritte

Zähne haben, auch wenn ihnen unterwegs mal die Hand ausrutscht. Wenn uns ein Autor nichts mehr nutzt, wenn er vor lauter Alzheimer nicht mehr weiß, wo er den Akzent setzen muss, werfen wir ihn halt von einer Brücke. Aber zumindest sein Vermächtnis geht uns nicht am Arsch vorbei. Wir sind keine Vollpfosten. Bestimmte Gestalten aus Empfindlichkeit zu ignorieren (oder zu canceln), trägt bloß zum globalen Verfall bei. Aus den persönlichen Geschichten der Genies halten wir uns raus, sonst, zack, Finger in die Wunde, Infektion, Krankenhaus. Und Amputation. Dem Werk den Mund zu versiegeln, das ist, wie wenn der Chauffeur von Carrero Blanco die Route geändert hätte oder wenn du *Alle auf den Boden!* rufst mit Wasserpistole in der Hand. Ja, okay, Feminismus und tote Frauen und unheilbare Traumata, aber Reality-Shows der Kardashians gucken, mit ihren Häusern, bei denen du vor Neid in die Tischplatte beißt, ist auch keine Alternative. Während die tonnenweise Silikon spazieren führen, lassen sich die Mini-Allens, -Jacksons, -Spaceys, -Polanskis, -Collins' und Althussers weiter einen runterholen mit Luft-Zudrücken, Hintern-Versohlen und Schultern-Zerkratzen. Um danach selbst Haue zu verteilen, wie irgendein Rapper aus Baltimore. Borges setzte seiner Frau so ein Geweih auf, dass sie damit nicht mehr durch die Tür passte, aber in der Hochzeitsnacht zog er es vor, bei seiner Mutter zu schlafen. O ja, ein Peter Pan zum Fremdschämen. Und doch lässt sich nicht leugnen, dass uns sein *Aleph* mehr genutzt hat als die Freilegung der Titte von Sabrina Salerno in der Silvestersendung von '87 auf *Televisión Española*. Wenn wir den Schandtaten und Orgien der bedeutendsten Künstler des Jahrhunderts einen Riegel vorschieben wollen, lasst uns ihnen das Urheberrecht entziehen, sodass sie nichts mehr verdienen. Ihre Werke gratis für alle, ihre Konten geplündert: Alles als PDF hochladen, frei zugänglich, und sollen sie verrecken ohne Dach überm Kopf, verhungern oder an Nudeln mit Dosentomaten sterben, während wir uns an ihrer Gelehrtheit sättigen. Das Anwesen in Beverly Hills: verpfändet. Die Werke aber im Umlauf, bitte ohne Ende im Umlauf, so wie das Koks bei der Goya-Verleihung, und die Gäste tun so, als wüssten sie nicht, wo sie hingeraten sind.

Uri und ich dringen ins Raval vor. Es ist Frühling, das Blut gerät in Wallung. Wir finden Platz auf einer Terrasse im Carrer Pintor Fortuny. Es ist kein Chinese, sondern einer mit blauen Wachstüchern auf den Tischen, Blumenmuster, so wie alle Mexikaner in der Stadt. Oder auf der Welt, keine Ahnung, über den Ozean habe ich es noch nicht geschafft. Eine ganz Coole mit Schürze tritt zu uns. Ihr ungeduldiger Blick durchbohrt uns zwischen zwei entfärbten Haarbüscheln.

»Eine Halbe.«

»Zwei.«

Und dazu lächeln, der Form halber.

Das Erste, was ich mich zu Uri hinzog, war, dass er Journalist ist. Und was machst du? Ich schreibe für eine Zeitung, ich bin Journalist. Wie geil ist das denn? Sofort fing ich an zu projizieren. Meinen Durst, meine Fixierung auf innere Werte, das Wichtigste. Welche Zeitung? *El Periódico,* er mache Lokales und manchmal Kultur. Und dann erzählte er mir, in jener Bar, die nach Achselhöhle und Billard roch, dass er am Morgen bei einer Zwangsräumung gewesen und die zuständige Stadträtin nicht aufgetaucht sei. Der sei das alles egal, wie man sehe. Ich beschenkte ihn mit einem ersten Fan-Lächeln, die Geschichte fing also an wie immer. Will sagen, so wie jedes meiner Feuerwerke, ein Farbrausch, der alle Fürze und Rülpser überdeckt. Es gibt Leute, die können aus der Hand lesen, aber sag mir, womit beschäftigst du dich vierzig Wochenstunden? Zwanzig Worte für die Beilage, über ein neues Theaterstück in Poblenou, und das soll heißen, in der Redaktion ist immer die Kacke am Dampfen, sodass du dich nie verabreden kannst? Keine Sorge, ich verstehe schon. Ich werde an deiner Seite sein, einsam wie eine Seemannsbraut. Heute kannst du früher raus, bist aber so müde, dass du nur noch nach Hause willst? Da steigere ich mich nur noch weiter rein und ersehne den Tag, an dem wir einen Spaziergang machen können und ein tiefsinniges und sensibles Gespräch ohne Ende führen. Ich soll nicht drängen? Kein Problem, dingdong, ich lege dir eine Portion Sushi vor die Tür und eile davon.

»Eine Kollegin aus der Redaktion war letzte Woche da und sagt, die Ausstellung ist diesmal viel besser als die vorige.«

»Die vorige habe ich nicht gesehen.«

»Auch ich fand sie sehr feinsinnig, hohes Niveau. Was ja zugleich traurig ist, denn es heißt, alles wird immer schlimmer.«

»Ist halt eine sehr moralisierende Ausstellung.«

»Das soll sie doch auch, wir machen uns ja sonst kaum noch klar, wie gut wir es haben. Ich habe echt keine Lust mehr, über Statistiken zur Prekarität und zu psychischen Problemen zu schreiben, das schafft bloß den Eindruck, es würde uns schlechter gehen als in Wirklichkeit. Dabei soll Journalismus den Horizont erweitern. Aber wehe, du deutest an, dass wir undankbar sind, weil wir alles Mögliche für selbstverständlich halten.«

»Es ist doch wohl ein Unterschied, ob du über aktuelle Themen informierst oder mit schrillen Schlagzeilen auf *Clickbaiting* gehst. Die Message vom World Press ist furchtbar plakativ. Klar, das soll alles auch künstlerisch sein, aber halt immer nach denselben Kriterien. Zum Beispiel könnte man doch auch ein Foto prämieren von einer U-Bahn um sieben Uhr morgens, vollgestopft mit übermüdeten Gesichtern auf dem Weg zur Arbeit. Kapitalismus und Ausbeutung sind schließlich auch in unserer Welt ein Übel. Aber nein, wir haben ja kein Recht, uns scheiße zu fühlen.«

»Das kann man doch nicht vergleichen. Echt nicht.« Schluck Bier. »Wenn ich eins gelernt habe, als ich im Ausland lebte, dann, was für ein Glück wir hier haben. Und wie leicht es ist, über Dinge zu meckern, die nicht funktionieren, aber auch nichts zu tun, um was dran zu ändern. Trinken wir gerade etwa kein Bier mitten in der Stadt? Hast du nicht den Schrank voller Klamotten? Du konntest studieren, was du willst. Niemand hat dich zum Wasserholen an den Fluss geschickt, niemand hat dich mit einem älteren Herrn vom Stamm soundso verheiratet. Du weißt nicht, wie sich die Angst anfühlt, dass auf dich geschossen wird, wenn du draußen unterwegs bist. Mir ging es in Mexiko jeden Tag so. Darum werde ich auch nicht müde zu wiederholen: Wir haben es verdammt gut. Der Großteil der Weltbevölkerung hat nicht solches Glück wie wir. Und das sage nicht nur ich, das sind Daten, die du überall finden kannst, in jeder Zeitung. Es hätte keinen Sinn, aus irgendwas, was hier schiefläuft, ein World-Press-Foto zu machen. Das kaufe ich dir nicht ab. Die Leute da, die haben wirklich gar nichts.«

Was sich liebt, das neckt sich, wie wir auf dem Schulhof sagten. Aber necken kann man sich nicht, wenn einer nicht will und wenn wir eigentlich, Monate nach dem ersten Kuss, das perfekte Date haben sollten. Der Zusammenprall zweier Supernovae: die gesellschaftlichen Missstände (überhaupt so zu denken) und der Blick des Journalismus. Ich bin keine Fotografin, aber an der Uni hatten wir Kurse in Ästhetik, und auch wenn Kant nicht von Farbe, Komposition, Schatten, Blickwinkel, Sättigung usw. redet, kann ich sie doch einschätzen und auf das Erlebnis des Erhabenen beziehen oder auf den Streit zwischen Adorno und Lukács über die Wirksamkeit sozial engagierter Kunst. Uri würde mich ergänzen mit seinem Wissen über Syrien oder Mexiko oder Aserbaidschan oder Bosnien oder Russland oder jedes Land, das sich gegen den Eurozentrismus wehrt. Wir könnten ein unschlagbares Tandem sein. Ein Sandwich, aber eins von den richtig guten, das Sandwich, von dem du nach einem Konzertbesuch träumst. Das *Mixto* fürs Leben, die beste Kombi gleich nach Würstchen mit Paprika und karamellisierten Zwiebeln. Stattdessen ewiges Rumrennen, und am Ende hat nur noch die Bar La Trobada offen, verschimmelter Käse, zu dicke Schinkenscheibe, angebranntes Toastbrot.

»Neulich habe ich gelesen, in Australien wollen sie ein Gesetz machen, dass du deine Eltern verklagen kannst, wenn du nicht damit einverstanden bist, dass sie dich gezeugt haben. Für Fälle von sozialer Ausgrenzung und so.«

»Echt?«

»Ja, irgendwie so. Auch das Recht auf Sterbehilfe soll festgeschrieben werden, also dass man ein Recht darauf hat, nicht zu leben. Aber gibt es nicht einen Philosophen, der genau davon redet? Das müsstest du doch wissen, du hast das ja studiert.«

»Ich weiß jetzt nicht, wen du meinst.«

»Mensch, dein Gedächtnis ... Und wir finanzieren die Unis mit unseren Steuergeldern.«

Wir reden, wir trinken. Wir trinken, während wir reden, um so zu tun, als würden wir uns unterhalten, als würden wir uns gut verstehen. Als hätten wir Dinge zu besprechen. Die Erdnüsse sind unsere Verbündeten.

»Bestellen wir noch eins?«

»Ich sollte besser gehen. Es war eine höllische Woche, ich muss mich ein bisschen erholen.«

»Okay, dann zahlen wir wohl mal.«

Ich bringe ihn zur Metro und gehe dann zu Fuß nach Hause (ich habe ja Zeit). An der Station Liceu, Schulterblick wegen Taschendieben, du, war toll, dich zu sehen, bis bald mal wieder. Ja, klar, wir machen was aus. Und Kuss. Mit spitzem Mund. Spitz und schüchtern, um der Augenfälligkeit auszuweichen, dass wir uns nicht geküsst haben. Ein Küsschen zum Abschied, um nicht darüber zu sprechen, warum wir uns nicht geküsst haben. Spitz und kalt. Eisig-höflich.

Aus dem Katalanischen von Michael Ebmeyer

Mireia Calafell

Si una emergència

emergència [əmərˈʒɛnsiə]

schwerwiegendes ereignis, das drängt

Unausgesprochen

> *We – are the Birds – that stay*
> Emily Dickinson

wir sind die vögel die nicht fortflogen
die den winter im hafen durchleben
und aus diesem himmelsfetzen himmelblaues stricken

treu zur landschaft vielleicht
oder gar lustlos anspruchslos
das wird wohl niemand erfahren

wir gingen alle einen pakt ein:
bloß keine fragen stellen
nur die kälte abwarten schweigend

der himmel wird immer grauer

Eisenbahn

Mit Austerlitz, von Sebald

der himmel drückte   bleiern   wie eine drohung
da die fahrzeiten der bahnen eingetaktet wurden
da erstmals alle uhren einheitlich tickten
da schließlich alle züge   bahnhöfe   eingependelt waren
und die zeit ihre schicksalsstunde schlug

die dame mit dem schal dem hut dem schirm in der hand
die an jenem tag mitte des 19. jahrhunderts in Antwerpen weilte
und die dame mit dem schal dem hut dem schirm in der hand
die an jenem tag mitte des 19. jahrhunderts in Brügge war
begrüßten die angebahnte eintracht kaum   ganz und gar nicht

etwas ließ sie das erahnen was wir nun alle wissen:
jener war der erste tag ihrer restlichen lebenstage

an dem sie nur noch eins sein sollten: zu spät

Fristen

systematisch   vor tagesanbruch
tröpfelt es in der küche zehntausender haushalte
das gleiche spärliche aber stete sickern setzt an:
der hahn spuckt eine flüssigkeit, zäh und grausam
sie stinkt nach fäulnis   nach verbrauchtem
sie nimmt ihren lauf aber kein ende

heute nacht bei uns zu hause   morgen
bei tausend anderen daheim

Das Aussterben

es braucht keine teleskope   lupen   fachwissen
zur erkenntnis: das aussterben liegt in der mitte
dieser träge heranrückenden zukunft
erschöpft von dem, was einfach war
der zeit   den tropen   den gletschern
der großen vorsicht und dem großen schweigen
in der mitte   genau in der mitte
dieses meines lebens an deiner seite

dieses meines lebens

Beschwerdeformular

die szene ging weiter   es folgte ein gespräch
die spinne an der wand sagte *keine sorge   dich erkenne ich*
das hörte der käfer   wusste es zu verstehen
aber wieder schautet ihr nur noch nach vorne
im zimmer seid ihr nicht geblieben
für uns war euer blick nicht geschärft
und nun steht die geschichte geschrieben und so ist sie und nicht anders

gebt mir das zurück, was wir verloren   die gesten   die worte
den trost, den will ich   er gehörte auch mir

emergència [əmər'ʒɛnsiə]

akt des auftauchens, die sich daraus ergebenden möglichkeiten

Mut

wenn die angst die beklemmung das grauen
dieses dahinsiechen zwischen wänden eingesperrt
ohne einen ausweg eine befreiung zu wissen
denn wieder prasselt der regen draußen als hagel
und autoscheiben gehen kaputt ernten verloren
das obst die gerste der weizen und erneut wird uns angemahnt
nie hatte es so gewütet nicht so mit einer solchen gewalt
mit einem solchen geschmack nach untergang

wenn statt den schrecken im inneren zu bewahren
wenn du wenn ich wenn wir mit den zähnen klapperten
und das getöse der kiefer die angst umarmte
wie entfesselte bisons wie brechende wellen

fänden wir vielleicht den griff den kunstgriff zum jenseits der tür

Grabstein

das moos
das auf dem stein blüht das grab bekleidet das datum bedeckt
den namen verhüllt die sippe verbirgt und den tod verschleiert
soll hierher wachsen und meine worte tragen:
diskret aber sicher stets aufs leben setzen wo alles ruht

Spuren

fürchte nicht die reise die nächte fernab von zuhause
laufe immer weiter ohne rast deine füße sollen schmerzen
genau wie dein herz gehe weit fort
erklimme alle gipfel erreiche das andere ufer des meeres der ozeane
habe keine angst einsamkeit wirst du nie erfahren:
in der abgelegensten landschaft findest du spuren
wo auch immer du bist den hauch eines andren
im gesträuch einen deckel tüten im wasser

Absinth

No me talleu els brots del meu dolor.
Deixau-me omplir la boca de donzell.[1]
Blai Bonet

längst ruhen unter der zunge
fenchel melisse anis und wermut
all die noch ungesagten worte die sehnsucht

wenn die gärung soweit ist
wird nachts ein mund in meinen mund
das wasser und den zucker einschenken

dann danke ich dir vielleicht für den durst

1 Lasst die Knospen meines Schmerzes sprießen. | Den Mund mit Wermut volllaufen.

Pancratium maritimum

wie in einer sommernacht im juli
taucht im sand eine strandlilie auf   still   diskret
untrügliches zeichen des wunders, eine blühende knolle am strand
eine ungeheure anstrengung für einen tag am leben
bloß einen tag   dieses lebens

das wünschte ich mir in einer biografie

Aus dem Katalanischen von Guillermo Álvarez Sellán und Laura Obradors Noguera

Borja Bagunyà

Die größte Party, auf der du je gewesen bist

Nicht auf natürlichem Weg, jedoch
obligatorisch und unvermeidlich.
Silvina Ocampo

Es muss die größte Party sein (oder nein, die Party in dem größten Haus, nein, in dem gigantischsten, dem unfassbar gigantischsten Haus), bei der du je gewesen bist. Das Haus ist also riesig, aber es wirkt noch riesiger angefüllt mit so vielen Dingen und Leuten, als verleihe die Tatsache, dass dir dauernd wieder etwas anderes in den Blick gerät, ihm Unermesslichkeit. In jedem Saal Freigetränke, serviert von Kellnern im Frack und von Mädchen in Uniform. Überall Perserteppiche, Kronleuchter, Möbel aus Eiche und Ebenholz, doch je nach Etage haben die Räume unterschiedliche Atmosphären – *Atmosphären* im Party-Sinn des Wortes, also dass bestimmte Musik läuft, die bestimmte Leute anzieht, die bestimmte Meinungen und Haltungen hinsichtlich einer Reihe bestimmter Debatten und Themen teilen, und wo du damit rechnen kannst, dass bestimmte Erwartungen erfüllt werden oder zumindest mit größerer Wahrscheinlichkeit, als bei einer anderen Atmosphäre, mit anderer Musik und anderen Leuten, unter den über tausend Menschen, die sich in einem endlosen Haus verteilen.

Das Haus war dir schon länger aufgefallen, es kam dir schon länger wie das Versprechen eines besseren Lebens vor. In so einem Gebäude, dachtest du, mit seinem fünf Meter hohen überdachten Portal und den griechischen Säulen auf beiden Seiten, mit seinem sanft gewellten Garten am Hang von der Straße hinab und mit seiner monumentalen Stille (eine Stille, die *atmet*, sagtest du dir; inmitten dieser verstopften und nervösen Stadt taucht so ein Haus auf und nimmt sich alle Zeit der Welt zum Ein- und Ausatmen), in so einem Gebäude, dachtest du, müssen doch alle Geschichten ein gutes Ende nehmen. Wer hier wohnte, hatte es gewiss überall bequem und kleidete sich, wie er wollte, und die Ferien verbrachten sie gewiss auf Hawaii oder in Punta Cana oder in einem Prachthotel in den Alpen voller Audrey Hepburns mit hochgeschlagenem Blusenkragen. Dass dort eine Party angekündigt wurde, ist (oder war, du weißt es nicht mehr) der perfekte Vorwand, um dieses Haus einmal zu betreten und die unsichtbare Linie zwischen dem Leben des arbeitenden Menschen und dem des Dandys zu überschreiten, zwischen dem prosaischen Tag und dem poetischen, wenngleich niemand zu wissen schien, was für ein Fest es war, zu welchem Anlass und wer der Gastgeber (aber das ist dir oder war dir einigermaßen egal: ab einem bestimmten Punkt verselbständigen sich alle Partys). Wem du auch die Hand auf die Schulter legtest oder dein Ohr hinhieltest, alle sagten das Gleiche: Als sie ankamen, sei das Haus schon voll gewesen. Ein Fall von spontaner Genese, denkst oder dachtest du, ein tausendfacher Zufall, geronnen zu einer Party, obwohl er ebensogut als Demonstration gegen irgendein Unrecht hätte Gestalt annehmen können oder als eine dieser Schlägereien unter Fußballfans, die sich wie eine zerstörerische Welle durch ein ganzes Stadion verbreiten können.

Du bist hergekommen, weil Ariadna darauf beharrte, sie sah sich außerstande, noch einen weiteren Freitag verstreichen zu lassen, ohne zu feiern, und sie gab dir zu verstehen, auch du seist dazu außerstande. Genauer gesagt gab sie dir zu verstehen, dass du dir bloß nicht klarmachtest, was für eine Riesenlust du hattest, mit ihr auf eine Party zu gehen, doch dank ihrer Großzügigkeit und ihres Scharfsinns (und der Tatsache, dass eine zierliche Schönheit wie sie sich die Mühe machte, dir all das zur Kenntnis zu bringen, obwohl es so viele andere für ihre zierliche Schönheit empfängliche Männer gab, denen sie nicht das Geringste hätte erklären müssen, damit sie mit ihr auf eine Party wollten), hattest du es nicht nur gemerkt, sondern, wenn du nicht herumtrödeltest, sogar noch die Chance, sie tatsächlich zu begleiten. Dein Glück, dass du es beizeiten gemerkt hattest. Ariadna hatte dir auch zu verstehen gegeben, nicht mit ihr auf diese Party zu gehen, wäre eine Fehlentscheidung, die du dein Leben lang bereuen würdest. Du würdest dein Nein bereuen, wenn all deine Freunde sie sähen und den Beweis hätten, was für ein Idiot du wärest; imstande zu sein, am Freitag nicht mit ihr auf eine Party zu wollen, wäre ein schweres und gefährliches Anzeichen für eine soziale Störung, gegen die du augenblicklich vorgehen müsstest: Augenblicklich heißt, von dieser Party an, hat sie gesagt, und dagegen konntest du weder den Morgen danach geltend machen noch, dass du früh mit dem Hund raus musst, noch, dass dich, wie jeden Samstag, deine Eltern zum Mittagessen erwarten.

Dass Ariadna dir gefällt, findest du nicht erstaunlich. Adriana hat schon was Besonders, denkst du, sie bewahrt sich die Kurven, für die sie am Gymnasium bewundert worden sein dürfte, und sie scheint nicht so verkorkst zu sein, dass sie dir das Leben schwer machen wird – die perfekte Freundin mit sechzehn, denkst du, aber sie hängt mit neunundzwanzig noch immer in demselben Stadium fest, mit denselben simplen Prinzipien, die dir manchmal unbegreiflich vorkommen. (Das stellst du immer wieder fest, wenn sie einen der Schwachköpfe in Schutz nimmt, die sie umschwirren und sie so schlecht behandeln, dass nicht zu begreifen ist, wie sie einen Monat brauchen kann, um zu merken, was jeder andere nach einer halben Stunde erkennen würde. Oder wenn sie in Klamotten von Custo und mit Beinstulpen aus rosa Wolle auftaucht, mit diesem Look von süßer, quasi analphabetischer Blondine, der in ihrem Alter und inmitten der traurigen Büros von Sinustel, zwischen Plastiktapeten in Holzoptik und der körperlich unangenehmsten Belegschaft, die du je gesehen hast [mit insgesamt sieben behaarten Warzen, Doppel- und Dreifachkinnen, künstlichen Nägeln über schwarzen Naturnägeln, Mundgeruch, Lippenherpes, zwei Fällen von Schielen und dem beginnenden Buckel von Maribel, dem einzigen Exemplar der Spezies Antisekretärin], völlig fehl am Platz wirkt.) Und doch gibt es etwas in diesem ein Meter sechzig kleinen Körper, das mit der Party wieder zum Vorschein zu kommen scheint, als sei dieser Körper das, was er ist, und zugleich etwas ganz anderes, als sei in Adriana auf einmal eine unendliche Fähigkeit zur Metamorphose erwacht. Vielleicht begehrst du sie deshalb. Brennend. In dem Moment, da du ins Vestibül eines aus dem Mittelalter hierher versetzten Schlosses trittst, bist du nur imstande, ein ums andere Mal im Kopf die Linien ihres Profils nachzuzeichnen. Du denkst, es liegt genau an diesem Begehren, dass du Lust auf die Party bekommen hast, Lust auf das Haarwachs, auf die Jeans, die dir einen knackigen Hintern machen, auf die Rückkehr zu all dem, was im Lauf deines Nachtlebens mal gut funktioniert hat.

Jetzt aber möchtest du gehen. Du hast alles getan, was es auf einer Party zu tun gilt, und etwas in deinem Körper signalisiert dir, dass er hier seinen natürlichen Kreislauf vollendet hat. Du kannst nicht einmal sagen, wie lange die Party schon dauert. Ein paar Stunden? Eine Nacht? Mehrere Tage und Nächte am Stück? Gewiss ist nur, dass du in Mund und Nase ein ganzes Register von Geschmäckern und Gerüchen der Party wahrnimmst – eine müffelnde und verklumpte Version der Eisproben, die in der Antarktis genommen werden –, zusammengefasst zu einem ungewohnten Gestank, der dir die Zähne aufzuweichen scheint. Auch fühlt sich dein Gehirn entzündet an, als hätte man es dir zwischendurch entnommen, um es einmal auseinander zu ziehen und wieder zusammenzuschieben, wie ein Akkordeon. Du bist ziemlich hinüber. Wenn du jetzt gehst, denkst du, kannst du noch ein Minimum an Würde wahren, ein Minimum dessen, was in deinem Inneren die Dinge einigermaßen geordnet oder definiert hält. Doch das Haus gehorcht derselben Logik wie Supermärkte und Spielhallen, es ist dir ebenso unmöglich, einen schnellen Weg hinaus zu finden, wie eine Uhr oder ein Fenster. Immer wenn du ans Ende eines Raums gelangst, findest du dich in einem Vorraum wieder, von dem vier oder fünf massive Türen abgehen, oder in einem kurzen Korridor, der zu einem weiteren Raum führt, ebenso enorm wie der vorige und flankiert von mehreren Séparées ohne Türen, unterteilt durch ein Gerüst aus schwarzem Holz, in denen die Party noch wilder zu toben scheint, als da, wo du herkommst. Du willst es nicht tragisch nehmen, auch wenn dich der Gedanke reizt, dass es sich um eine Falle handele und dass deine Flucht etwas Heldenhaftes oder Dramatisches habe: die Tatsache, dass du zu entkommen versuchst, obwohl es verdammt nicht einfach ist, so denkst du und siehst dich schon einst deinen Kindern davon erzählen: Es gab nicht mal Uhren, dabei war das Haus so riesig und so voller Dinge.

Du setzt dich in Bewegung. Dass du auf einem Ledersofa mit Knöpfen gesessen hast, fällt dir erst auf als du dich davon erhebst. In einer Ecke des Saals, der eine gewölbte Decke und im unteren Teil getäfelte Wände hat, schwallt ein Typ mit umgedrehter Kappe ein Mädchen in pistazienfarbenem Kleid und mit goldenen Ohrringen zu, und ringsum sitzt eine Gruppe weiterer Mädchen, die mit dem Kopf nicken und Wasserpfeife rauchen. Du hörst sie reden, kannst aber nicht sagen, worüber. So viele Leute, die auf dem Boden beieinander sitzen, verleihen dem Saal die Aura einer Geheimversammlung oder eines Treffens vor einem Konzert (bei dem geraucht, gesungen, Karten gespielt und Bier getrunken wird und sich das Feiern auf das Gemurmel der Grüppchen im Schneidersitz beschränkt, mit über die Hände gezogenen Wollpulliärmeln). Weder kannst du dich erinnern, was du in diesem Saal zu suchen hast, noch, wie du dorthin gelangt bist, doch du entdeckst sogleich eine Tür, die einmal mehr (zum x-ten Mal) in einen Vorraum von zwei Metern auf Ein Meter fünfzig führt, und dort fragt dich ein Paar, ob du Papierchen hast.

Hast du nicht. Du trittst zu einer zweiten Tür, sie öffnet sich wieder in einen Saal, in den sogleich die Leute hinter dir dich hineindrängen und dich umringen, dir dabei den Rücken zukehren und mehr sehen als du. Du windest dich, fuchtelst mit den Armen, versuchst dich klein zu machen, doch vergebens. Du hängst fest, als Teil eines Publikums, das auf irgendetwas wartet. Die dichte Masse erinnert dich an deine Ankunft bei der Party (lange her, aber du weißt nicht, wie lange), an das Gedränge um die Willkommensdrinks und daran, wie ein Bekannter von Ariadna (ein Typ mit hochgegelten Haaren und der Art von bankerblauem Hemd, die du mit einem vagen, aber arschlochhaften Liberalismus assoziierst) sie beiseitezog, um mit ihr zu reden, während du auf den Gin Tonic wartetest. Eingeklemmt zwischen einer Frau mit Foulard und einem Ein-Meter-Achtzig-Rücken, der auf einen kahlgeschorenen Kopf hinauslief, erblicktest du Ariadna durch die Lücke zwischen zwei Schulterpaaren, die sich im Gespräch herabbeugten (und als die Schulterpaare sich trennten, sahst du, dass sie einen Martini umklammert hielt und die rechte Schuhspitze in den Teppich bohrte; und als sie sich wieder annäherten, verschwand Ariadna hinter einem braunen Cordärmel, und von ihr blieb nur noch, so, wie wenn man die Augen schließt, nachdem man in die Sonne geblickt hat, der Umriss einer langen blonden Mähne, der nicht nicht von deiner Netzhaut weichen wollte). Unfähig, einen Ausgang zu entdecken oder überhaupt irgendetwas zu tun, außer dich abzufinden, schlüpfst du doch zwischen zweien der gedrängten Leiber hindurch und gelangst in eine Ecke des Raums, nah bei der Tür, durch die du gekommen bist. Beim Hinsetzen fragst du dich, wo Ariadna jetzt sein mag. Dich nicht dafür zu interessieren, worauf die Leute hier warten, scheint dir einem Verlassen dieses Raums, dieser Etage, dieser Party am nächsten zu kommen.

Als du aufwachst (denn am Ende bist du eingeschlafen oder hast jedenfalls lange genug nichts mehr mitbekommen, dass du jetzt den Eindruck hast, etwas um dich herum habe sich verändert, etwas, das zugleich nichts von dir mitbekommen hat und das du nicht verstehst; es beunruhigt dich), siehst du den nackten Oberkörper einer Frau an die Saalwand projiziert. Etwas an diesem Frauentorso bringt dich auf eine sehr treffende Beobachtung zur Art der rituellen Objektifizierung von Körpern, die eine Party mit sich bringt, aber nicht, weil du selbst darauf gekommen wärst (du weißt, du bist viel zu wenig reflektiert, um beim Anblick schöner Brüste treffende Beobachtungen anzustellen), sondern weil du dich erinnerst, wie ein paar Filmstudenten mit schwarzen Hornbrillen diese Beobachtung äußerten, als sie begeistert von dem kalkulierten bourgeoisen Ekel sprachen, den der Film in ihnen auslöse. Du erinnerst dich nicht, ob es in dem Saal war, wo Sandwiches mit Straußenfleisch und Käse gereicht wurden, oder in dieser Art Vorzimmer, mit Teppichen ausgelegt, wo eine Gruppe Kleinwüchsiger mit *Capgrossos* aus Pappmaché herumrannte und politische Jingles sang (oder vielmehr zerstörte, denkst du, auch wenn das Bild dieser Schwellköpfe und ihrer respektlos-ironischen Aufführung den charakteristischen Charme solch grotesker Paraden hatte, einen Witz, den man nicht erzählen, sondern nur verstehen kann, wenn man selbst dabei ist, auf ebendieser Party und in ebendem Moment, in dem der Witz gemacht wird; die *Capgrossos* sozusagen als Werkzeug des komischen Geistes der Party), aber es muss doch im ersten Saal gewesen sein, das mit den Filmstudenten, denn irgendwie kam das Gespräch auf die Möglichkeit, so viel zu essen, bis man platzte, so wie in diesem einen Klassiker, sagten sie, der richtig Eier in der Hose hat.

Oder war es vorher, dass du den Satz mit *Eier in der Hose* gehört hast? Es fällt dir immer schwerer, etwas zu finden, das dich nicht an irgendeine Situation der Party selbst erinnert. Oder war es im Obergeschoss, in dem mit Folie ausgelegten Saal, den sie mit Schaum füllen wollten, aus einer Kanone, die dann aber nicht losging, was zwei Zuständige in Hawaiihemden zur Verzweiflung trieb? War das Stunden her? Oder Tage, denkst du; du könntest schwören, es ist viel Zeit vergangen, seit du mit Ariadna auf der Party ankamst, zumal wenn du bedenkst, wie schon deine Erinnerung nachlässt und wie sich die Momente,

Szenen und Gespräche auftürmen und den Abstand zwischen jetzt und eurer Ankunft endlos ausdehnen und dich zwingen, diese Ausdehnung in ein Zeitmaß zu übersetzen, das dir immer willkürlicher vorkommt (und da es in dem Haus weder Uhren noch Fenster gibt und auch niemand in der Lage scheint, dir zu sagen, wie lange er schon hier ist oder bis wann das hier gehen soll, hast du mehr und mehr das Gefühl, dass ein Ende dieser Party gar nicht vorgesehen ist). Das sagte ein Glatzkopf mit Warzen im Nacken zu einem Kerl im Gorillakostüm neben einer Schüssel Regenbogenbowle (mit Eiern, Vanilleeis und Whisky): Am Arsch, sagte er, es ist hoffnungslos, sich einen Überblick über die Party zu verschaffen. Auch wenn du mittendrin bist (und du weißt ja, ein Zentrum gibt es nicht, die Party breitetet sich aus und organisiert sich um, anarchisch, ohne jede Struktur), also selbst wenn du im unmöglichen Zentrum der Party sein könntest, gäbe es immer noch irgendeine Anekdote, die dir entgehen würde, oder irgendeine Situation, die in der dritten Etage eskaliert, während du dich auf der ersten vergnügst, man müsste ein Team anstellen, das sich ausschließlich damit beschäftigt, die Geschichte der Party zu schreiben, als das Fanal, das sie ist, sagte der Glatzkopf mit den Warzen, und nun denkst du, er hatte vollkommen recht.

Allerdings ist es dir schnuppe, ob es einen Überblick über die Party geben kann. Du willst bloß noch von hier verschwinden (oder vielmehr denkst du, bald wirst du bloß noch von hier verschwinden wollen, sofern man *denken* sagen kann zu dieser gelallten, gestammelten Sprache, in der du zu dir selbst sagst, was du glaubst, dir sagen zu müssen, eine Art *Bla bah bah,* von dem du verstehst, was du willst), aber noch hält dich die Möglichkeit zurück, mit Ariadna zu schlafen und zu vollenden, was sich, seit du auf der Party bist (oder warst, du weißt schon), in deiner Fantasie abspielt. Vielleicht ist es auch nur die Erinnerung an diese Möglichkeit, die sich nicht verflüchtigen will (oder die Erinnerung an die Vorstellung, die du von dieser Party hattest, als du dachtest, das wird die Nacht der Nächte, und du hattest dich hübsch gemacht und sie hatte sich hübsch gemacht, und wenn es es heute nicht passiert, dann nie, denkst du) und dazu führt, dass du dir sagst, die Party ist noch nicht vorbei, sie endet erst, wenn du mit Ariadna ins Bett gehst, ihr habt noch Zeit, Ariadna und du. Wofür du sie natürlich erstmal finden musst, denkst du, und prompt findest du dich selbst auf einem Flur wieder, mit rotem Teppichboden und mit Lampions über den Türen, überall stehen Paare herum, sie rutschen mit den Rücken an der Wand hinab, bis sie zu Boden gleiten und in aller Ruhe knutschen, so wie sich, denkst du, jemand das Innere eines Stundenhotels vorstellen würde, der noch nie eines betreten hat.

Aber dieses Haus hat auch davon etwas. Die Zimmer, die Gänge, die Speisesäle, die Salons, die Vorräume, die Bäder, die Spielzimmer, der Trophäensaal und all die anderen Räume, denen du keine konkrete Funktion zuordnen kannst, erinnern dich systematisch an irgendein anderes Haus oder an einen Typ Haus, zu dem dieses gehört und der in ihm Gestalt annimmt (was auch wieder nicht so verwunderlich ist, denkst du: Bei einer Party sind sich alle Häuser ähnlich, und in diesem gibt es so viel von allem Möglichen, dass es letztlich keinen Charakter hat, so als wäre dieses Haus alle Häuser auf einmal und diese Party alle Partys auf einmal), aber gerade merkst du, dass du dich an vorige Häuser gar nicht mehr erinnerst, nur an Zimmer, in denen du vor einer Weile gewesen bist (oder vor Tagen, du weißt schon), dass du dich allmählich an gar nichts mehr erinnern kannst, was nicht mit der Party zu tun hat, und dass du dir Sorgen um deinen Orientierungssinn machst. Und dann sagst du dir: Ariadna, suchen, *buh bah,* als würde sie zu finden die Verwirrung auflösen, die dich befallen hat, und als könntest du dann sozusagen das loslassen, was dich noch an die Party bindet. An das Schicksal zu denken inmitten des Gewirrs von Beinen und Armen, von verschiedener Musik, die durch die verschlossenen Türen in den stundenhotelhaften Korridor dringt, und der Erregung, zu wissen, dass alle um dich herumknutschen, fällt dir leichter als außerhalb des Gewirrs. Und wenn du Ariadna tatsächlich findest? Ehrlich gesagt weißt du nicht, ob du noch imstande wärest. Deine performativen Fähigkeiten haben sich in Bieren und Gin Tonics aufgelöst, bis zu dem Punkt, an dem du fast vorzögest, sie nicht zu finden, um nicht kaputtzumachen, was du dir als eine Gelegenheit für olympischen Sex ausgemalt hast (ein Bild, dem sich alles hinzufügt, was du über One-Night-Stands gehört hast und darüber, wie man mit kleinen Frauen schläft, ein Thema, von dem du nicht gewusst hattest, dass es eine Wissenschaft für sich ist und dass man dabei unglaublich viel falsch machen kann). Zudem kennst du dich gut genug, um zu wissen, dass ein paar Gläser zu viel dich in eine übellaunige und behäbige Version deiner selbst verwandeln, eine Version, die du verabscheust, das krasse Gegenteil deines Lieblings-Selbstbildes als Mischung aus Stier und Fruchtbarkeitsgottheit, über alles hinauswachsend, was dir Angst macht an der extremen Entblößung, die jede Form von Sex bedeutet. Wenn du dich selbst nicht magst, wird er dir nicht hart, denkst du, und plötzlich ein brennender Schmerz in deinem rechten Schienbein. Du schlägst lang hin, so ungeschickt, dass du die Arme nur halb ausstreckst und dir im Fallen noch das linke Handgelenk verstauchst.

Verdammte Scheiße, sagt jemand, blöder Wichser, aber es kommt dir nicht in den Sinn, dass du gemeint sein könntest, schon gar nicht, dass einer der Kleinwüchsigen es sagt, die du vor einer Weile gesehen hast; er rappelt sich auf, stülpt sich den Schwellkopf wieder über ein wütendes Gesicht und rennt in dieselbe

Richtung wie anscheinend alle gerade. Du folgst ihnen in einen zweigeschossigen Saal, wo drei lange Schlakse mit Informatikergesichtern ein Bierfass über einen Plastiktrichter kippen. Der Trichter hat einen Durchmesser von gut zwei Handspannen und steckt in einem Schlauch, der sich wie eine durchscheinende Boa vom oberen ins untere Geschoss erstreckt. Am Ende des Schlauchs öffnet ein Mädchen, das die Ärmel seines durchnässten T-Shirts bis über die Schultern gekrempelt hat, den Mund in Erwartung des Bieres, und dich erinnert die Szene an irgendwas, denkst du, an einen Film, an eine Serie, du weißt es nicht. Du denkst, diese Idee dürfte den Filmstudenten gefallen, die essen wollten, bis sie platzen. Im Saal herrscht ein Gedränge, du kannst nicht vermeiden, so nah bei jemand anders zu stehen, dass du dich verpflichtet fühlst, ein Gespräch anzufangen. Es handelt sich um eine junge Baskin, die ein Metallsieb als Helm auf dem Kopf trägt und nicht fassen kann, zu was für schwachsinnigen Aktionen die Leute imstande sind. Du sagst ihr, sie solle nicht übertreiben, letztlich sei es doch Getreide, und du würdest morgen auch Bier frühstücken. Diesen Spruch findet sie so lustig, dass dabei zweifellos ihr eigener Alkoholpegel verstärkend wirkt. Sofort hält sich dich für ihren besten Freund und nimmt sich die Freiheit, dir die Hand auf die Schulter zu legen und dich tiefer ins Gewühl zu schieben. Sie erlaubt es sich sogar, jetzt er! zu schreien (also du), sobald das Mädchen im hochgekrempelten T-Shirt von dem Bier ablässt, das sie schon von oben bis unten durchnässt hat, und nach neuen Freiwilligen für die Schweinerei gesucht wird. Du sagst nein, doch anscheinend haben alle beschlossen, dass du nun an der Reihe bist (oder vielmehr, dass du nicht an der Reihe bist, sondern es sein willst, und wenn du es willst, dann bist du an der Reihe), und sie drängen dich, skandieren irgendein Motto, das du nicht verstehst, und starren dich so erwartungsvoll an, dass du dir den Weg bis zum Schlauchende bahnst, ohne darüber nachzudenken, wie viele Leute schon daraus getrunken haben mögen, und dass du keine Ahnung hast, woher dieser Schlauch kommt, und dass dir eigentlich, auch wenn du es dir gerade nicht klarmachst, völlig egal ist, was hundert Fremde denken, die gerade wollen, dass du trinkst, bloß damit sie weiter in einem Zustand der Euphorie verbleiben können, in dem sie alles wahnsinnig lustig finden.

Dich der Masse zu widersetzen, die dich umgibt, ist die letzte Form von Eigenständigkeit, die dir bleibt. Du bist du und nicht das, was die von dir wollen oder sich von dir wünschen, sondern das, was du dir selber wünschst, sagst du dir, doch irgendwer stellt dich genau dahin, wo er dich haben will, und steckt dir das Schlauchende in den Mund. Du entschließt dich zu mentalem Widerstand. Die Wucht des herabschießenden Biers in deinem Rachen löst einen Brechreiz aus, gegen den du mit großen Schlucken vorgehst und indem du das

Kinn ein bisschen anhebst, um den Schwall zu bremsen (ah, du bist schlauer als die anderen, und zum Glück schmeckt dir das Bier), aber keine Chance, du verschluckst dich trotzdem und hustet aus, was du trinken solltest. In deinem Augenwinkel, wie ein goldiger Blitz, erscheint Ariadnas Blond und verschwindet im selben Moment wieder. Du drehst dich nach ihr um, doch du erahnst nur einen Rücken, der zwischen all den Leuten verschwindet, die dir groteskerweise zubrüllen, du sollest weitertrinken. Und doch bringt dir ihre Gegenwart das Bewusstsein zurück, das du zu verlieren drohtest, und mit ihm das Schuld- und Schamgefühl (und als du dich umdrehst, wird dir klar, worauf alle gerade zeigen: am Schlauchende ist ein Penis aus Latex angebracht worden, der das Bier zu pinkeln scheint.)

Nun rennst du. Du rempelst die Leute beiseite, die durch den Flur flattern, und es tut dir nicht leid, wenn du jemanden dabei gegen die Wand stößt und er dich und deine Toten verflucht, denn du bist längst vorbei, ehe sich so ein Zorn zu einer Situation auswachsen kann. Du folgst Ariadna oder dem, was Ariadna zu sein schien, durch Säle und Gänge, durch eine Menge, die versucht, einen Esel beim Schwanz zu packen, wo zum Teufel haben sie den Esel her, fragst du dich, zwischen Clowns, die sich damit vergnügen, Katzen und Papageien betrunken zu machen, und durch einen improvisierten Rave von zerrütteten Typen mit Sonnenbrillen und Wasserflaschen. Du suchst sie nicht mehr, weil du sie begehrst, sondern damit sie dir helfen kann mit all dem, was du nicht selbst bist. Du suchst sie, weil sie deine Rettung ist (und auch wenn dir das Wort nicht gefällt, verwendest du es, *Rettung,* sagst du dir, *mich retten*, sagst du dir), und um zu sehen, was passiert, wenn du sie findest. Wenn nicht, hätte es auch keinen Sinn, weiter auf der Party zu bleiben. Dir weist die Netzhautprägung den Weg, die dich schon zuvor (oder vor Tagen) Ariadna sehen ließ, wo sie nicht mehr war, die Spur ihrer blonden Mähne, die nicht weichen wollte und die dir jetzt hinreichend klar anzeigt, dass sie sich nach rechts gewandt und sich in einem dunklen Saal in der Menge verloren hat.

Die Verfolgung Ariadnas bringt dich wieder zu Kräften. Dir wird wieder etwas bewusster, wo dein eigener Körper aufhört und wo die Körper der anderen beginnen. Aus diesem Bisschen Bewusstsein heraus stellst du fest, dass du es auf der Party nicht mehr aushältst. Du kennst hier niemanden, und alle Gäste wirken übergeschnappt, vielleicht weil die Party schon so lange dauert, sagst du, ohne zu merken, dass du laut sprichst; einige Leute wenden sich nach dir um. Du weißt es nicht zu würdigen, aber sie bemitleiden dich (bemitleiden sie dich, oder verzeihen sie dir bloß, dass mit dir nichts anzufangen bist?), denkst du, während du dich an einem Rücken abstützt, um aus dem dunklen Saal hinauszutreten und am Fuß einer Marmortreppe anzugelangen, Sauerei, sagst du dir, jetzt zu allem Überfluss noch Treppen steigen. Du steigst sie nur, weil das liebesfilmartige Ambiente dich davon überzeugt, es gebe doch noch eine Chance für dich und Ariadna. Schade bloß, dass dein Körper nicht mitspielt. Deine Knie sind weich, und beim heftigen Atmen stößt es dir sauer auf, zweimal, dreimal, mitten auf der Treppe musst du anhalten. Wenn sie bloß einmal stehenbliebe! Aber Ariadna ist immer einen Schritt zu weit, sie hält immer den Abstand, der euer Zusammentreffen systematisch vereitelt, dabei willst du nur das: zufällig auf sie treffen, nicht auf diese idiotische Weise dem Klimpern ihres Modeschmuck-Colliers hinterherhecheln (auch wenn du zugeben musst, dass diese Verausgabung etwas von der Lust hat, auf Kosten der eigenen Gesundheit einen Gipfel zu erklimmen, und in gewisser Weise fühlst du dich, je schwerer es dir gemacht wird, sie zu finden, umso wohler mit dir selbst).

Außerdem hat sich in deinem Magen etwas angemischt, das du dir als eine grüne Suppe mit Bläschen vorstellst. Du strengst dich an, die Übelkeit loszuwerden (als hinge das von deiner Anstrengung ab oder sei deine Entscheidung) und gelangst mit schwirrendem Kopf ans obere Ende der Treppe. Oder dreht sich das Haus? Der rote Teppich, der eben noch die Stufen bedeckte, beschreibt einen Kreis, in dem sich die Bilder, die Wände und die Formen all dessen, was dir in den Blick kommt, zu einer Seite hin verflüchtigen, als seien sie aus Staub und würden von einem gigantischen Finger weggewischt; oder so, wie eine makellose Jugend sich in Luft auflöst, sobald der Zaubertrank seine Wirkung einbüßt. Du liegst am Boden, überzeugt, dass der Teppich vorübergehend die bequemste Lösung bietet, Moment, ich komme gleich, Ariadna, geh nicht weg, sagst du und weißt nicht, ob leise oder laut. Im Grunde ist es dir egal. Du möchtest bloß noch eine Haltung finden, in der du den Kopf auf den Boden legen kannst, ohne das Gefühl zu haben, du würdest dir gleich den Hals brechen, du möchtest diesen Brechreiz unterdrücken, der durch deine Speiseröhre heraufdrängt, und du hast nicht mehr die Kraft, die Augen offen zu halten und auf irgendwas zu achten, außer auf die blonde, fast weiße Gestalt einer Ariadna, die sich dort im Hintergrund auflöst wie in einer Rauchwand, die an Dichte verliert.

Später (später?) erwachst du und findest dich als Gesprächsthema wieder, der war da, ich habe gesehen, wie sie ihn über den Boden geschleift haben, solche Dinge sagen sie, aber du verstehst weder, worum es geht, noch, wer sie sind und was sie von dir wollen. Wer zum Schiss ist Ariadna? Den Namen wiederholt er dauernd, sagt die Gestalt, die am nächsten bei dir steht, eine Art androgyner Vampir in einem 120-Kilo-Körper, der dich anglotzt, als wärest du zu seinem Vergnügen hier, und du versuchst, wieder die Augen zu schließen, damit du diese Leichengesichter nicht sehen musst und sie dir nicht so viele Fragen stellen. Jetzt scheint ein Typ mit einem umgedrehten Kreuz im linken Auge etwas von dir zu wollen, aber jemand ruft »Essen«, und alle rennen aus dem Raum. Seufzend erinnerst du dich daran, dass du aufstehen solltest, Ariadna suchen und endlich den Ausgang finden, doch es fällt dir immer schwerer. Warum wolltest du nochmal weg von hier? Es fällt dir nicht mehr ein, es tut so gut zu liegen, dich endlich mal zu entspannen.

Dann findest du dich in einem Saal wieder, in den, das könntest du schwören, Tageslicht dringt. Durch einen nicht ganz geschlossenen Rollladen oder durch einen Riss in einer Wand, denkst du, jedenfalls scheint das Licht von draußen zu kommen. Am Geruch und daran, dass deine ganze Brust feucht und mit einem klumpigen Püree bedeckt ist, erkennst du, dass du dich vollgekotzt hast (oder du hast irgendwohin gekotzt und dich dann hineingelegt, aus Blödheit oder weil jemand es spaßig fand, dich dazu zu bringen). Jemand muss dich auf einem Ledersofa abgeladen haben, das dir nun besonders bequem vorkommt, abseits des Geschehens, versteckt in einer Ecke eines riesigen, fast leeren Saals oder eines Saals voller stiller Leute, du weißt es nicht. Dann wachst du wieder auf, öffnest verquollene, schmerzende Augen, und siehst zwei Handspannen vor deiner Nase zwei CDs, auf einer ein Häufchen Kokain, auf der anderen Acid.

Du kannst dich nicht erinnern, etwas genommen zu haben, aber es fühlt sich an, als hättest du. Um dich herum lauter Paare, die sich auf Sofas, Sessel, Stühle, Tische und Sitzkissen verteilen, völlig voneinander hypnotisiert und nur mit dem beschäftigt, was sie gerade tun (eine Ecstasy-Party also, für alle, die das brauchen, um sich soweit zu enthemmen, dass sie zwar nicht mehr das Begehren des anderen, doch immerhin ihr eigenes finden), und du fragst dich, ob auch du davon genommen hast und ob es daran liegt, dass du die erogene Qualität von allem und allen so stark wahrnimmst, jedoch auf eine mechanische Weise, als wäre das Begehren bloß eine Routine.

Der Raum geht in eine Terrasse über, auf der an die hundert Leute tanzen, umgeben von brennenden Fackeln. Bald wird es wieder Nacht, denkst du, und was ist in all der Zeit aus dir geworden? Plötzlich, inmitten hochgereckter Armen, eine blonde Frau, die in ihrem Tun innehält, als sie dich sieht. Sie kommt mit halb geschlossenen Augen auf dich zu und mit einem unaufhörlichen halben Lachen, wie eine Idiotin. Ihr schaut euch an. Sie hat dieselben blonden Haare, dieselben zierlichen Arme, dieselben Brüste wie Ariadna. Sie lacht wie Ariadna, sie fragt dich, wo du warst, mit einer Stimme, die klingt wie die von Ariadna, und sie sieht dich an, wie du findest, dass Ariadna dich eines Tages ansehen sollte. Du könntest sie umarmen, sie gegen irgendein Möbel drücken und hemmungslosen Sex mit ihr haben, doch etwas ist in dir erstarrt, zu einer Art Ruhe, dem Vergessen furchtbar ähnlich, und das führt dazu, dass du sie distanziert betrachtest und es dir nichts ausmacht, als eine Gruppe Aufgeputschter euch hinaus auf die Terrasse schiebt und euch wieder zwischen lauter unbekannten Leibern einklemmt. Ihr seid jetzt Teil eines Publikums, das auf irgendetwas wartet (auf mehr Getränke, auf geschüttelte Sektflaschen, aus denen man euch bespritzt, auf was auch immer). Ariadna (aber sie ist nicht Ariadna, denkst du, denn wenn sie es wäre, würdest du sie begehren, und du begehrst sie nicht) ist an deiner Seite, den Kopf in unsichtbare Kissen gehüllt, die sie unempfindlich machen gegen den Druck der Leute, die sich auf der Terrasse stapeln, und sie trifft keinen Bekannten, der sie von dir trennt, und es findet sich kein Gesicht, das sie gerade begrüßen will. Du schaust ihr direkt in die Augen, ohne Scheu, und du versuchst dich zu erinnern, was ihr auf der Party wolltet, warum du dich entschieden hast (oder ihr euch), herzukommen, ihr beide zusammen, warum du immer noch hörst, wie dein Kopf Ariadna sagt, und warum dich jetzt diese blonde Frau anblickt (aber du findest nichts mehr in deinem Gedächtnis außer der Party, der Lust, auf der Party zu bleiben, und der Unmöglichkeit, etwas anderes zu tun, als auf der Party zu sein), und die Musik setzt wieder ein, unwiderstehlich, ein paar Franzosen, die *la, la, la* singen, als wäre es eine Beschwörung oder eine Verwünschung, *dua, dua, du,* singen sie, und dir ist nun alles egal, selig egal, *la la la la du*à *duà*, denkst du, *du du*à *bah bah bah*, singen sie, und ihr alle tanzt, und ihr seid alle eins, eins, das mit jedem Trommelschlag aufspringt, ihr reißt die Arme hoch, schmerzvoll, ausgezehrt von der langen Dauer der Party, kränklich, gealtert, unisono.

Aus dem Katalanischen von Michael Ebmeyer

Maria Sevilla Paris

Die eierlegende Nacht

Ich werde es sagen, wenn die Worte aussterben, und werde es in den Mietvertrag der Wohnung über mir hineinschreiben.

Die Person, die mir antwortet, wird weder den tauben Zwang der Matratzen berücksichtigen noch die Nachtwache der Schalentiere noch das komplizenhafte Schweigen der Zwischenwände und Türriegel, denn unter Wasser werden die Geheimnisse offenbar und verstummen die Anschuldigungen – submarine Eigenwilligkeit, seltsamer Widerhall leerer Appartments. Die letzten Bewohner hinterließen keine Möbel, aber der Nachlass der Farbtöne der Tapete verheimlicht nicht die Spuren: Hier stand der Schrank, dort ein Korallenwald und in diese Ecke stellten sie den Brutkasten. Welche lichtempfindliche Trauer wird mich daran hindern, die Abdrücke mit Untertiteln zu versehen? Wer hat um Mitternacht ihren Eisprung? Wer wird mich davon abbringen, dich zu verfolgen, bis man mich selber schnappt?

o

Die vergetale Ruhe ist die Lüge
einer sehr langsamen Arbeit
die darin besteht, die Helligkeit unter der Erde
aufzubewahren, um den Himmel leuchten zu lassen.
Die fossilen Brennstoffe
sind also viel Licht, das sich angesammelt hat;
unsichtbare Botanik eines erloschenen
Karfunkels wie eine Blume des Schattens:

Das Feuer, das sich unter den Steinen versteckte,
um den Himmel zum Leuchten zu bringen,
hat heute die Flügel der Koleopteren beschmutzt.

Morgen wird es die unfruchtbaren Wälder aller meiner Kinder
verbrennen, die ich weder habe noch je haben werde.

Photosynthese

Keine lichtempfindliche Trauer verhinderte, dass sie sich selbst verfolgte, und kein Eindämmungsprotokoll schob den Schiffbruch auf. Sie lebte in einem Dachgeschoss in der Coma-Fosca-Straße, aber die Wohnungen unter ihr waren schon seit Langem den Wassermassen erlegen: Zuerst regnete es unter dem Bett, dann in den Schubladen, dann stand das Trilobitenzimmer unter Wasser und ein Damhirsch hatte sich in der Dusche eingerichtet. Die Telefone hörten an dem Tag auf zu funktionieren, als Jalousien verschwanden, und an dem Tag, als die Haustür sich verflüchtigte, klingelte es. Einmal. Zweimal. Dreimal. Als sie den Hörer der Gegensprechanlage in die Hand nahm, hielt ihr jemand, der nicht ich war, den Mund zu.

1

Sie existiert nicht mehr, aber da war eine Biene,
und alles, was jetzt davon bleibt, ist das Bild
einer sterbenden Pflanze.
Sie existiert nicht, aber eine Orchidee ist noch da:
Ihr Kelch nimmt schräg
das Zeugnis einer Abwesenheit auf.
Und ich kenne es nicht, aber es muss ein geheimes
Abkommen geben zwischen der obstinaten Lyrik
des Verlusts und einer Blume,
die vielleicht nie wissen wird, wie sie riecht,
aber noch das Insekt weiß, das uns
vor langer Zeit bestäubte:

Du bist nicht mehr da, aber die Erinnerung an dich ist herb
und anhaltend wie das Sich-selber-Schmecken
an den Geschlechtsteilen des anderen.

Bee Orchid

Als ich den Hörer der Gegensprechanlage in die Hand nahm, hielt mir jemand, der nicht du warst, den Mund zu. Deckte mein Gesicht zu. Drückte meine Hauptschlagader des Zweifels ab und unterwarf die Chemie meiner Organe dem strengsten aller Vorurteile. Augenblicklich wurde meine Wohnung jemand anderes überschrieben und der übermäßige Anstieg des Alkaligehalts des Geschlechts verbannte mich aus meiner eigenen Sprache: Von jetzt an werde ich nur noch die Angst sagen von jetzt an werde ich nur noch die Angst sagen. Ich werde nichts anderes essen als hartgekochte Eier mit gekochtem Reis und werde rastlos meinen Urin in den Säckchen aufbewahren, die du selbst aus Zellophanpapier herstellen wirst: Die Nacht wird sehr dunkel sein, aber mein Inneres wird alle Farben der Neurose haben.

2

Ich bin dem Ehebruch treu geblieben,
den ich geächtet habe,
und konsequent gewesen mit dem hohen Paradox
des Sandsteins: Ich hafte an,
weil ich mich verbrauche.
Ich bin Lüge. Wie die Liebe.
Wie wenn du sagst, dass du näher kommst, wenn ich ausweiche.
Wie die Umlaufbahn, die abdriftet, wenn ich sie verstehe.

Ich bin alle falschen Dogmen, an die ich glaube.

Ich sehe mich in der Dunkelheit, weil ich nichts sehe.

Coma Fosca

Die Nacht war sehr dunkel, aber ihr Inneres hatte alle Farben der Neurose: Sie sah das düsterste Weiß in den blinden Augen eines Axolotls und das unendliche Blau des Eisenhuts in einem Fläschchen Rivotril. Sie sah zwei aufrechtgehende Schlangen und den Grund ohne Tiefe der Panik in der Atmungsöffnung von drei Nacktschnecken. Sie zählte vier Kieselsteine am Segel von fünf Gaumen, zwölfmal Schuld in den Nieren keiner Gewissheit und Millionen von Krill-Exemplaren, die wegen der Lichtverschmutzung jedes Mal orientierungslos waren, wenn du den Kühlschrank öffnetest. Sie fand einen Diamanten zwischen den Kiemen eines Mondfisches und ein Kücken im ersten Magen eines Wiederkäuers – und dies alles erblickte sie – sagte sie – in ihrem Innern. Sie gestand es dreizehnmal, aber niemand glaubte es ihr. Sie gestand es, aber niemand kümmert es: das perfekte Verbrechen.

3

Um für deine Auge sichtbar zu werden,
habe ich das höchste Schwarz wieder erschaffen:
den Torf, den metaphorischen Verdacht
der Flussdeltas, den unzerstörbaren Sarkophagen
der Sonnenuntergänge, die Unterwasserwanderungen
von Mondfischen, das Dogma und den Verlust,
die Entwaldung der Finsternis.
Ich habe den Blinden geweckt, der tagsüber
in den Silos schläft, den Irren, der nachts
das Tröpfeln der Zisterne bewacht; ich habe
die opake Architektur der Maulwürfe nachgezeichnet,
ich habe den Bodenflug des Schattens einer Amsel
errechnet und habe ihr Spektrum unter dem Flügel
bestimmt. Ich habe mir dich vorgestellt, wie du mich anschaust
im Licht der halben Million Megapixel,
die mich noch von deinen Augen trennt:
verräterisch wie der Algorithmus, der uns erfindet.
Wir haben nur Lügen gesehen.
Wir werden alle Verbrechen der Zukunft wiederholen.

Interferometrie

Ich habe es dir gestanden, aber es kümmert dich nicht: das perfekte Verbrechen – und die noch perfektere Isolierung. Jetzt wohne ich im Innern eines unbefruchteten Eis, na und. Was, wenn ich um Mitternacht mit der Fingerkuppe der Arroganz onaniere und den Blitz des Ekels mit den noch längeren Fingern des Hasses aufhalte. Und was, wenn ich mich nur aus Höflichkeit piekse. Wie pfeif ich auf die Wirbeltiere und die Ahnenreihen, da ich mich doch alleine befruchte mit dem ersten aller Beweggründe, der genauso absurd ist wie sich zu schützen: Gestern schwamm ich in Kortisol-Tanks, heute verwalte ich das sublunare Reich der Antibiotika, na und. Und? Man hört die Krahle draußen singen, unbestechlich, und sie zu hören heißt, sich in der Genetik des Traumas bestätigt zu sehen. Na, und? Ich wiederhole: Na, und? Na, und? Aber du hörst mir nicht zu. Ganz gleich: Dich wird keiner wieder hören.

2

Ich habe das Feuer entfacht
auf dem Grund des Moores mit dem Reisig,
das ich aus den Nestern gestohlen habe,
die ich zerstörte.
Ich habe den Staub, den die Schmetterlinge
an den Flügeln haben, verstreut. Und bereue es nicht.
Und glaube sogar, dass es gut ist,
dass jemand noch eine gewisse Vorliebe für Brudermord beibehält.
Dass jemand die Dringlichkeit des Lebens abbremst
und systematisch
die Kinder aller Freundinnen ignoriert,
während er spürt, wie sich der
Malthus'sche Kannibale ausbreitet, der innen brütet
und
            Nester zerstört, Insekten tötet.
Er erklärt sich zum Glotophagen. Er ernährt sich
vom Aberglauben anderer
und verseucht Wasserläufe und trocknet Bäche aus
und säugt die Hühnchen,
wissend, dass er sie, die lippenlosen,
zu einem langsamen Tod verurteilt. Im Bewusstsein
der Säugetiergewissheit,
ein Feuer am Grund eines Moores zu entfachen
und sich schwängern zu lassen

nur von Sedimenten
und Bauschutt und Scheiße.

Ich habe das amniotische Innere
der Moore ausgemessen, ich habe mir
beide Nippel amputiert,
doch am Ende
ist es weder Junge noch Mädchen geworden.

Bathymetrie

Und niemand hat sie je wieder gehört. Eines schönen Tages stand die Wohnung zum Verkauf und als der phreatische Spiegel sank, wurde sie begraben. Sie sagten nicht wo und auch nicht wer, aber es ist nicht nötig, denn eine Falle ist immer die tödliche Parodie ihres Opfers, und die Isoglossie mancher Namen sagt die Grenzen des Schweigens voraus: Wir haben, was wir haben, aber es gehört uns nicht – und deshalb konnten wir sie nicht aussperren. Wer hat also wen zuerst beerdigt?

1

Ich habe den Leichnam des Lichts ausgegraben,
und es ist ein Kohleband, das mich zu dir führt.

Wir haben dreimal den geheimen Namen jedes Dings gesagt,
wir haben den massiven Brunnen einer künftigen Auslöschung gesehen und
du hast mir anvertaut, auf dem Grund dieser Glut,
die schwärzer ist als der Keil des absolutesten Sonnenuntergangs,
dass wir die Schulden an die Liebenden zahlen werden,
wenn der letzte Überschuss an Kohlenwasserstoff verbrennt.

Ich habe das Band der Zukunft entheiligt,
und es war ein phosphoreszierender Weg, der mich zu dir führte.

Exit this way

Wer hat also als Erste wen begraben? Sie muss genauso geschrien haben wie ich, als ich mich plötzlich überschüttet sah von der unerbittlichen Orogenese der Pronomen, aber meine Quiekser hört man nur im Mund und ihre Lungen atmen nur im Wasser. Was die Augen angeht, so werden wir sie jetzt nur unter der Erde öffnen: ein Oleodukt fossilen Lichts, das ausschließlich die Regionen versorgen wird, die durch das Übermaß an Pestiziden zur Wüste geworden sind. Prophylaxe: Die Nickhaut wird keinen Traum durchkommen lassen und wir werden Winterschlaf halten, bis der letzte gebürtige Sprecher dieser Sprache den ersten Gesang mit den Augenlidern ausgräbt.

Es wird eine runde Nacht, wir werden es in eine Hartschale transkribieren und die Bewohnerin der Wohnung über uns wird alles unterstreichen, was wir nicht gesagt haben.

o

Aus den Katalanischen von Àxel Sanjosé

Max Besora

Die vorgetäuschte Muse

Meritxell

hallo wie gehts ich heiße meritxell hernández und mein sternzeichen ist löwe die löwen sind leidenschaftlich aber unflexibel diese woche sagt mein horoskop dass ein übermaß an ehrlichkeit meinen beziehungen schaden könnte

meine lieblingsfarbe ist rot ich arbeite als professionelles model bevor ich weiterschreibe möchte ich etwas über dieses thema klarstellen die leute denken dass ich dumm bin nur weil ich sehr gut aussehe das kommt daher dass normalerweise jeder eine reihe von vorurteilen und klischees verinnerlicht hat die schwer zu ändern sind zum beispiel gehen die leute davon aus dass alle models ebenso hübsch wie dumm sind oder dass wir feministinnen ausnahmslos die männer hassen oder dass alle umweltschützer möchtegern-linke aus gutem hause sind

aber all das ist die schuld der vorurteile es gibt nichts krebserregenderes als ein vorurteil ich bin studierte biologin habe einen master in umwelttechnik und bin mitglied der radikalen umweltschutzorganisation earth first! ich denke dass das was wir menschen mit den tieren und den ressourcen des planeten und seiner atmosphäre tun einem gemeinsamen

selbstmord gleicht wir die menschen sind die apokalypse das ist die wahrheit von dem ganzen und glaub mir ich habe schon öfter als zwei- oder dreimal über das thema nachgedacht

aber die leute die mich nicht kennen haben mich immer wie eine geistig behinderte angesehen weil ich als model arbeite und alle typen die ich gehabt habe wollten nur mit mir ficken und mich ihren freunden zeigen als wäre ich eine art schwimmabzeichen oder eine aufblasbare puppe DIE WELT IST VOLLER ARSCHLÖCHER

vor kurzem hat mir eine freundin die trini etwas geschenkt damit ich nicht so einsam bin sie sagte ich habe dir eine überraschung mitgebracht weil du jetzt wo du den deppen von deinem schatzi verlassen hast jemanden brauchst der bei dir ist ich machte die schachtel auf und da war ein hamster

das tierchen war supersüß und ich habe SOFORT mit meinem smartphone ein bild gemacht und es auf facebook hochgeladen aber dann habe ich zu meiner freundin gesagt

vielen dank trini aber ich kann nicht dulden dass man mit tieren handel treibt und will auch die misshandlung von tieren nicht fortsetzen oder dazu beitragen ich meine sieh mal das leid der kampfstiere sieh mal den zoo im bronx-tal wo die tiere elend leben die büffel haben die räude den pinguinen fallen die augen von der hornhaut ab und was sagst du erst zu den pharmaunternehmen mit ihren tierversuchen die nehmen den schimpanzen das hirn auseinander nur um zu sehen ob sie bis drei zählen können.

und ich habe es auch mehr als satt dass alle leute fotos mit kätzchen von sich machen oder sonst fotos beim schwimmen mit delfinen oder schildkröten und wenn sie sie ins netz hochgeladen haben sich dann ohne weiteres einen voll-industriellen hamburger reinziehen wir scheinen ja alle geistig behindert

ach komm mir nicht wieder mit deiner leier sagt trini meine freundin sie klärt mich auf dass es sich um einen syrischen goldhamster handelt den eine tierschutzvereinigung aus der sankt-jeremias-universität hat befreien können den studenten im labor war es gelungen unvorstellbare neuronale verbindungen in seinem gehirn zu erzeugen

dieser hamster ist besonders sagt trini er zitiert berühmte und tote schriftsteller und ich kann ihn der tierschutzvereinigung sowieso nicht zurückbringen das ist nicht wie ein doofes t-shirt kaufen weißt du? außerdem schau doch wie süß er ist schau mal wie er spricht schau

Manche Bücher werden probiert, manche verschlungen, die wenigsten zerkaut und verdaut.
Sir Francis Bacon

es war ein sehr gebildeter und belesener hamster schließlich habe ich ihn doch behalten wie soll ich ihn nennen fragte ich meine freundin die model ist sein wissenschaftlicher name ist *cricetus auratus* aber nenn ihn MANUEL ich finde dass dieser hamster nach einem MANUEL aussieht okay sagte ich und

seitdem wohnt manuel bei mir und ich füttere ihn pflege ihn beobachte wie er in seinem rad stundenlang runden dreht wie besessen und da fange ich auch an mit spinning auf meinem homtrainer fahrrad wir beide sind sehr glücklich wenn wir in die pedale treten ich sage ihm guten tag manuel und er sagt mir dann dinge wie

Lies – und du wirst führen, lies nicht – und du wirst geführt werden
Heilige Theresa

wir treten zusammen in die pedale ohne pause es ist als wenn wir beide einen veränderten bewusstseinszustand erreichten als wenn ich und mein hamster uns beim treten auf einer höheren ebene austauschten

vor ein paar tagen sah ich dass manuel vor kälte zitterte und hatte eine idee ich dachte dass der einzige ort wo er sich ein wenig wärmen konnte die mikrowelle war na ja jedenfalls habe ich ihn da hineingesteckt während er sagte

> *Worte sind alles, was wir haben*
> **Samuel Beckett**

am nächsten morgen als ich ihn aus der mikrowelle herausnahm fühlte er sich ganz seltsam an er zitterte und hatte ganz rote augen wie blutunterlaufen und erbrach eine weiße sehr eklige flüssigkeit also beschloss

ich ihn zum tierarzt zu bringen aber der sagte ich weiß nicht was er hat am besten wird sein ihn einzuschläfern manuel reagiert erschrocken und sagte

> *Es wird der Tag kommen, an dem die Menschen die Ermordung von Tieren so sehen werden wie heute die Ermordung von Menschen*
> **Leonardo da Vinci**

das werde ich niemals tun sagte ich zum tierarzt weil ich gegen das einschläfern von tieren und die misshand …

wie sie wollen auf wiedersehen sagte der tierarzt ohne mich ausreden zu lassen aber einschließlich einer rechnung bei der man blass wird

ich nahm manuel nach hause und steckte ihn in den käfig und er wollte nichts fressen von allem was ich ihm anbot und ich schlief sehr besorgt ein während ich hörte wie er ununterbrochen berühmte schriftsteller zitierte es war furchtbar

> *Wir können das Herz eines Menschen danach beurteilen, wie er Tiere behandelt*
> **Immanuel Kant**

am nächsten tag wachte ich durch einen sehr starken lärm auf und entdeckte dass es mein zimmer nicht mehr gab und dass ich mich mitten auf der straße befand überall waren leute was ist los fragte ich einen feuerwehrmann ein monster hat ihr gebäude zerstört es ist dort schauen sie

ich schaute in die richtung in die der finger des feuerwehrmanns zeigte es konnte nur manuel sein er war dreißig meter gewachsen und zerstörte dort alle gebäude er wollte nur frei sein aber bald kam die armee mit ihren panzern und flugzeugen um ihn mit bomben anzugreifen während er aus den augen laserstrahlen warf die tagesschau hielt den augenblick in einem furchterregenden bild fest

Solange es Schlachthöfe gibt, wird es auch Schlachtfelder geben
Leo Tolstoi

leg dich nicht mit ihnen an manuel rief ich ihm zu ich bitte dich lass uns hier weggehen befahl ich ihm lass uns fliehen

der hamster-mutant hob mich auf seinen ekelhaft haarigen rücken und wir legten dreihundert kilometer in weniger als einer stunde zurück auf der flucht vor den panzern und der polizei bis weit weg vom bronx-tal

wir richteten uns in den unzugänglichen bergen des tals der frischen quelle ein und bauten uns ein nest abgeschottet von der welt das ist doch genial oder hier werden wir beide leben du und ich was meinst du? fragte ich ihn und er sagte

Die Liebe ist eine köstliche Blume, aber man muss den Mut zu haben, sie am Rande eines furchtbaren Abgrunds zu pflücken
Stendhal

durch die strahlung der mikrowelle war manuels gehirn exponentiell zur riesenhaftigkeit seines körpers gewachsen jetzt konnte er nicht nur schriftsteller zitieren sondern auch komplexe mathematische formeln ausführen und gleichzeitig überlegen was er kochen sollte er war ein genie

dort begann manuel ein buch zu schreiben dem er den titel *tractatus logico rodentia* gab eine gewissenhafte und differenzierte studie über die falschen wahrheiten der menschen um nager und tiere im allgemeinen aus der unterdrückung durch den menschen zu befreien er diktierte und ich schrieb was er mir diktierte so schnell ich konnte in meine moleskine-hefte

unser gemeinsames leben dort war perfekt die tage vergingen und ich spürte eine immer innigere zuneigung zu manuel es war nicht eben das physische aussehen was mich an ihm anzog sondern diese selbstsicherheit und dieser begnadete geist die ich nie bei einem menschen erlebt hatte nicht einmal bei universitätsprofessoren

eines nachts als er mir einen satz für sein buch diktierte kamen sich unsere münder nahe und wir küssten uns und oh mein gott es war unglaublich seine nagerzähne und seine raue und riesige zunge in meinem mund zu spüren dann gingen wir in neutrales gelände und liebten uns die ganze nacht es war sehr romantisch in zwei wochen hatten wir seinen *tractatus* eine doktorarbeit von 50 000 seiten fertig:

> [...] erst war es die Religion und später die technische Wissenschaft, die – neben anderen Dingen – das moderne Konzept des Speziesismus schufen, der davon ausgeht, dass das Tier kein Recht auf Leben und Freiheit hat. Der Mensch glaubt sich in Besitz der Macht, darüber zu entscheiden, wann ein Tier oder eine Pflanze sterben muss, ist sich aber nicht bewusst, dass er selbst eine weitere Spezies ist, ein Tier, ein Säugetier, ein Produkt der Natur. Ich verkünde hiermit, dass seine Herrschaft der moralischen Überlegenheit vorüber ist. Der Ökofuturismus ist heute Wirklichkeit, denn da ich wie ein Hamster denke, existiere ich als Hamster. Ich behaupte, dass dem humanoiden Cogito die Obsoletheit einprogrammiert ist, weil es genau jetzt überwunden wurde. Und über all dies ist nichts weiter zu sagen (Manuel, 2095: 7)

dies war der allgemeine ton der dissertation die wir einem kleinen unabhängigen verlag zusandten es wurde dank mund-zu-mund-propaganda ein großer verkaufserfolg unter der menschlichen population das werk wurde sofort in dreihundert sprachen übersetzt einschließlich suaheli und braille fernsehteams und fachpresse kamen täglich mit hubschraubern um den berühmten hamstermutanten zu interviewen

in der akademischen welt und der verlagswelt im allgemeinen erschienen rezensionen die das buch priesen wie etwa jene des angesehenen lehrstuhlinhabers der sankt-jeremias-universität walter colloni in der zeitschrift *the new pork review* die es wert ist hier erwähnt zu werden:

> Der Hamster Manuel errichtet mit seinem *Tractatus Logico Rodentia* das Gerüst, das die ökofuturistischen theoretischen Prämissen stützen wird, die ihrerseits die Grundlage für die subversive Lesart von durch Tiere aller Couleur verfassten Werken bilden wird, deren Schaffung und Gestaltung neue Risse in die festgelegte Norm der Evolution der Tier- und Pflanzenarten öffnen wird, was sich wiederum als Revolution für spätere kanonische Bewegungen auswirken wird etc.

intellektuelle ersten ranges schlugen vor, dass ihm der nobelpreis für die originalität des denkansatzes im *tractatus* verliehen werden sollte ich meine wann hat man denn je gesehen dass ein hamster philosophische abhandlungen schreibt? eine zeitschrift der regenbogenpresse fragte mich wie es kam dass ich mich in einen hamster-mutanten verliebt hatte die liebe geht nicht durch die augen sondern durch hirn und herz antwortete ich ich suche keine kerle mit starker brustmuskulatur die den ganzen tag im fitnesstudio verbringen und selfies machen da habe ich einen brillanten geist viel lieber … allerdings mit einem riesenknüppel hahahahahahaha!

wir wurden zu gesellschaftlichen anlässen auf der ganzen welt eingeladen sogar ins weiße haus wo uns der präsident der vereinigten staaten selbst empfing unser leben hatte sich um 180 grad gedreht das geld fiel vom himmel irgendjemand schenkte uns eine viktorianische villa in london und wir fuhren sogar nach rom zum heiraten wir hatten umgang mit

den berühmtesten schriftstellern und schauspielern und hatten einen lebensstil der nur der elite vorbehalten ist unser privatleben fand nicht mehr statt die paparazzi hielten wache um ein foto von manuel zu erwischen wie er den müll runterbachte oder im supermarkt einkaufte zum beispiel

radikale religiöse vereinigungen demonstrierten vor dem haus protestierten mit transparenten und verlangten die todesstrafe für diese entartung der natur während andere tierschutzvereinigungen wie earth first! oder animal front liberation uns ihre unterstützung zeigten aber auch unsere verbürgerlichung kritisierten und dass wir uns von den ausgangsthesen

des *tractatus logico rodentia* entfernt hatten bald brachten all dieser gesellschaftliche druck und zweifelhafte freundschaften manuel dazu kokain und ketamin zu nehmen er verbrachte die nächte mit seinen geliebten in diskotheken er wurde wortkarg und wir machten fast gar nicht mehr Liebe aber trotzdem wurde

ich schwanger und ließ in einer illegalen klinik in brasilien abtreiben weil ich nicht wollte dass mein kind in dieser vergifteten atmosphäre aufwuchs bevor ich den fötus in den müll warf stellte ich fest dass jenes hamster-mensch-hybrid nie von der gesellschaft akzeptiert werden würde (und auch nicht von mir denn es war eine wirklich ekelhafte kreatur)

als manuel es erfuhr verprügelte er mich heftigst und zerkratzte mir das gesicht mit seinen krallen du bist ein scheiß gewalttätiger macho wenn du ein kondom benutzt hättest wäre das ganze nicht passiert schrie ich ihn an halts maul sagte er und zeigte seine nagerzähne du bist eine mörderin es war dein eigenes kind auch wenn es kein mensch war und nicht sprechen konnte und fügte hinzu

> *Die Frage lautet weder: »Können sie denken?« noch: »Können sie sprechen?«, sondern: »Können sie leiden?«*
> **Jeremy Bentham**

lass die blöden zitate ich scheiße auf die sätze von deinen lieblingsdenkern du bist anders geworden manuel sagte ich ihm du bist verrückt ich erkenne dich nicht wieder der ruhm hat dich verändert wo ist jenes verlangen hin die welt zu verändern die etablierten werte umzustürzen

du merkst nicht dass du von einem hamsterkäfig in einen käfig für menschen gewechselt bist ganz gleich wieviel kabelfernsehen du hier hast

durch diesen streit schien manuel zur vernunft zu kommen er verriet mir dass die konzentration auf die akademische theorie beim schreiben des *tractatus* in ihm eine totale entfernung von allen weltlichen dingen hervorgerufen hatte und er argwöhnte dass die angenommene neutralität seines buches nichts als eine fiktion war nur um den menschen zu gefallen

aber was war mit den wesen seiner gattung die nicht einmal lesen konnten?   manuel wollte zur essenz seiner eigenen existenz zurückkehren und das tierreich mit kognitiven fähigkeiten wie den seinen ausstatten und nicht nur das manuel ließ mich wissen dass er einen plan hatte und der plan war folgender:

die herrschaft der menschen auf diesem planeten zu beenden und die herrschaft der tiere zu beginnen die zeiten der akademischen theorie waren vorbei die stunde der umsetzung in die praxis hatte geschlagen

Der Weise lehrt nicht durch Worte, sondern durch Taten
Lao-Tse

manuel verschwand eines nachts und das nächste was ich von ihm hörte war dass er sein revolutionäres dogma im ganzen tierreich verkündete

bald begannen überall auf der welt seltsame dinge zu geschehen:

ein schoßhund riss seinem frauchen ohne vorwarnung mit den zähnen die nase ab und schickte anschließend briefe wie diesen an die zeitung *bronxer bote* in welchem er die täterschaft für das verbrechen beanspruchte:

> Frau Holofernes musste leiden. Es werden weitere folgen
> Gezeichnet: »Mole«

die delfine in einem australischen zoo zerstückelten ihre persönliche trainerin während einer im fernsehen übertragenen vorführung

die kühe eines bauernhofs bei bordeaux organisierten sich plötzlich um ihre besitzer die bauern zu fressen und brüllten dabei »jetzt seid ihr die hamburger ihr scheißkerle!«

bären wölfe und hirsche stiegen in kanada von den bergen hinab um die dorfbewohner auszurotten

einige affen bissen ethnologen in der afrikanischen savanne laut informationen aus der zauberwelt des internet in einigen überbevölkerten städten chinas griffen straßenkatzen in banden an und zerfleischten kinder mit ihren krallen und zähnen

im neuen barcelona krochen millionen schaben und andere insekten in die münder der leute während sie schliefen und verursachten erstickungen die tauben in den städten befreiten die kanarienvögel und andere vogelarten aus ihren käfigen und überflogen die städte während sie in die augen der fußgänger hackten und ihnen die hornhaut abrissen sie lernten sogar zu stehlen und bomben aus der luft zu werfen

die wale brachten schiffe auf offenem meer zum kentern während die haie die touristen an den stränden angriffen die revolution war ein fakt und übrigens ein recht unangenehmer

die vereinten nationen und die streitkräfte der ganzen welt mussten eingreifen es war der totale krieg gegen das tierreich ich merkte sofort dass das alles manuels schuld war eigentlich war meiner tierliebe daran schuld und wenn ich nicht irgendetwas tat würde das zur vernichtung meiner eigenen spezies führen

ich engagierte einen privatdetektiv damit er manuel ausfindig machte und der sagte mir schließlich dass der hamster-mutant zusammen mit hundert weiteren tieren ein kernkraftwerk in frankreich besetzt hatte also fuhr ich mein elektroauto mit vollgas bis zur atomanlage

BRRRMMMBRRRRRRMMMBRRRRMMM

ich stieg aus dem fahrzeug bei laufendem motor und dort war manuel der seine üblichen pedantischen zitate von sich gab um seine truppe zu indoktrinieren

> *Man darf die Macht nicht angreifen, wenn man nicht sicher ist, sie auch zerstören zu können*
> **Niccolò Machiavelli**

kann man mal erfahren was du hier machst fragte ich ihn und er sagte hau ab meritxell misch dich nicht ein das ist ein rein tierisches thema und da hast du nichts zu suchen

entschuldigung aber ich bin immer noch deine frau und bis wir uns nicht scheiden lassen bist du mir eine erklärung schuldig in wirklichkeit hatte manuel vor eine neue rasse von tiermutanten zu zeugen um den planeten erde zu erobern wir werden die menschen vernichten sagte er wir werden die welt wieder beherrschen wir werden alle diese hurensöhne umbringen

wenn ich dank der elektromagnetischen wellen einer mikrowelle riesenhaft geworden bin mit einem außergewöhnlichen gehirn so werde ich mithilfe einer kernfusionskammer in zehn minuten hunderte von tieren in mutanten wie mich verwandeln sagte er zu mir du hast ja deinen verstand versoffen du hast ja keinen blassen schimmer von atomenergie sagte ich ihm dein fall war eine ausnahme siehst du denn nicht DU BIST EINE ANOMALIE

halts maul sagte manuel die anomalie bist ja wohl du du nutte wann hat denn je eine frau einen hamster gefickt du bist eine sexuell perverse bekloppte ich werde dir beweisen dass ich mit mehr strahlung unbesiegbar werden kann und nach mir dann die wölfe und die spinnen und die chamäleons alle werden mutierte superkräfte haben wir werden keine unterschiede machen aufgrund von rasse oder geschlecht oder alter ganz im gegensatz zu euch menschen die ihr rassistisch homophob und autoritär seid wolltest du nicht die gleichberechtigung der tiere? dann wirst du jetzt erfahren was das verdammtnochmal bedeutet wolltest du nicht den planeten retten? der erste schritt dazu ist deine rasse egozentrischer zweibeiner zu beseitigen und ihren moralischen anthropozentrismus

Eine Frage raubt mir den Verstand: Bin ich verrückt oder alle anderen im Land?
Albert Einstein

manuel ging in die kammer voller atomarer strahlung hinein während die anderen tiere ihn mit hängender zunge hinterherschauten und die armee mit ihren panzern und flugzeugen eintraf

ich flehte betete bat befahl drang darauf dass er bitte von da drin herauskommen sollte aber es war schon zu spät eine strahlendusche kam auf ihn herab und bewirkte dass die sensoren des kraftwerks ihren höchsten exponentiellen wert erreichten und die gesamte anlage explodierte

die tiere und das soldatenheer starben auf der stelle und die explosion löste eine strahlung großen ausmaßes aus die luft und wasser des gesamten kontinents verseuchte aber ich überlebte ich weiß nicht wie

als ich gerade gehen wollte hörte ich ein stimmchen das vom boden herkam

Erst wenn ein Mensch sich aller Lebewesen erbarmt – erst dann wird er edel sein.
Buddha

es war manuel der die atomstrahlung ebenfalls überlebt hatte aber weit entfernt davon dass sie ihn unbesiegbar gemacht hätte hatte er seine ursprüngliche vier zentimeter große hamstergestalt zurückerhalten ich bekam einen lachanfall boahahahahahahahahahahahaha! ich habe deine pedantische leier satt die ganze zeit intellektuelle zitieren wer glaubst du denn wer du bist du bist nichts anderes als ein hamster mit einem unsäglichen minderwertigkeitskomplex sagte ich hob etwas den fuß und zerquetschte mit dem schuh sein köpfchen bis das hirn ihm aus dem mund quoll

dann nahm ich die kleine leiche und warf den hamster als gute umweltschützerin die ich bin in die biotonne

Das Einzige, das man nicht recyclen kann, ist die verlorene Zeit
Anonym

Isabel II

halo ich haisse isabel holofernes ich bin draizen jare ald maine liplingsfabe isst wais und maine liplingsmarke vür beklaidunk isst kelwin klain main sternzaichen isst wage mama sagt imer das wir wagen ser gesällich sind aber etwas unsicha aber mir

isses egal was maine mutter sagt ich haße sie und dass monsta fon mainem fater ich libe nur maine schwesta amanda auch wenn sie supa schräg drauf isst.

ich mag trap dance hall reaggeton jeden sammstag gehn wir in die disko den arsch bewegen mit den koleginen und imma laufen unss idioten üban weg di sachen sagen wie »rasier dir mal di akselhölen du drecksbist« maingot was fürn arschloch aba mir gehz am arsch forbai

ich binn in einen jungen aus der schuhle ferlibt der haisst marc er törnt mich an aba ich hab mich noch nie getraut mit ihm zu reden wail er eina der bestausehensten jungen der schuhle isst tja nix zu machen und es wär ja auch irgenwie lecherlich wenn

ich plözlich anfangen würde mit ihm zu sprechen wail di ganze zait di scherfsten broite der schule hinta ihm her sind sicha wais marc NICHTAINMAL DAS ICH EXISTIRE sicha geb ich ein mega trauriges bild ab wie ich ihn imma anschau wie ne idiotin aba in wirklichkait gehz mir am arsch forbai ob sie ihn ficken wail ich hab jetz das smartphone der jüngsten generation cyborg 6.0 mit 7,7 Hd display 190 GB interner arbeitsspeicher 2,8 prozessor 15 PM kamera mein neues smartphone hat einen haufen ser emfelenswerter applikationen und macht unglaubliche bilda ich mach fotos von mir wie ich im mer mit delfinen und schiltkröten schwimm und sexy selfies mit »nuttenrock« wo ich die schänkel zaig und lade sie hoch auf insta ich hab 8000 follower zukünftich will ich influenzer sein

mit disem smartphone und den »likes« fon den loiten wer braucht da noch ainen froind? ich glaub EIN MENSCH OHNE SOCIAL MEDIA IST EIN TOTER MENSCH

aba das smartphone nem ich for allem zum chaten ich chate mit mainen froindinen aus der schuhle und geh auch jeden tag auf wepsaiten für dating und so wenn ich in mainem zimma bin geh ich auf aine diser wepsaiten dassis main profil

> Ich will: FREUNDE finden.
> Über mich: LA, LA, LA.
> Ledig und stolz darauf.
> Wichser, Schweine und Abartige fernbleiben

aba trozdem schraiben mir alle typen schwainskram und schicken mir fotos fon iren schwänzen übers handy aba ob man will oda nicht schmaichelz mir das ego sie schraiben mir dinge wie dass hier

> halo süüüße wie geet es dir? was ist deine liblingsfarbe? btw schik ich dir ein par fotos von meinem schwanz

oder

> wie geil du aussiehst ich würde dich auf der stelle ficken ich steh auf analverkehr BDSM

oder auch

> servus, i hob mir die brustwarzen durchbort und zwei ringe hingetan jetzt pfeift im sommer die luft durch meine brustwarzen und i fühl mi frischer und es taugt mir sehr ich hab mir auch ein pircing an der schwanzspitze gemacht foto anbei

alles so zeug es ist ferstendlich in der zauberwelt des internet endekt man das wir ale ser ainsam sind und das WIR ALE GELIBT WERDEN WOLLEN IN EINER WELT DI UNS ZUTIFST HAST

wenn ich nicht chate fermiss ich sie alle ser ich ken nicht ire wirklichen namen aba sie sin so liebenswert und zerbrechlich

ich bin ser zufriden mit mainem noien handy und sainen apps ich bin begaistert fon der farbe des handys es hat die farbe weiß-schwarz-gold mit bewundernswerter bildkualität dank sainem 7,7 quad HD display (2378 × 2330 PX) geniesse ich die farben wie noch nie mit 4-facher HD auflösung ultraleichtes matallic desain

ich bin foll chatsüchtig und ich glaub das ich mich grade in einen typen aus dem chat ferlibe einen tag ging er in den chat und sagte mir

mir gefallen die frauen mit grünen augen

und ich schrib zurück

was fürn zufall meine sind grün

mein username im chat ist »reizbarer kolon«

seiner war »Marquis de Sade 3000«

weil ich nix zu ferlirn hatte fingen wir an täglich zu chaten ich mochte die romantischen sachen die er mir schrib und schikte ihm imma milionen emojis ☺☺☺

ich will deinen arsch lecken und deine scheiße essen

oder

ich will dich in einem großmarkt ficken und dir in der gartenabteilung einen nippel mit einer gartenschere abschneiden

wer würde sich denn nich in einen ferliben der dir so schöne sachen sagt? libe darf kaine einschrenkungen haben.

was ich für ein glük hab mit disem noien handy mit spektakulerer kamera mit verbessertem laser autofokus stabilisator flash dual batterie mit 5000 MAH

ich chatete schon vier wochen mit »Marquis de Sade 3000« und es war als wen wir uns schon fon jeherr kanten als wen wir uns irgenwie in einem andren leben schon gekant hetten als wen das schiksall oder sowas uns zusamengebracht hette

»Marquis de Sade 3000« war ser sensibel er fertraute mir saine intimen dinge an

ich mag gerne tiere quälen forallem schildkröten und hamster oder ansonsten mag ich auch frösche mit einem feuerzeug verbrennen

ich auch

antwortette ich

ich finde das es wichtig isst das du jemand trifst der die glaichen dinge mag wi du das passirt ja nich jeden tag

eines tages lies er mich saine zukunfspläne wissen

ich möchte das du zu mir kommst ich habe vor mich umzubringen aber vorher will ich dich essen damit wir im tod vereint sind

das war die schönste libeserklerung die ich jeh gehört hate

wir hatten einen gemainsamen zukunfsplan

ein erwartungshorizond foll biss zum rand mit ewigkeit und liebe

ich möchte damit beginnen das ich mir einen arm abschneide und wir ihn zusammen aufessen dann schneide ich mir den schwantz ab und den essen wir auch auf und schauen eine netflix serie über serienkiller. Ich schicke dir meinen linken arm als beweiß das ich das ernst meine. ICH LIEBE DICH

hier ein hochauflösendes foto von sainem arm dank mainem smartphone der neuesten generation eines tages erhielt ich das packet ganz zerknüllt und foller ferwestem blut in dem sain arm lag

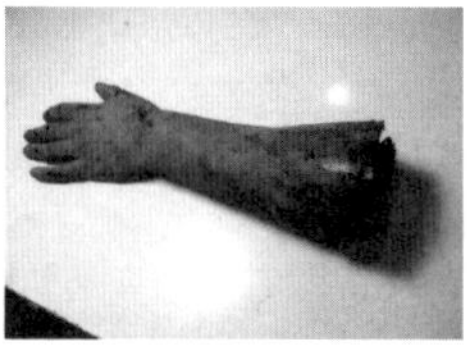

das war der entgültige libesbewaiss ich ferstekte ihn einige zait im schranck in mainem zimma das paket stank nach laiche aber es war der arm maines gelibten

aba eines tages als main vater neben mir im bett lag und dafon sprach den satan aus mainem laib zu traiben und was waiss ich da roch er einen unangenemen geruch und endeckte entsezt den arm

er rif die polizai und ich hab nie mer mit »Marquis de Sade 3000« chaten können jezt isst der chat ein ainsama ort

die liebe isst soooooooo schwer

Mit serifenloser Schriftart sind Passagen gekennzeichnet, die im Originaltext auf Spanisch statt auf Katalanisch stehen

Aus dem Katalanischen von Àxel Sanjosé

Pol Guasch

Auswahl

Gedicht aus dem Band Der Teil des Feuers

Ich würde dir sagen, meine Freundin,

dass es kein Risiko gibt, keinen Tod und kein Leben, nicht mal einen anderen Stern, auf dem wir den Weg zurückgehen und die Platanen neu pflanzen können, die Bougainvillea neu pflanzen können, tiefe Wurzeln neu pflanzen können und saftige, samtige Früchte, die die Tage viel weiter und die Nächte viel leuchtender machen;

aber wenn es kein Risiko gibt, keinen Tod und kein Leben, auch keinen anderen Ozean, in den wir eintauchen und nicht versinken, und keinen anderen Himmel, in dem wir atmen und uns nicht auflösen, hör mir gut zu, denn dann will ich dir nur sagen:

halt es fest, dieses Nicht-leben und seinen mühsamen Schritt, halt es fest und sag, komm, komm mit mir bis in die Tiefe des Gletschers, bis an die Kante des Abgrunds, bis an den Schlund des Vulkans, bis zur Spitze des Blitzes. Und wenn wir genau am Rand stehen:

lassen wir unsere Hände los.

Auszug aus dem Roman Auf den Händen dargeboten, brennt das Paradies

Jedes Leben beginnt vor der Geburt: Da ist eine Mutter, die vor dem Schlafengehen unentschlossen die Namensliste studiert, oder ein Vater, der sich das verborgene Gesicht des noch nicht existierenden Kindes vorstellt. Da ist die uralte, in Stille verblühende Sehnsucht oder der frenetische Rhythmus der Reue, der sich im Herzen festsetzt. Da ist der teuer erkaufte Frieden nach langem Schweigen oder ein dunkles Zimmer, das bewohnt werden will. Da ist die Hoffnung, die ein für alle Mal die unerträgliche Einsamkeit beenden soll, oder die Angst vor einer neuen Anwesenheit, die mit ihrer Ankunft alles durcheinanderbringen wird. Was auch immer es ist: Jedes Leben beginnt vor der Geburt.

Nur zu gerne würde ich das auch von meinem Leben glauben, aber ich bin mir sicher, dass mein winziger Körper, irgendwo in einem dunklen Winkel im Bauch meiner Mutter verborgen, keinerlei Empfindung weckte. Es brauchte ein ganzes Leben, vierundzwanzig flüchtige Jahre, die vorbeirasten wie ein Komet, bis ich das aussprechen konnte, ohne dass es wehtat. Ich stelle mir die Frage nach der Zeit, in der ich krank war, ohne es zu wissen, und danach, wie das Leben in ruhigen Gewässern verläuft, wenn man die Traurigkeit meidet. Auch davon handelt meine Geschichte: von der Zeit. Von der Zeit, die nicht wiederkehrt, weil die Zeit nie wiederkehrt. Und von der Angst; denn wenn du eines Tages vor einer Sache Angst hast, hast du am nächsten Tag Angst vor allem. Und ganz gewiss dient meine Geschichte dazu, dir Folgendes zu erklären: Wenn irgendwann einmal jemand an dich herantritt und dir rät, nicht zu schnell groß zu werden, weil Kraft und Schönheit sehr schnell schwinden, wenn also jemand an dich herantritt und dir das sagt, dann solltest du wissen, dass er recht hat.

Es ist Nacht. Die Menschen, die ich geliebt habe, schlafen. Außer vielleicht Rita, die am Fenster ihrer Stadtwohnung lehnt, um sich davon zu überzeugen, dass kein Lärm den Einklang der Welt stört. Von dort oben sieht sie unbekannte Leute. Jemand kommt nach einem zu langen Tag nach Hause, und bevor er die Tür aufschließt, schaut er zum Himmel auf, als würde er sich etwas wünschen. Die Schwärze macht ihn ein wenig schwindeln. Ein anderer bemerkt das Licht in Ritas Zimmer; für eine Sekunde kreuzen sich ihre Blicke, und sie mustern einander erstaunt. Damit will ich sagen, dass wir existieren, damit die anderen sich an uns erinnern: Vielleicht – wahrscheinlich – denkt Rita an mich, an das, was wir getan haben, während sie in dieser finsteren Nacht aus dem Fenster sieht.

Liton war mein Name. Vierundzwanzig Jahre mein Alter. Unlackiertes Pinien-Sperrholz das Material meines Sargs. Das Wetter: höllische Hitze. Die Landschaft verbrannt. Der Rest der Geschichte ist sehr lang, weil Geschichten immer lang sind, selbst wenn ein Leben ohne Siege und ohne Niederlagen verlaufen ist wie das meine, ein Stück Raum und viele aufeinanderfolgende Stunden war und sonst nichts. Jetzt versuche ich, mich von der Zeit zu lösen, ich beschreibe die wenigen Säulen, auf denen diese Geschichte ruht, als hätte nicht ich sie errichtet. Es wird kein Reich kommen, das nicht von dieser Welt ist. Das Vergessen ist ein Teil deines Körpers, den du noch nicht benutzt hast. Wahrscheinlich denke ich deshalb, dass es zu früh ist, von denen, die ich geliebt habe, als Erinnerung zu sprechen. Trotzdem stelle ich mir immer wieder vor, was wohl die Lebenden von mir sagen werden; die Menschen, die mich geliebt haben; die Menschen, die nicht wussten, wer ich war, die nichts von mir wussten, nur einen Schatten erahnten, der im Dorf ein und aus ging, den Schatten eines Jungen, der gerade erst zum Mann geworden war, der mit der Landschaft verschmolz, wie das Echo einer Stimme, die in der Unendlichkeit des Tals verhallt, in einem Dorf, das alle Dorf nannten und sonst nichts: Es ist leicht, einen Ort zu vergessen, der keinen Namen hat.

Ich war nicht aus dem Dorf. Ich kam aus der Stadt. Der Stadt, die drei Täler weiter liegt. Ins Dorf kam ich, weil meine Eltern sich dort ein Haus kauften. Das machten die Städter, die genug Geld hatten, um sich ein Haus zu kaufen, und wenn sie »das Dorf, das Dorf!« sagten, klang es wie, weckt mich aus dem Alptraum des Vergessens! Aber es hatte schon lange nicht mehr geregnet, seit Jahren nicht mehr, und die rissige Erde war durstiger als hundert Hunde, die die ganze Nacht hindurch gebellt haben. Wo kein Wasser ist, ist nichts. Ich fuhr am Wochenende hin. Das war nach meinem Dienst und vor den Bränden. Am Bahnhof stieg ich aus dem Zug, ging im Zickzack den Berg hinauf, bis am Horizont die ersten Dächer und die grauen Berge erschienen, die sie krönten. Warme Luft strich pfeifend durch die Straßen. Die Sonne zeigte mir den Weg. Wo es kein Wasser gibt, gibt es später Feuer, aber daran denkt keiner Ich hätte mir gerne vorgestellt, dass es kein Dorf in einem von der Zeit vergessenen Winkel war: Gerade versuche ich, mir eine Mondsichel am Himmel vorzustellen, nur um mir einzureden, dass noch ein wenig Licht darauf fällt.

Rita lebte in der Siedlung. Die Siedlung bestand aus einer Handvoll Häusern auf dem Gipfel des Berges, weiße Häuser, die die Mine grau gefärbt hatte und die mit der Erde verwachsen waren wie Urgestein. Hoch über der Landschaft zogen sie sich am steilen Hang empor. In ihnen lebten die Minenarbeiter mit ihren Familien. Alte Menschen, müde Menschen. Alte Frauen, die in einer Reihe im Schatten vor den Türen saßen oder am Waschplatz stundenlang schwatzten, sich über die Siedlung, die Jugend, und das Leben unterhielten, das oft zu lange dauert. Wie eine Fata Morgana strahlte das Dorf dort oben ins Tal hinunter. Aus der Distanz und zeitlichen Ferne sehen die Dinge schön aus, aber sie sind es nicht, und wenn die Bewohner der Siedlung »das Dorf, das Dorf!« sagten, klang es wie, gebt mir meinen Teil der Geschichte zurück!

Ich lernte Rita kennen, als ihre Geschichte schon unwiderruflich mit diesem verfluchten Fleck Erde verflochten war. Der Schmerz der Einsamkeit ist ein ganz eigener Schmerz; das erfuhr ich, als ich sie kennenlernte, und vor allem, weil ich bei ihrem Anblick entdeckte, dass ihr wilder Schmerz auch der meine war. Wir wurden Freunde. Das heißt, dass wir eine Zeit lang erfolgreich versuchten, unsere Traurigkeit unter Euphorie zu verstecken. Wenn man traurig ist und verschwinden will, bist nicht du derjenige, der sterben will, sondern dein früheres Ich. Jetzt, wo wir einander hatten, wollten wir plötzlich ein bisschen weniger verschwinden: Wir redeten uns ein, das sei es, was Freundschaft verspricht.

Beim Aufstehen erinnert man sich weder an seine schönsten Träume noch an seine schlimmsten Albträume, nur an die konkreten unruhigen Bewegungen des Körpers während der Nacht. So ging es mir mit Rita, wenn wir zusammen waren, wie im schlimmsten Albtraum oder im schönsten aller Träume. Natürlich schleppte sie ihre Geschichten mit sich herum und ich die meinen, und wir redeten uns ein, wir könnten so tun, als gäbe es sie nicht. Ob uns das tatsächlich gelang, weiß ich nicht, aber wir haben es versucht. Und manchmal ist der Versuch fast so gut wie das Gelingen. Glaub mir. Das Wort Siedlung fiel zwischen uns ebenso wenig wie das Wort Vater, das Wort Kindheit und das Wort Zukunft. Wir hatten vereinbart, diese Wörter nicht zu benutzen. Und wir benutzten sie nicht.

Der Dienst war vorher. Vor dem Dorf und bevor ich Rita kennenlernte. Und natürlich vor den Bränden. Ich könnte fast sagen: vor allem anderen. Denn die Liebe setzt eine Linie vor und hinter die Dinge, die unwichtig sind, also fast alles, was uns passiert. Eines Tages kommt die Liebe, und dann kannst du nur sagen: Das war davor, bevor alles geschah. Oder danach, nachdem alles geschah. Und alles, das ist die Liebe. Ich sage mir zwar, dass es Wahnsinn ist, vom Dienst und von der Liebe zu sprechen, als wären sie ein und dasselbe, aber alle Geschichten, auch diese hier, haben eine verborgene Kehrseite, und hinter jeder Ecke lauert das Unvorhersehbare auf dich. Außerdem kann man über die Liebe nicht viel sagen, solange man mittendrin steckt, weil alles vom Nebel der Gefühle verschleiert ist, und nicht viel, wenn man sie verlassen hat, weil dann alles vom Nebel der Traurigkeit verschleiert ist. So sagt man letztendlich gar nichts über sie, und das ist vielleicht besser so. Ganz bestimmt ist es besser so. Und trotzdem hüte ich immer noch ihren Namen: René.

Auch über die Brände zu reden, ist nicht einfach. Lass deine Sinne ebenso ziellos schweifen wie das Denken: Deine Augen nehmen sie wahr, ohne dass du hinsiehst. So ist das mit dem Feuer. Du suchst es nicht, es findet dich. Die Erinnerung an die Brände ist älter als die Erinnerung an uns, und es fällt uns schwer, zu akzeptieren, dass es Dinge gibt, die vor uns begannen und nach uns weitergehen. Die Brände sind nicht deshalb zerstörerisch, weil sie alles vernichten, sondern weil sie nie genug vernichten. Wenn das Feuer kommt, wünscht man sich, es würde auch den Schmerz, die Erinnerungen und die Kindheit vernichten; man wünscht sich, das alles würde mit dem Feuer verschwinden, aber in Wirklichkeit verschwindet es nicht.

Niemand will auf der Strecke bleiben. Ich bekam Lust, Dinge zu tun, als ich erkannte, dass ich keine Zeit mehr hatte, sie zu tun. So sind wir. Es ist leichter, den Feind zu bekämpfen, wenn der Feind einen Namen hat, und ich musste ihn in mir aufnehmen, ohne ihn willkommen heißen zu können. Ich hätte gern das Schweigen gebrochen, wäre lieber nie begraben worden, hätte mir gewünscht, dass mein Körper die Verwüstungen zeigt, die die Zeit mit sich bringt, und das an mir, was sie verstecken wollten. Ich hätte mir einen offenen Sarg gewünscht und dass auf meiner Stirn geschrieben steht, dass ich am Schweigen gestorben bin, dass die Diagnose Schweigen lautete, dass meine Todesursache das Schweigen war und dass mich hinterher das Schweigen erwartete. Oder dass jemand während der Trauerfeier aufstand und fragte, woran ich gestorben war, mit wem ich ins Bett ging, wo ich mich nachts in der Stadt herumtrieb, wenn ich nichts mit mir anzufangen wusste und verzweifelt nach ein wenig Liebe suchte, wie die flackernden Lichter der Straßenlaternen in der Abenddämmerung. Jetzt bin ich hier und warte darauf, dass jemand meinen Namen nennt, dass irgendwann irgendjemand ausspricht, dass dieses Spektakel stattgefunden hat, dass ich tatsächlich auf diese Weise gegangen bin.

Wenn man krank ist, fragt man sich ständig, was diese Krankheit zu bedeuten hat. Also, ob sie einen besser macht, ob es darum geht, so zu sein wie die anderen, ob man lernen muss, den Frieden der Orte in sich aufzunehmen, oder ob es einem irgendwann gelingen wird, dieses kleine Ding herunterzuschlucken, das einem in der Kehle sitzt, seit man weiß, dass es keine Heilung gibt. Aber ich hatte immer nur die Worte der anderen für das, was in mir floss, so, als flössen nur Worte in mir. Als wären diese Worte meine Krankheit. Ihre Geschichten.

Ich war mit den Geschichten aufgewachsen, die man mir erzählt hatte, als wären es meine. Aber das waren sie nicht. Und wenn man dir die Geschichten oft genug erzählt, glaubst du, du hättest sie erlebt, und dann bleibt dir ein ganzes Leben, vierundzwanzig Jahre, ein Leben, das vorbeirast wie ein Komet, um herauszufinden, was Wahrheit ist und was nicht. Meine Eltern, die voller Nostalgie von ihrer Jugend erzählten. Die Jungen beim Dienst, die die Welt da draußen vermissten, als hätten sie sie jemals erlebt. Die alten Frauen aus der Siedlung, die eine Landschaft beschrieben, die es nicht gab, Tiere, die nicht mehr da waren. Die jungen Männer aus dem Sanatorium, die bereuten, was sie nicht getan hatten, weil man immer das mehr bereut, was man nicht getan hat, als das, was man getan hat. Und meine Krankheit, eine Handvoll Wörter, die mich von innen heraus zerstörten.

Jetzt wünschte ich mir die Ordnung, die die Distanz verleiht. Ich wäre gerne oben, um ins Tal hinunterzublicken, oder unten im Tal, um zu sehen, dass der Himmel ununterbrochen kreist, dass sich die Wolken in einer einstudierten Choreografie bilden und wieder auflösen, dass die Tauben, die wenigen, die noch geblieben sind, Abend für Abend ins gleiche Nest zurückkehren, und dass der Westen auch morgen noch Westen ist. Oder ich wäre oben und würde sehen, dass das Dorf unten im Tal nichts weiter als ein Rechteck ist, das sich über die Landkarte erstreckt, ein Rechteck, in dem bei Einbruch der Dunkelheit überall Lichter aufblitzen. Die Helligkeit, die vor Tagesanbruch hinter den Fenstern leuchtet, und die schwarzen Silhouetten, die sich hinter den Scheiben bewegen, Kaffee kochen, sich anziehen: leben. Die Pfade, die auf die Berge gezeichnet sind, und die Menschen, die sich auf ihnen bewegen. Die Erde, die ihre Farbe nie verändert, weil es nur eine Farbe gibt. Die Zäune, die die verdorrten Felder voneinander trennen, und die Tore, durch die man sie durchqueren kann. Der Schatten, den die Wolken auf die Erde werfen, und die unterschiedlichen Schatten, die dieselben Baumstämme, dieselben Häuser, dieselben Personen je nach Sonnenstand werfen. Die Dinge, die immer an der gleichen Stelle stehen und deren Schatten sich doch immer verändert.

Die Leute wollen, dass die Geschichten, die man erzählt, einer Ordnung folgen. Die Leute wissen nicht, dass geordnete Geschichten keine Geschichten, sondern Lügen sind. Deshalb glaube ich, dass die Leute in Wirklichkeit Lügen hören wollen. Es ist immer ein bisschen traurig, eine Geschichte zu beenden, am liebsten würde man seine Geschichte immer weiter und weiter und weiter erzählen. Ich will nicht länger an den Teilen meines Lebens zweifeln, an die ich mich nicht erinnere. Ich will mir nicht länger vorstellen, was passiert wäre, wenn alles anders gelaufen wäre. Ich möchte glauben, dass ich die Dinge, die ich nicht gesagt habe, als ich sie hätte sagen sollen, jetzt sagen kann.

Mutter, geh nicht von falschem Stolz erfüllt durch die Straßen. Die Zeit läuft ab.

René, lass mich vergessen, wie die Sonne auf deiner Haut glänzte. Lass mich dich vergessen.

Rita, meine Freundin, du hast Bienen im Bauch; eines Tages werden sie sich in Drachen verwandeln, die dich von innen heraus auffressen. Füttere sie.

Aus dem Katalanischen von Kirsten Brandt

Bonustrack

Blai Bonet

MARIA MAGDALENA

Wenn ein Junge aus unserer Gegend
in den Augen seiner Familie reinen Herzens
bleiben wollte, dann ging er zur Liebesdienerin,
beim Abschied leuchteten die jungen Augen
und auf der halben Treppe rief sie:
»Es würde mich freuen, dich wiederzusehen.«
Und als stünde sie noch immer unterm Kreuzesstamm,
stammelte sie kurz danach voller Sehnsucht
den Namen des kleinen beschnittenen Sünders:
»Johannes …«

Und sobald der Junge weg war, erbaute sie sich
am Tor des Lebens ein Königreich aus Erinnerungen,
einen Portalbogen aus Wiederholungen,
an der Ecke, wo's was zu trinken gab, an der Gosse,
wo alle standen und warteten, bis wieder wer kam
und sie ausgrub, begraben unter sich selbst,
Maria Magdalena mit schwarz-weißer Fahne,
die Fahnenträgerin, ihr Banner auf Halbmast,
ein offenes Buch. Sie pflegte zu sagen:
»Gut sind nur die, die lieben. Glaub mir.
Nur wer geliebt wird, kann gut sein.
Ich bin so gut zu dir wie du zu mir,
wenn's Nacht wird auf dem Pfännerplatz.
Denn hier gibt es nur uns,
nur uns zwei, unsere Leben
und Herzen gehören einander
an diesem Nachmittag,
da uns der Schweiß auf der Haut
zu einer gemeinsamen Hausnummer treibt.«

Es war an jenem Nachmittag, da sie ins Bett fiel
wie ins Meer und wieder herausstieg
mit Salz im Mund, so viel Salz überall,
doch da war gar kein Meer, das Meer war weit, es regte und drängte
sich ein grünes Leben in ihr, sie gab ihm den Namen Maria.
Nach tausend Jungs verstand sie,
dass sie es liebte zu lieben, in Liebe zu leben,

dass diese Liebe Johannes hieß, wenn er bei ihr war,
dass diese Liebe Maria hieß, wenn Johannes fortging,
dass diese Liebe bleibt wie Kreuzesstämme,
auch wenn man sie eines Tages in aller Eile
küssen und begraben würde,
zu Tode geküsst.

Alles schien Maria so leer, vergeblich, unbehaust,
und sie bereute ihr gnadenlos sterbliches Leben,
sie war zwar ein hübsches, umtriebiges Ding,
doch sesshaft auch, ein tiefgründiges Herz,
das nie ganz zuhause war dort, wo es schlug.
Da rüttelte plötzlich am frühen Abend
auf der anderen Seite des Fensters der Wind
und es roch nach Johannisbrotbäumen
und zwei sprechende Arme nahmen sie gefangen,
eine Frau, die unrechtmäßig glücklich gewesen war,
gerade noch sie selbst, mit einem Jungen im Arm,
bald schon zerschlagene Statue aus Zeiten der Revolution,
persönlich gesteinigt vom allgemeinen Gesetz.

Maria war keine Schaufensterpuppe,
sie hatte einen Körper, der begehrte, ein Herz, das begehrte,
und schaute durchs Fenstergitter, um sich wen auszusuchen,
auch wenn ihr weit geöffnetes, weibliches Herz genau fühlte,
dass keiner dieser Gockel mit ihren schwellenden Kämmen
um jene Geheimnisse der Wildnis und der Zeit wusste,
die nur Johannes kennt, Johannes allein,
entsprungen aus der Not wie ein grüner Trieb aus Erde,
jenes heimische, allgemeine Grün,
das erst gen Himmel aufschießt, zur Himmelfahrt,
und dann granatrot sich hingibt, dir und Allen,
bis es in Frieden lebt, doch niemals ruht,
ein nutzbarer Himmel aus Worten, unser tägliches Brot,
ein Himmel, ausgedacht, doch immer neu
gedacht für Maria aus Magdala, die im Fenster saß
und manchmal aufreizend gekleidet, halbnackt
ihrer Arbeit nachging vor dem Lebendigen Gott,
nackt auf dem Boden, wie in der Wohnung in Jerusalem,
einer Stadt, in der viel Weihrauch brannte,
in der man Ochsen köpfte auf dem Altar des Herrn,
in der man die Propheten Gottes ermordete,

aber immer schön diskret und zivil,
statt sie zu töten, ließ man sie töten
und verbarg sich gut in den Gesetzeslücken.
Es war das Gesetz, das sie ermordet hat, Maria.

Auf der anderen Seite des Fensters,
auf der anderen Seite der Maria, in ihren vier Wänden,
in der sich dieselbe Frau und ein anderer Johannes befanden,
dem es nie gelingen würde, ihr Johannes von Welt zu werden,
in Marias beiden Augen,
die es nicht besser wussten,
weil niemand es ihnen sagte,
lag die ganze Schar der Gesetzeshüter,
die Liebe machten wie Gesetze, mit demselben Groll,
und mit einem Stoß warfen sie Maria danach hinaus
aus dem Haus des Färbers, Asche
zu Asche, Erdenstaub zu Straßenstaub.

Vor den Augen Marias
warf man Marta vor die Füße eines Jünglings,
der Jesus nicht nur hieß, sondern auch war!
Johannes war auf der Suche nach seinem wilden, sesshaften Herzen,
dabei hatte er es schon gefunden, war nur falsch abgebogen
wie all jene sündigen, gutgläubigen, gnadenlos erregten Johannesse,
die nach Sonnenuntergang, immer nach Sonnenuntergang
durch den Triumphbogen schreiten, ohne Triumph im Herzen.

Maria, die das Lieben so liebte,
sie konnte nicht, wie andere, untreu sein,
und hatte doch gerade die Liebe gefunden,
die Liebe, die sie hielt, und die ihr nicht gehörte,
armseliges Gesetz, arme Liebe,
armseliges Gesetz, o Liebe der Armen!
Maria fühlte, dass man sie nicht steinigen konnte,
sie war schon tot, war schon in der Höhle des Geistes,
in jener Höhle, in der eine bedrängte Frau
sterben würde für das Geheimnis des Lebens; sie liebte
manchmal wie eine Dame, oft wie ein Flittchen,
manchmal machte sie Überstunden als Maria
und wurde am Ende keine Ehefrau, sondern alt:
eine Ikone, die man gern küsst,
die nie gelebt hat, aber noch da war,

eine Frau, deren Bild man am Ende des Tages
als Veronika auf ein Schweißtuch druckt.

Aber plötzlich sah sie, wie sich all diese Gesetzeshüter,
angefangen beim Ältesten, der verstummte vor Schuld,
wie sich all diese versteckt, ehrenwert, vorteilhaft
Beschnittenen ihre Scham zwischen die Beine klemmten,
weil sie ihre eigene Kreuzigung klar vor Augen sahen,
Maria aber sah, als habe sie einen Leichnam gesehen,
dass das Leben auch eine Lüge sein konnte,
Maria aber sah, als habe sie sich verliebt,
das ganze Leben in seiner vollen Präsenz,
und erkannte, dass es ums Verzeihen ging,
um die Gabe aus sich selbst heraus.
So wie es der Jüngling ihr gesagt hatte,
als sie zitternd am Boden lag wie eine abgehisste Fahne:
»Auch ich verdamme dich nicht.
Steh auf und sündige nicht mehr.«

Und naturgemäß weinte Maria
wie eine göttliche Grotte,
deren Decke tropft ins Unermessliche.
Und naturgemäß weinte Maria
und wusste gut und wusste nicht warum,
um nichts und voller Scham und wohl aus Liebe
und sah und fühlte alles gnadenlos.

Dazu berufen, alle Männer Jerusalems zu küssen,
liebte sie nur den Jüngling, der ihr vergeben hatte,
der gab, was er konnte: Vergebung.
Und mit der ganzen Kraft einer Verstoßenen,
mit ihrer Kraft aus Betten und aus Wäldern,
gerettet, geläutert, erhöht,
erhöht aus schierer Not, und nicht aus reinem Trieb,
küsste sie ihm Füße und Knöchel,
die keine Zärtlichkeit wollten, aber über all dem standen,
sie küsste die Füße und Knöchel Gottes, mein Kind.

Und Gott in seiner Größe ließ sich küssen von Maria
so wie ihn früher die Mutter Maria geküsst hatte.
Und in der körperlichen Gestalt Jesu
kannte Gott sich aus mit solchen Gefühlen,

war oft geküsst worden in der Geschichte,
in den Millionen Jahren seiner Erziehung des Menschengeschlechts
war da immer auch die Frau, der Mann.
Und naturgemäß hat sich die Liebe gerettet durch die Natur,
die ihr von oben klar und deutlich eingegeben war:
denn wie im Himmel so auf Erden.

Als sie errettet wurde durch Jesu
Kreuzestod zwischen den zwei Dieben,
als Jesus aufrecht stand und Maria in Tränen lag,
da offenbarte sich die Situation
für alle, die zur Liebe geboren wurden,
für alle, die nichts als Liebe suchen,
fern und nah, für immer zwischen diesen Polen.
Sünderinnen haben die Kirche gegründet, zur Armut Verdammte,
als Geheimnis des Glaubens,
als Kirche der Würmer, die Gottes Reinheit erkennen,
als Geheimnis des Glaubens
zwischen Jesus und der Sünderin, der Gnade zuteil ward,
deren Größe ihre Statur überragte, die ihren Krug zerbrach,
weil sie nicht wusste, wie man allein zum Brunnen gelangt.

Maria, wusstest du immer noch nicht, wessen
Knöchel das waren, die Knöchel Gottes?
Maria, was, wenn du dich verliebt hast
in die männlichste Blume der Schöpfung,
weil sie deinem Herzen eben göttlich erschien?
Maria, was, wenn dich die Stadtoberen und Gläubigen
als hoffnungslose Nymphomanin abgestempelt haben?
Was, wenn es dir, Maria, egal war,
vor Jesus deine bürgerliche und kirchliche Ehre zu beflecken,
du und dein wildes, käufliches Haar,
du mit deinem Haarkleid aus Heilsgeschichte,
zu der du die Sprachen der Verbrecher beitrugst,
gerichtet gegen die, die IHN ästhetisierten,
deren Schreibfedern ihn abschreiben wollten wie Beamte
im Ministerium für gnadenlos auswärtige Angelegenheiten?

Ja was denn, mein Kind? Was, Eva Maria Magdalena,
wenn wir durch deinen Mut,
durch deine wundersame Unerschrockenheit
erst wirklich erfahren haben, wer Gott ist;

ein reiner Jüngling, unverdorben vom Gesetz,
denn Lieben gilt so hoch wie sich lieben lassen
und IHN umarmen heißt den Vater umarmen,
egal, ob er dazu berufen ist oder es nur glaubt,
als Lebens- und Herzensgefährte, Rivale zur Welt?

Und was, wenn du, Maria, nicht wusstest,
dass Gott erst durch Jesus und dich
das Sakrament echter Tränen empfing,
das Sakrament geschürfter Knie am Boden,
das Sakrament von Männer- wie Schamlippen,
das Sakrament unserer Eingeweide,
aus Reue dafür,
dass wir so gnadenlos individuell sein wollten,
Maria, Maria, dass wir nicht wahrnehmen wollten,
dass Lust sich übersetzen lässt in Liebe,
dass Liebe sich übersetzen lässt in Demut,
weil wahre Demut Ewigkeit bedeutet?

Da du als Erdenwurm geliebt hast und geglaubt,
glaubtest du, ein gläubiger Wurm sei der einzige Tempel,
in dem Gott selbst sich sesshaft zeigt, als verliebter Schöpfer,
nicht als ein Kaiser, nur gnadenlos jung,
und eines Sonntagsmorgens ist es dir gelungen,
dass Jesus, der soeben auferstanden war
und noch zwischen Glorie und Gemeinheit schwebte,
merkte, dass du, Maria, deinen Jesus nicht erkanntest,
dass du ihn verwechseln konntest mit dem Gärtner,
wo man ihn doch gerade erst letzten Freitag
bei Sonnenuntergang hastig begraben hatte.

Aber als er sah, dass du ihn nicht erkanntest,
das wissen wir alle, da rief er dich: »Maria!«,
und am Klang deines Namens, an seiner Betonung
hast du ihn wiedererkannt, den Klang deines Namens,
du hast dich erinnert an sein »Maria«,
als hättest du tief in dich hineingehorcht
und diesem Klang eine tiefe Bedeutung verliehen,
so wie Menschen, die ihn im Geheimen klar vor Augen haben,
aber unter Tränen schweigen, wie die Herzen und Münder der Jünger.

Aus dem Katalanischen von Birgit Kirberg

Collaboratio

Maria Arimany, geb. 1990 in Llerona, ist ausgebildete Sozialarbeiterin und arbeitet im Sozialwesen. Von 2016 bis 2019 absolvierte sie eine Ausbildung an der Escola de Escriptura des Ateneu Barcelonés. 2023 erhielt sie für ihr Buch *Al bosc s'hi haarribar quan encara és fosc* (L'Altra Editorial) den Premi Documenta. Derzeit studiert sie Soziale und Kulturelle Anthropologie an der Universität Barcelona. Sie lebt in Breda.

Ursula Bachhausen, geb. 1965 in Solingen, ist Literatur-, Theater- und Filmübersetzerin aus dem Spanischen, Katalanischen, Französischen und Portugiesischen. Zu den von ihr aus dem Katalanischen übersetzten Autoren und Autorinnen gehören u. a. Montserrat Roig, Marta Orriols, Tina Vallès, Jordi Casanovas und Joan Miró i Coromina.

Borja Bagunyà, geb. 1982 in Barcelona, 1982, ist Professor für Literaturtheorie und Vergleichende Literatur, Mitbegründer der Escola Bloom und Herausgeber der Literaturzeitschrift *Carn de cap*. Von ihm sind die Erzählbände *Apunts per al retrat d'una ciutat, Defensa pròpia* (Premi Mercè Rodoreda 2006) und *Plantes d'interior* sowie der gemeinsam mit Max Besora verfasste Essay *Trapologia* (Ara Llibres, 2018) erschienen. Sein erster Roman *Els angles morts* (Periscopi, 2021) wurde mit dem Premi de la Crítica ausgezeichnet.
»Deu ser la festa más gran a la qual has assistit mai«, PLANTES D'INTERIOR; © Borja Bagunyà, 2011, 2022.

Eva Baltasar, geb. 1978 in Barcelona. Bis heute hat sie elf Gedichtbände veröffentlicht, die mit den wichtigsten katalanischen Literaturpreisen ausgezeichnet wurden. Zwischen 2018 und 2022 erschien das Triptychon, mit dem sie weltweite Bekanntheit erlangte: *Permagel* – Shortlist des Médicis Étranger und Gewinner des Premi Llibreter 2018; 2020 *Boulder* – Premi Òmnium für den besten Roman des Jahres sowie Shortlist des International Booker Prize; 2022 *Mamut* (*Mammut*). Ihre Werke sind in mehrere Sprachen übersetzt. *Ocàs i fascinació* ist ihr neuester Roman.

Kirsten Brandt, geb. 1963 in Friedberg, studierte nach einer Buchhändlerlehre Portugiesisch, Englisch und Deutsch in Frankfurt, Hamburg, Lissabon und Braga. 1996 Umzug nach Barcelona. Literaturagentin bei Ute Körner Literary Agent, Leitung der Abteilung Rechte und Lizenzen bei Quaderns Crema/Acantilado, danach freie Übersetzerin. Seit 2002 lebt sie wieder in Deutschland und übersetzt aus dem Katalanischen, Spanischen und Portugiesischen.

Max Besora, geb. 1980 in Barcelona. Von ihm erschienen bisher die Romane *Vulcano, La tècnica meravellosa: una novel·la de campus, Aventures i desventures de l'insòlit i admirable Joan Orpí, conquistador i fundador de la Nova Catalunya, La musa fingida, La veu del seu amo*, außerdem entstand in Zusammenarbeit mit Borja Bagunyà der literarische Essay *Trapologia*.

Blai Bonet, Mallorca, 1926–1997, Dichter, Romanschriftsteller und Kunstkritiker. Mit der Veröffentlichung von *Quatre poemes de Setmana Santa, Entre el coral i l'espiga und Cant Espiritual* (1953) machte er sich eine Namen als poetisch-sinnliche und zugleich kritische Stimme, die erleuchtete und mit Bekanntem brach. Sein 1958 erschienener Roman *El mar* (*Das Meer*) wurde ausgezeichnet und im Jahr 2000 von Agustí Villaronga fürs Kino verfilmt.
© Ediciones 1984.

Roser Cabré-Verdiell, geb. 1982 in Barcelona. Von ihr sind bislang Kurzgeschichten in mehreren Anthologien erschienen, wie zum Beispiel *Barcelona 2059, Extraordinàries* oder *Estats alterats de la ment*. Außerdem hat sie in verschiedenen Literaturzeitschriften Texte veröffentlicht. Ihr erster Roman *Aioua* wurde 2022 mit dem Premi Finestres ausgezeichnet.

Mireia Calafell, geb. 1980 in Barcelona, ist Dichterin. 2006 erschien *Poètiques del cos* (Premi Amadeu Oller 2006 und Premi Anna Dodas 2007 für das beste Erstlingswerk), 2009 *Costures*. Für *Tantes mudes* erhielt sie den Preis Lletra d'Or 2014 für das beste Werk in katalanischer Sprache, für *Nosaltres, qui* den Premi Mallorca de Poesia und den Preis für den besten Gedichtband 2020 des katalanischen Schriftstellerverbands AELC. Ihr Gedichtband *Si una emergència* gewann den Premi Carles Riba 2023. Calafell war Co-Direktorin der Festivals Poesia i més (2015–2016) und Barcelona Poesia (2018–2021).

Alba Dalmau, geb. 1987 in Cardedeu, 1987. Master Kreatives Schreiben der Universität Pompeu Fabra, Barcelona. 2017 erschien ihr Erzählband *Estàndards* und wurde mit dem Premi Literari Vila d'Ascó ausgezeichnet. 2019 veröffentlichte sie *El camí dels esbarzers* und 2021 den Roman *Amor i no*, die beide mehrere Auflagen erreichten. 2023 folgte der Kurzroman *Ho, ho, ho: una altra història de Nadal* (Univers). Zurzeit ist sie Dozentin im Laboratori de Lletres in Barcelona und im Ateneu Barcelonès. Ihr neuester Roman heißt *Si una família*.

Juana Dolores, geb. 1992 in El Prat de Llobregat, ist Schriftstellerin und Schauspielerin. Sie studierte Darstellende Kunst an der Escola Superior d'Art Dramàtic des Institut del Teatre und anschließend Literatur an der Universität Barcelona. Ihr erster Gedichtband *Bijuteria* wurde mit dem Premi Amadeu Oller 2020 ausgezeichnet. Sie hat drei Theaterstücke geschrieben, interpretiert und geleitet. Ihr Werk ist geprägt von der Erforschung der Aktionslyrik und der Performativität des Diskurses im Spannungsfeld zwischen Ideologien und Schönheit.

Michael Ebmeyer, geb. 1973, ist Schriftsteller und Übersetzer aus dem Katalanischen, Spanischen und Englischen. Er hat Romane wie *Plüsch, Der Neuling* (verfilmt als *Ausgerechnet Sibirien*) und *Landungen* veröffentlicht sowie mehrere Sachbücher; zuletzt *Revolte. Zur Aktualität einer Idee* (zusammen mit Roland Schappert), Heidelberg: Carl-Auer 2025. Aus dem Katalanischen übersetzt er u. a. Bücher von Najat El Hachmi und von Jordi Puntí.

Enric Garay, geb. 1985 in Barakaldo. Ursprünglich Ingenieur, entdeckte er 2006 auf einer Reise durch Länder wie Senegal, Togo oder den Libanon im Rahmen internationaler Entwicklungszusammenarbeit die Fotografie für sich. Seine fotografische Ausbildung erfolgte im Wesentlichen durch praktische Erfahrung, ergänzt durch Workshops für Autorenfotografie von Llorenç Raich, Òscar Molina und Ricky Dávila. Er arbeitet schwarz-weiß und analog, die Entwicklung der Filme und die Abzüge übernimmt er selbst. Seine Fotos widmen sich hauptsächlich den Themen Reisen und Landschaft.

Víctor García Tur, geb. 1981 in Barcelona, ist Graphikdesigner und Schriftsteller, außerdem Dozent an der Escola Bloom und im Eina Centre Universitari de Disseny i Art, Barcelona. Er entwirft zahlreiche Cover für Bücher verschiedener Verlage und Zeitschriften. Für sein erstes Buch *Twistanschauung* erhielt er 2008 den Premi Documenta. Weitere Preise: *Els Ocells* (Premi de Novel·la Marian Vayreda 2015), *Els romanents* (Premi de novel·la curta Just M. Casero 2017) und der Erzählband *El país dels cecs* (Premi Mercè Rodoreda 2018). *Els claustres* ist sein jüngstes Buch.

Andrea Genovart, geb. 1993 in Barcelona, studierte Literaturtheorie und Vergleichende Literatur an der Universität Barcelona und hat einen Mastertitel in Kulturmanagement der Factoría de Arte y Desarrollo, Madrid. Zurzeit macht sie Presse- und Kommunikationsarbeit für verschiedene Verlage. Ihr erster Roman *Consum preferent* wurde mit dem Premi Llibres Anagrama de Novel·la 2023 ausgezeichnet.

Pol Guasch, geb. 1997 in Tarragona. Sein erster Roman *Napalm al cor* (*Napalm im Herzen* wurde mit dem Premi Llibres Anagrama de Novel·la 2021 ausgezeichnet und in ein Dutzend Sprachen übersetzt. Außerdem erschienen von ihm die Gedichtbände *Tanta gana* (Premi Francesc Garriga 2018) und *La part del foc* (Premi López-Picó 2021). 2022 erhielt er den Premi Talento a Bordo des Festivals Eñe und den Premi 42 Revelació en català. *Ofert a les mans, el paradís crema* ist sein zweiter Roman.
© Pol Guasch.

Carlota Gurt, geb. 1976 in Barcelona, widmet sich seit mehr als zehn Jahren dem Übersetzen. Sie jongliert zwischen wirklichem Leben und

Literatur und arbeitet für diverse Zeitungen und Zeitschriften. Bisher sind von ihr der Erzählband *Cavalcarem tota la nit* (Premi Mercè Rodoreda 2019) und der Roman *Sola erschienen, der in mehrere Sprachen übersetzt wurde, sowie* 2023 der Erzählband *Biografia del foc*.
© Carlota Gurt, Proa.

Laura Hahn, geb. 1990 in Offenbach am Main, studierte Konferenzdolmetschen und Übersetzungswissenschaften für Spanisch und Französisch in Heidelberg und Granada und arbeitet als freiberufliche Dolmetscherin und Übersetzerin in den Bereichen Medizin, Film und Kultur. Aus dem Katalanischen übersetzte sie Gedichte von Maria-Mercè Marçal und Juana Dolores.

Birgit Kirberg, geb. 1958, lebt in Berlin und Katalonien. Sie übersetzt genreübergreifend aus dem Spanischen, Katalanischen und Französischen. Zuletzt erschien im Wagenbach-Verlag Romain Garys Roman *Europäische Erziehung* (2025), 2024 der Band *kopfüber Pyramiden* mit Gedichten von Lucía Sánchez Saornil (in Kooperation mit Chr. Filips) und 2024 der Roman *Andere werden folgen …* von Marina Ginestà. Seit Mai 2022 steht im Heimathafen Neukölln das Theaterstück *Madreâ* von Marta Barceló in der Übersetzung von Birgit Kirberg auf dem Spielplan. Außerdem schreibt sie Dialogbücher für die Synchronisation fremdsprachiger Filme und Serien.

Joan-Lluís Lluís, geb. 1963 in Perpignan, ist einer der bedeutendsten Vertreter der zeitgenössischen katalanischen Literatur. Seine Romane *El dia de l'ós*, *Les cròniques del Déu coix*, *Jo soc aquell que va matar Franco*, *El navegant* oder *Junil a les terres dels bàrbars* sind Bestseller und wurden mit zahlreichen Preisen bedacht. 2022 wurden seine Verdienste um die katalanische Kultur mit dem Premi Trajectòria des Vereins Òmnium Cultural Nord gewürdigt.
© Joan-Lluís Lluís, Club Editor.

Blanca Llum Vidal, geb. 1986 in Barcelona, ist Dichterin, Philologin und Sozialarbeiterin. Autorin der Gedichtbände *La cabra que hi havia*, *Nosaltres i tu*, *Punyetera flor*, *Aquest amor que no és u* und *Amor a la brega*, poetischer Prosa wie *Homes i ocells*, *La princesa sou Vós* und literarischer Essays wie *Llegir petit*, *Escriure sobre literatura i amor* und *No cometràs adulteri*. Mit ihrem jüngsten Buch *Tan bonica i tirana* gewann sie den Premi de Poesia Carles Riba 2025.

Jordi Masó Rahola, geb. 1967 in Granollers. Schriftsteller und Pianist mit Auftritten in Europa, Asien und Amerika. Masó Rahola ist Professor an der ESMUC (Escola Superior de Música de Catalunya) und hat mehrere Bände mit Kurzgeschichten und Mikroerzählungen verfasst: *Els reptes de Vladimir*, *Catàleg de monstres* u. a. Viele seiner Texte wurden bei Literaturwettbewerben ausgezeichnet. Sein neuestes Buch, *Xacona*, gewann 2024 den Premi Llibrete.

Àngels Moreno, geb. 1993 in Valencia, ist Schriftstellerin und Ärztin. Von ihr sind die Gedichtbände *Clarobscur*, *Extrema al·legoria* (Premi de Literatura Breu 2015 Vila de Mislata), *L'usurpador* (XIX Premi de Poesia Maria Mercè Marçal 2017), *L'agulla* und *Exposició* erschienen. Sie arbeitet mit den Künstlern Vall-Palou, Anna Llimós und Jordi Pagès zusammen.

Laura Obradors Noguera, geb. 1988 in Barcelona, ist Literaturübersetzerin, Dolmetscherin und Universitätsdozentin für literarisches Übersetzen und katalanische Sprache und Kultur. Sie hat Autor*innen wie Annemarie Schwarzenbach und Eva Rottmann ins Katalanische übersetzt.

Marta Orriols, geb. 1975 in Sabadell, begann ihre literarische Karriere 2016 mit dem Erzählband *Anatomia de les distàncies curtes, darauf folgte die Romane Aprendre a parlar amb les plantes* (*Der Moment zwischen den Zeiten*, Premi Òmnium für den besten Roman des Jahres 2018), *Dolça introducció al caos (Sanfte Einführung ins Chaos)*, *La possibilitat de dir-ne casa* und *A l'altra banda de la por*. Ihre Bücher sind in sechzehn Sprachen übersetzt.

Anna Pazos, geb. 1991 in Barcelona, ist Schriftstellerin und Dokumentarfilmerin und hat mehrere Kurzdokumentationen und nichtfiktionale Podcasts verfasst. Sie schreibt für diverse Zeitungen, unter anderem *El País*, *La Vanguardia*, *Le Monde Diplomatique*, *Haaretz* und *The Jerusalem Post*. In New York arbeitete sie als Faktencheckerin für die

New York Times und als Herausgeberin und Produzentin für die BBC. Bisher sind von ihr zwei Bücher erschienen, *Poder i desig* und *Matar el nervi*, die ins Spanische, Italienische, Englische und Türkische übersetzt wurden.
© Anna Pazos, 2023.

Josep Pedrals, geb. 1979 in Barcelona, widmet sich in vielerlei Hinsicht der Lyrik: als Autor von Sachbüchern (Romanessays über Poesie und Leben) und professioneller Lyrik-Rezitator. In Kursen und Konferenzen hält er Vorträge zur Lyrik, sorgt für die Verbreitung von Gedichten in den unterschiedlichsten Medien (derzeit in *El País*, dem Radiosender *Cadena Ser*, dem Podcast *Tenim paraula* der Digitalplattform 3cat, in den Zeitschriften *Revista Esguard* und *Cavall Fort*), organisiert regelmäßig Lyrikfestivals aller Art.

Albert Pijuan, geb. 1985 in Calafell hat Politikwissenschaften und Philosophie studiert und ist Romanautor, Dramaturg und Übersetzer. Aus seiner Feder stammen u. a. *die Romane Tsunami* (Premi de novel·la Pin i Soler, Premi Finestres und Premi de la Crítica) und *La gran substitució*, außerdem der Essay *Per què no repensem el canibalisme?* Er hat an die zwanzig Theaterstücke veröffentlicht und inszeniert. Darüber hinaus hat er Autoren wie Evelyn Waugh, Lara Williams und H. G. Wells übersetzt.

Irene Pujadas, geb. 1990 in Sant Just Desvern, lebt in Barcelona. Sie schreibt für *Ara Llegim*, *La Llança* oder *La Lectora*. 2017 rief sie mit zwei weiteren Frauen die Zeitschrift *BRANCA* ins Leben. Ihr Erzählband *Els desperfectes* gewann 2020 den Premi Documenta und den Premi Ciutat de Barcelona und fand so großen Anklang, dass die titelgebende erste Erzählung ins Englische übersetzt und im Sommer 2024 in der renommierten Zeitschrift *The New Yorker* abgedruckt wurde. Derzeit arbeitet sie beim Verlag Angle Editorial. *La intrusa* ist ihr neuester Roman.

Bea Salas, geb. 1989 in Barcelona, ist Illustratorin, humanistische Psychotherapeutin und Dozentin für Kreativität. Sie schreibt und zeichnet über Neurose und die Phänomenologie des kreativen Aktes in Werken wie *La neurosis del dibujante*, *Dios está en los detalles* und *Los ratos muertos*, die sie in ihrem Selbstverlag Libros Gordos herausgibt. Sie arbeitet für Verlage (Gatopardo, Les hores, Wallstein, Barcelonian), Design-Hochschulen (Seeway, Idep Barcelona, Lapis) und verschiedene Kunden (FullCircle, Pont, Oddity Brewing, Caritas, Catalunya Caixa).

Martí Sales, geb. 1979 in Barcelona, ist Schriftsteller, Übersetzer und Musiker. Nach einem Studium der Literaturtheorie und Zeitgenössischen Literatur an der Universität Barcelona veröffentlichte er den Gedichtband *Huckleberry Finn*, für den er 2005 den Premi Vila de Lloseta de Poesia bekam. 2007 erschien sein erster Erzählband, *Dies feliços a la presó*, und 2012 veröffentlichte er das Sachbuch *Ara és el moment* über die unabhängige Musikszene Kataloniens. 2021 erschien sein bislang letztes Buch, Aliment. Er hat Autoren wie John Fante, Kurt Vonnegut oder Harold Pinter übersetzt.

Àxel Sanjosé, geb. 1960 in Barcelona, lebt seit 1978 in München. Er studierte Germanistik und ist hauptberuflich für ein Design- und Kommunikationsbüro tätig, daneben Lehrbeauftragter am Institut für Komparatistik der Universität München. Er hat mehrere Lyrikbände veröffentlicht, außerdem übersetzt er Lyrik aus dem Katalanischen und dem Spanischen.

Raquel Santanera, geb. 1991 in Manlleu. Lyrikerin und Buchhändlerin. Sie koordiniert die Veranstaltungsreihe *Els Vespres Malgastats* für Poesie und Kunst im Bezirk Osona, leitet das Lyrikfestival *Domini Màgic* in Santa Coloma de Farners und ist eine der drei Programmgestalterinnen der Bar *Horiginal* in Barcelona. 2015 erhielt sie für *Teologia poètica d'un sol ús* den Premi de Poesia Martí Dot. Es folgte die Veröffentlichung von *De robots i màquines o un nou tractat d'alquímia* (Premi de Poesia de Pollença 2017) und *Reina de rates: crònica d'una època* (Premi de Poesia Miquel Martí i Pol 2020). Mehrere ihrer Gedichte wurden übersetzt.

Guillermo Sellán, geb. 1991 in Gijón, wird seit seiner Kindheit von einer unersättlichen Neugier für Sprachen angetrieben. Gijón, Barcelona und Heidelberg markieren die Meilensteine seiner Biografie und setzen zugleich die Schwerpunkte seiner Arbeit. Die Wechselbeziehung zwischen katalanisch- und deutschsprachiger Kultur hat seit

Beginn seiner beruflichen Laufbahn eine übergeordnete Rolle gespielt. Er ist als Übersetzer, Universitätsdozent und Sprachforscher tätig. In den letzten Jahren hat er vor allem an Projekten mit Bezug zur katalanischsprachigen Literatur (bspw. Blai Bonet, Joan-Lluís Lluís, Mireia Calafell) – mit Übersetzungen sowohl von Lyrik als auch von Prosa – teilgenommen und ebenfalls an Übertragungen aus dem Rätoromanischen (bspw. Leo Tuor, Asa Hendry) gearbeitet.

Maria Sevilla Paris, geb. 1990 in Badalona, ist Dichterin, Literaturforscherin und prekär beschäftigte Dozentin. Von ihr sind bisher erschienen *Dents de polpa*, *Kalàixnikov*, *if true: false; else: true*, *Plastilina* und *La nit ovípara*. Darüber hinaus experimentiert sie mit grenzüberschreitenden Genres wie Lautpoesie und Videorezitationen und stand schon überall in Europa, Amerika und Asien auf der Bühne. 2024 veröffentlichte sie ihren ersten Essay, *No desitjaràs els béns del proïsme*.

Irene Solà, geb. 1990 in Malla, ist Autorin von *Canto jo i la muntanya balla* (*Singe ich, tanzen die Berge*). Das Buch wurde in mehr als zwanzig Sprachen übersetzt und ist vielfach preisgekrönt: Premi Llibres Anagrama de Novel·la 2019, Europäischer Literaturpreis, Premi Maria Àngels Anglada, Premi Punt de Llibre der Zeitschrift *Núvol* und Premi Cálamo Otra Mirada. Ihr Gedichtband *Bèstia* (Premi de Poesia Amadeu Oller 2012) ist zweisprachig erschienen – spanisch-katalanisch – und wurde zudem ins Englische und Italienische übersetzt. Für ihren ersten Roman *Els dics* (*Die Deiche*) gewann sie den Premi Documenta 2017. *Et vaig donar ulls i vas mirar les tenebres* (*Ich gab dir Augen, und du blicktest in die Finsternis*, Premi Finestres 2023), ist ihr neuester Roman.
© Irene Solà, 2012.

Guim Tió, geb. 1987 in Barcelona, studierte Schöne Künste an der Universität Barcelona, wo er einen unverwechselbaren Stil entwickelte, der visuelle Poesie mit konzeptueller Tiefe vereint. Sein Werk, das Ölmalerei, Aquarelle und bearbeitete Fotos umfasst, war in Einzel- und Sammelausstellungen in Europa, Nordamerika, Asien und Australien zu sehen. Seine Bilder erforschen die Landschaft und das Wesen des Menschen. Tió ist einer der Begründer von Noom Books, einem in Barcelona ansässigen Verlagsprojekt zur Förderung der Arbeit angehender und noch weitgehend unbekannter visueller Künstler und Künstlerinnen.

Jay Uhlemann (keine Pronomen), geb. 1990, übersetzt Prosa und Theater aus dem Spanischen und Katalanischen und unterrichtet Deutsch als Fremdsprache. Jay lebt in Tarragona und leitet dort einen Lesekreis zu queerer Literatur.

Oriol Viader, geb. 1994 in Barcelona, ist in der Verlagsbranche sowohl editorisch als auch kaufmännisch tätig. Als Autor hat er in verschiedenen Anthologien Kurzgeschichten veröffentlicht, von denen einige für den Band *Ich verspreche dir einen schönen Sommer* ins Deutsche übersetzt wurden. Er arbeitet für unabhängige Medien wie *Jotdown Cultural Magazine* oder die Kunst- und Literaturzeitschrift *Pájaro azul*. Zurzeit erforscht er den Aufbau der Erzählung im Zusammenhang mit der Vorstellung von Schicksal und Prädestination und arbeitet als verlegerischer Berater für verschiedene Unternehmen der Branche.